현대 러시아 경제

조원호 지음

MODERN RUSSIAN ECONOMY

신아사

머리말

2017년 올해는 러시아 볼쉐비키혁명이 일어난 지 100주년이 되는 해로 러시아혁명에 대한 역사적 의미가 다시 한 번 평가되고 있으며 러시아에 대한 전반적 관심 또한 비교적 높아지고 있다. 주지하다시피, 1917년 러시아 사회주의 볼쉐비키혁명은 인류 역사에 있어 최초로 사회주의 국가건설을 시도한 것으로 그 의미가 클 뿐만 아니라, 현실 국제질서에도 막대한 영향을 미쳐 소련은 미국과 함께 냉전의 양대 축으로 20세기 세계질서를 주도하였다. 또한 20세기말 소련의 붕괴는 단순히 한 국가의 해체가 아니라 이념적으로 사회주의의 몰락을 의미하는 것으로 이해되었으며, 국제질서는 미·소 양자대결에서 다자간 대결로 재편되는 계기가 되었다.

1990년 소련과 외교관계를 정상화한 우리나라는 1991년 소련의 해체와 더불어 새로이 탄생한 러시아와의 관계설정에 주목하였으며 이러한 새로운 한·러 관계는 자연히 러시아에 대한 관심을 폭발적으로 증가시켰다. 국가적인 정책연구가 매우 활발히 진행되었고 대학에도 관련학과가 빠르게 신설되었다. 이제, 우리나라의 러시아연구도 4반세기가 넘어가고 있는 상황이다. 러시아 관련 연구도 그동안 상당히 축적되었을 뿐만 아니라 러시아와의 교류도 다방면에서 매우 활발히 진행되어 러시아에 관심 있는 사람이라면 누구라도 러시아 현지에서 관련 분야의 지식을 접할 수 있는 실정이다.

이와 같은 국내 러시아 관련 연구 및 교육 상황에서 러시아에 대한 저서를 새로이 출판한다는 것은 매우 조심스러운 일이라고 생각된다. 그러나 저자가 대학에서 러시아 관련 강의를 하면서 항상 느끼고 아쉬운 부분은 러시아 관련 다양한 분야에서 심도있는 연구는 비교적 그동안 많이 이루어져 있지만, 막상 러시아에 관심을 가진 초보자들이 비교적 쉽게 접근할 수 있는 입문서 형태의 서적은 많지 않다는 점이었다. 이와 같은 상황은 특히 러시아 경제 분야에서 두드러지게 나타나고 있다고 생각된다. 따라서 본 저서는 그러한 관점에서 많이 부족하지만 쓰여지게 되었다.

러시아는 1991년 구소련시대의 사회주의 계획경제에서 자본주의 시장경제체제로 체제전환을 시도한 지 이제 겨우 26년 정도 지나가고 있다. 그러나, 서구의 자본주의 시장경제 역사에 비교하면, 비교적 매우 짧은 시간이었음에도 불구하고, 유럽연합과 미국을 비롯한 국제사회는 러시아 경제체제를 이미 '시장경제' 체제로 2002년 인정하였으며 우리나라 역시 2005년 러시아에 '시장경제 지위'를 부여하였다. 그리고 2012년 러시아가 세계무역기구(WTO)에 공식적으로 가입함으로써, 러시아의 자본주의 시장경제체제 편입은 의심의 여지가 없게 되었다.

그럼에도 불구하고 러시아의 경제체제에 대한 이견은 여전히 다수 존재하고 있다. 본 저서는 앞서 언급하였듯이 러시아 경제의 주요 부문에 대한 기본적 이해를 높이는 것이 주목적으로 러시아 경제체제의 성격 분석을 포함한 학문적으로 깊이 있는 논의의 대상이 되는 부분은 다음 기회에 정리할 기회를 가지고자 한다. 또한 러시아 경제의 분석 시점은 주로 지난 5년간의 경제상황을 중심으로 이루어져 있다. 이러한 분석 시점은 러시아 경제 전반에 대한 논리적 접근보다는 러시아 경제 현황에 대한 이해를 돕기 위한 본 저서의 집필 목적에 보다

부합하기 때문이다. 서술 방법 또한 경제 통계를 위주로 도표 등을 최대한 활용하여 시각적으로 이해하기 쉽도록 구성하였다.

이 책은 다음과 같이 구성되어 있다.

제1장은 경제지리로 러시아를 경제적인 측면에서 어떻게 나누어 볼 수 있는가를 경제지역별 특성, 특별경제구역, 선도개발지역을 중심으로 간략히 서술하였다. 제2장은 경제개황으로 러시아 경제 전반에 대한 거시적 이해를 돕기 위하여 경제성장율, GDP 등을 중심으로 약술하였다. 제3장은 러시아의 산업 개황에 대한 것으로, 산업생산개황, 농업, 원유, 천연가스, 자동차산업, 금 산업 등을 간략하게 서술하였다. 제4장은 재정부문으로 조세제도, 연방통합예산, 연방예산, 연방구성주체예산, 지방자치체예산, 재정연방주의 등을 중심으로 서술하였다. 제5장은 금융부문으로 러시아 중앙은행, 중앙은행의 금융정책, 러시아 상업은행의 현황, 증권제도 등을 중심으로 약술하였으며 제6장은 노동시장에 관한 것으로 노동의 수요와 공급, 그리고 소득불균형 등을 중심으로 약술하였다. 제7장은 대외경제관계에 관한 것으로 러시아의 무역구조, 환율 등을 중심으로 약술하였다.

경제현황을 정확하게 이해한다는 것은 매우 어려운 과제이기 때문에, 러시아 경제를 가능한 제대로 담아내기 위하여 여러 차례 통계를 수정하고, 출판도 연기하였으나 현 시점에서 한 번의 정리가 필요하다는 생각에 그리고 일반 독자에게 러시아 경제의 이해에 조금이라도 도움이 되었으면 하는 바람으로, 많이 부족하여 두려운 마음으로 이 책을 세상에 내어 놓게 되었다.

마지막으로 이 책이 출판되기까지 여러 방면에서 도움을 주신 분에게 감사의 뜻을 전하고자 한다. 먼저 전반적인 출판사정이 어려울 뿐만 아니라, 러시아 관련 저서들에 대한 제한된 독자층에도 불구하고 출판을 허락하여 주신 신아사 관계자분들께 감사의 뜻을 전한다. 특히 책을 집필하는 동안 가족 사랑의 소중함을 느끼게 하여준 나의 사랑하는 가족에게도 감사의 마음 깊이 느끼고 있음을 전하고 싶다.

2017년 8월 31일

진주 가좌 연구실에서

조원호

목차

제1장 경제지리

제2장 러시아 경제개황

제3장 러시아의 산업

제4장 재정

제5장 금융제도

제6장 러시아노동시장

제7장 러시아의 대외무역

현대 러시아 경제

MODERN RUSSIAN ECONOMY

제1장 경제지리

1. 경제지역

1) 경제지역 구분

러시아의 행정구역은 2014년 3월 러시아의 크림반도 합병이후 22개의 공화국(республика), 46개의 주(область), 9개의 변강(край), 3개의 연방시(федеральный город), 4개의 자치구(автономный округ), 1개의 자치주(автономная область) 등 모두 85개로 나누어져 있지만, 경제적으로는 모두 11개 지역으로 나누어져 있다. 중부경제지역(Центральный экономический район), 북서경제지역(Северо-Западный экономический район), 북부경제지역(Северный экономический район), 중부흑토경제지역(Центрально-Черноземный экономический район), 볼가-뱌트카 경제지역(Волго-Вятский экономический район), 볼가경제지역(Поволжский экономический район), 북코카서스경제지역(Северо-Кавказский экономический район), 우랄경제지역(Уральский экономический район), 서시베리아경제지역(Западно-Сибирский экономический район), 동시베리아경제지역(Восточно-Сибирский экономический район), 극동경제지역(Дальневосточный экономический район)가 있다.

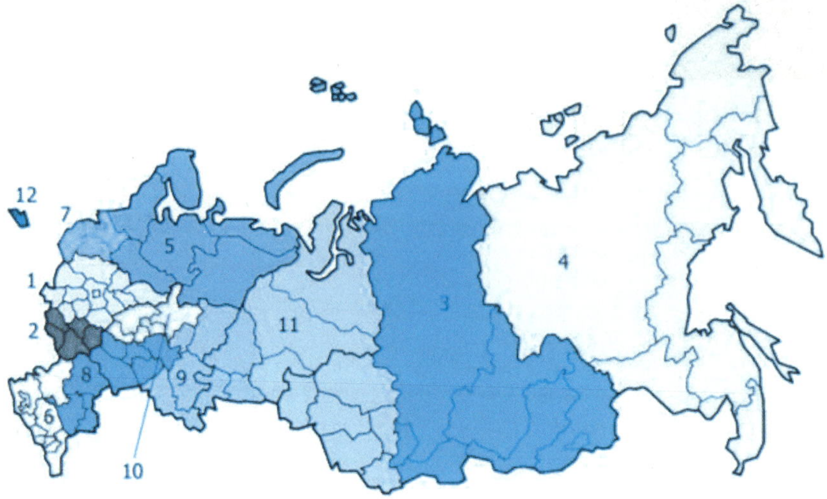

2) 경제지역별 특성[1]

(1) 중부경제지역

중부경제지역은 12개의 주와 모스크바(Москва) 연방시로 이루어져 있다. 12개주는 모스크바주(Московская область), 스몰렌스크주(Смоленская область), 트베리주(Тверская область), 야로슬라브주(Ярославская область), 블라디미르주(Владимирская область), 랴잔주(Рязанская область), 툴라주(Тульская област ь), 칼루가주(Калужская область), 코스트로마주(Костромская область), 이바노보주(Ивановская область), 브랸스크주(Брянская область), 오룔주(Орловская область)이다.

1) http://www.bankgorodov.ru/econ-areas

중부경제지역의 면적은 482,399km²로 러시아 전체 면적의 2.82%이며 인구는 2015년 현재 31,734,732명으로 러시아 전체 인구의 약 21.7%를 차지하고 있으며 인구의 약 85%는 도시에 살고 있다.

중부경제지역은 대학 및 연구소가 밀집하여 유능한 고급 숙련 노동자들이 집중되어 지식기반산업의 발전에 유리하다. 모스크바는 러시아의 금융 산업 및 교통의 중심지이며 중부경제지역은 자동차산업, 기계, 전기, 전자, 조선, 항공, 비료생산을 포함한 화학 부문 등이 잘 발달되어 있다. 최근 섬유산업은 값싼 외국제품의 수입과 원자재부족 등으로 생산이 감소하고 있다.

(2) 북서경제지역

북서경제지역은 3개의 주와 상트 페테르부르크(Санкт-Петербург) 연방시로 구성되어 있으며 면적은 19만5247km²로 러시아연방 총 면적의 약 1.14%를 차지하고 있다. 3개의 주는 레닌그라드주(Ленинградская область), 노브고로드주(Новгородская область), 프스코프주(Псковская область)이며 인구는 2015년

현재 8,237,041명으로 러시아 총 인구의 약 5.63%이며 도시에 사는 인구의 비율이 87%로 러시아경제지역 중 가장 도시화가 진행된 경제지역이다.

북서경제지역의 핵심은 숙련된 고급 노동인력을 활용한 산업부문으로 주로 전기, 전자, 자동차산업을 포함한 기계 및 금속가공 산업이며 이외에도 목재 및 제지산업, 섬유, 가죽, 신발 등 경공업, 식료품산업 등도 주요한 산업이다. 쌍트 뻬쩨르부르그 연방시는 북서경제지역 총 인구의 약 63%, 도시인구의 약 70%가 거주하고 있으며, 북서경제지역 공업생산의 60% 이상을 차지하고 있다.

(3) 북부경제지역

북부경제지역은 무르만스크주(Мурманская область), 아르한겔스크(Архангельская область), 볼로고드주(Вологодская область), 네네츠자치구(Ненецкий а

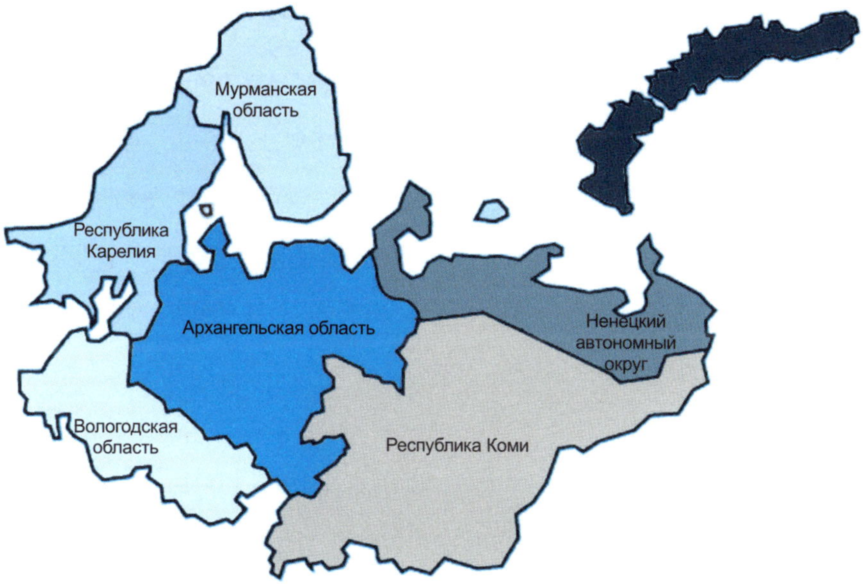

втономный округ)와 카렐리야공화국(Республика Карелия), 코미공화국(Респу блика Коми)으로 구성되어 있다.

북부경제지역은 면적이 1,476,636km^{2}로 러시아 전체 면적의 8.62%이며 인구는 2015년 현재 4,637,571명으로 러시아 총 인구의 3.17%이며 러시아 타 지역 이주 등으로 점진적으로 감소하는 추세이다. 이는 주로 자연조건, 지역의 공업 발달, 그리고 불리한 농업환경 등이 주요 요인으로 꼽히고 있다. 북부경제지역의 도시인구는 약 78% 정도이다.

북부경제지역은 유럽국가와의 지리적 인접성과 부동항인 무르만스크 등으로 유리한 경제적 입지여건을 갖추고 있으나 또한 북극지역에 위치하고 있는 것과 열악한 교통 및 사회 간접자본, 낮은 인구밀도 등은 이 지역 경제에 불리한 환경적 요인이 되고 있다.

유럽러시아 산림자원의 40% 이상이 북부경제지역에 집중되어 있으며 주로 소나무 등의 침엽 타이가가 주종을 이루고 있으며 페초라지역과 우랄산맥 사이의 삼림지대는 유네스코 세계문화유산에 등재되어 있다.

또한 코미공화국에 석유 및 천연가스, 석탄(페초라), 카렐리야공화국과 콜라반도 등에 러시아연방 철광석 매장량의 약 5%에 해당하는 철광석이 매장되어 있다. 뿐만 아니라 코미공화국에는 러시아 최대 티타늄광산이 있으며 아르한겔스크 지역에는 다이아몬드 광산도 소재하고 있어 북부경제지역은 대체로 자원이 풍부한 지역이다.

따라서 북부경제지역의 산업은 주로 자원 채취산업이 발달되어 있으며 제철산업이 북부경제지역 경제의 약 20%를 차지하고 있으며, 콜라반도에서 러시아 총 생산의 70%를 차지하는 인회석생산을 이용하여 광물질비료를 생산하는 화학 산업 또한 잘 발달되어 있다.

(4) 중부–흑토경제지역

중부-흑토경제지역은 쿠르스크주(Курская область), 벨고로드주(Белгородская область), 보로네시주(Воронежская область), 리페츠크주(Липецкая область), 탐보프주(Тамбовская область)로 구성되어 있다.

중부-흑토 경제지역의 면적은 167,856km^{2}로 러시아연방 전체 면적의 약 0.98%이며 인구는 2015년 현재 7,216,747명으로 러시아전체 인구의 약 4.93%이며 인구의 약 60%가 도시에 살고 있다.

(5) 볼가-뱌트카경제지역

볼가-뱌크카경제지역은 니제고로트주(Нижегородская область), 키로프주(Кировская область)와 추바시공화국(Чувашская Республика), 마리엘 공화국(Республика Марий Эл), 모르도비야공화국(Республика Мордовия)으로 구성되어 있다.

볼가-뱌트카경제지역의 면적은 264,844km²로 러시아연방 전체 면적의 1.55%이며 인구는 2015년 현재 7,308,945명으로 러시아 총 인구의 4.98%로 도시인구는 약 70%를 차지하고 있다.

볼가-뱌트카 경제지역은 조선 산업과 자동차 산업이 중심을 이루고 있으며 니제고로트가 그 중심지이다. 니제고로트에는 조선소인 끄라스노예 소르모보(Крас ное Сормово)와 자동차공장인 가즈(ГАЗ)가 소재하고 있다. 또한 볼가-뱌트카 경제지역 영토의 약 40%가 농토로, 농업도 잘 발달되어 있다.

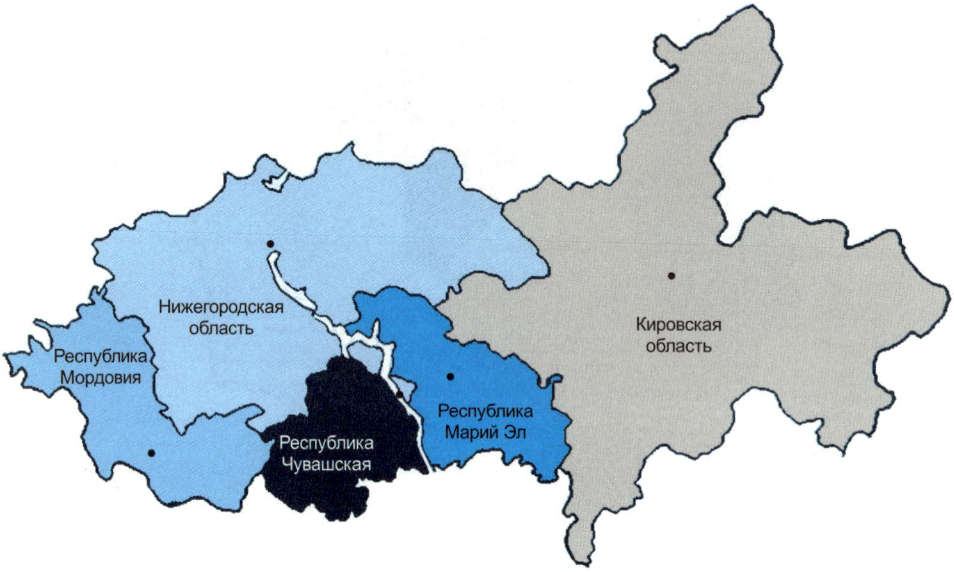

(6) 볼가경제지역

볼가경제지역은 울랴놉스크주(Ульяновская область), 사라토프주(Саратовская область), 볼고그라드주(Волгоградская область), 아스트라한주(Астраханская область), 펜자주(Пензенская область), 사마르주(Самарская область)와 타타르스탄공화국(Республика Татарстан), 칼미키야공화국(Республика Калмыкия)으로 구성되어 있다.

볼가경제지역은 주로 볼가강 중·하류에 위치하고 있으며 면적은 539,817km^{2}로 러시아 전체 면적의 약 3.15%이며, 인구는 2015년 현재 16,038,152명으로 러시아 전체 인구의 약 10.96%이다. 인구가 100만 명이 넘는 도시로 사마라, 카잔,

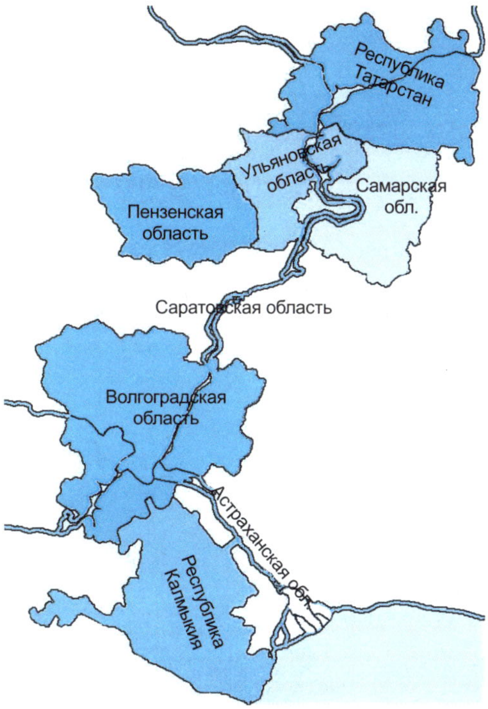

볼고그라드시가 있다. 주요 산업으로는 석유, 가스, 석유화학산업과 자동차산업이 있다.

(7) 북코카서스경제지역

북코카서스경제지역은 로스토프주(Ростовская область), 크라스노다르변강(Краснодарский край), 스타브로폴변강(Ставропольский край), 아디게야공화국(Республика Адыгея), 카라차예보-체르케스공화국(Карачаево-Черкесская Республика), 카바르다 발카르공화국(Кабардино-Балкарская Республика), 북오세티야공화국(Республика Северная Осетия - Алания), 잉구세티야공화국(Республика Ингушетия), 체첸공화국(Чеченская Республика), 다게스탄공화국(Ре спублика Дагестан), 크림공화국(Республика Крым), 바이코누르시(Город Байконур)로 구성되어 있다.

북코카서스 경제지역의 면적은 381,684km²로 러시아 전체 면적의 2.23%이며, 인구는 2015년 현재 22,109,491명으로 러시아 총 인구의 15.12%이다. 북코카서스 경제지역은 러시아에서 가장 인종적 다양성이 높은 지역으로 다게스탄공화국에만 30 민족 이상이 살고 있다. 대부분의 러시아인들은 스타브로폴과 끄라스노다르 지역에 살고 있다.

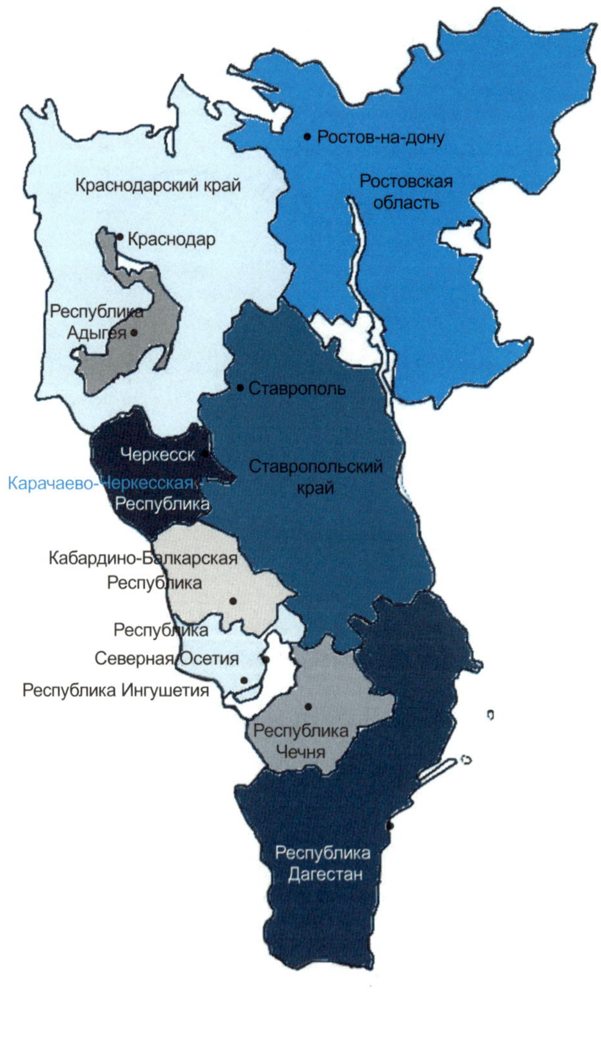

북코카서스경제지역은 약 47%의 토양이 흑토지대로 비교적 비옥한 토양을 가지고 있어 농업이 발달되어 있으며 온화한 기후와 온천, 인접한 바다 등으로 치료 및 관광 휴양지로도 주목받고 있다.

(8) 우랄경제지역

우랄경제지역은 페름변강(Пермский край), 스베르들롭스크주(Свердловская область), 첼랴빈스크주(Челябинская область), 오렌부르그주(Оренбургская област

ь), 쿠르간주(Курганская область), 바쉬코르토스탄공화국(Республика Башкортостан), 우드무르트공화국(Удмуртская Республика)으로 구성되어 있다.

우랄경제지역의 면적은 823,270km^{2}로 러시아 총 면적의 4.81%이며, 인구는 2015년 현재 18,922,161명으로 러시아 총 인구의 12.94%를 차지하고 있으며 인구의 약 80%가 도시에 거주하고 있다.

우랄경제지역은 경제적으로 발달한 유럽러시아지역과 자원이 풍부한 시베리아지역의 중간에 위치할 뿐만 아니라 자체적으로 지하자원이 풍부한 지역이다. 우랄지역은 러시아 철금속 생산의 거의 50%를 차지하고 있으며 주요 생산지로는 마그니토고르스크(Магнитогорск)와 첼리야빈스크(Челябинск) 등이 있다.

(9) 서시베리아경제지역

서시베리아경제지역은 튜멘주(Тюменская область), 옴스크주(Омская область), 노보시비르스크주(Новосибирская область), 톰스크주(Томская область), 케메로보주(Кемеровская область), 알타이변강(Алтайский край), 한티-만시 자치구(Ханты-Мансийский автономный округ), 야말로-네네츠자치구(Ямало-Ненецкий автономный округ), 알타이공화국(Республика Алтай)으로 구성되어 있다.

서시베리아경제지역의 면적은 2,454,084km^{2}로 러시아 전체 면적의 약 14.33%이며, 인구는 2015년 현재 14,704,256명으로 러시아 총 인구의 10.05%를 차지하고 있다.

서시베리아경제지역은 러시아에서 석유 및 천연가스, 석탄 생산의 중심지이다. 석유는 러시아 전체의 70% 이상을 생산하고 있으며 주요 생산지로는 사모틀로르(Самотлор), 수르구트(Сургут), 표도로프(Федоров) 등이며, 그리고 천연가스는 러시아 전체 생산의 90% 이상을 생산하고 있으며 우렌고이(Уренгой), 얌부르크(Ямбург), 메드베지예(Медвежье), 자뽈야르노예(Заполярное) 등이 중

심지이다. 석탄은 러시아 전체 생산량의 40%를 생산하고 있으며 케메로보주의 쿠즈네츠키탄광(Кузнецкий бассейн)이 유명하며 비철금속 생산도 있다.

(10) 동시베리아경제지역

동시베리아경제지역은 이르쿠츠크주(Иркутская область), 크라스노야르스크 변강(Красноярский край), 자바이칼 변강(Забайкальский край) 그리고 투바공화국(Республика Тыва), 부랴티야공화국(Республика Буряти), 하카시야공화국(Республика Хакасия)으로 구성되어 있다.

동시베리아경제지역의 면적은 4,155,042km^{2}로 러시아 전체 면적의 24.26%차지하여, 러시아 경제지역 중 면적으로는 극동경제지역 다음으로 2번째로 큰 경제지역이다. 인구는 2015년 현재 8,189,206명으로 러시아 총 인구의 5.6%에 불과하다.

동시베리아경제지역에는 러시아 최대 탄광인 퉁구스크 탄전(Тунгусский угольный бассей)과 갈탄 생산지인 칸스코-아친스크탄전(Канско-Ачинский бассейн)이 있다.

(11) 극동경제지역

극동경제지역은 아무르주(Амурская область), 사할린주(Сахалинская область), 마가단주(Магаданская область), 캄챠트카변강(Камчатский край), 하바롭스크변강(Хабаровский край), 연해변강(Приморский край), 사하공화국(Республика Саха), 추코트자치구(Чукотский автономный округ), 그리고 예벤스키자치주(Еврейская автономная область)로 구성되어 있다.

극동경제지역의 면적은 6,169,329km^{2}로 러시아 전체 면적의 약 36.02%로 러시아경제지역 중 가장 영토가 넓은 지역이다. 인구는 2015년 현재 6,211,021명으로 전체 러시아인구의 4.25%에 불과하다.

극동경제지역은 태평양과 인접하여 수산업이 매우 발달되어 있어, 러시아 어

획고의 60% 이상을 차지하고 있다. 뿐만 아니라 블라디보스토크나 콤소몰스크나 아무르 지역에는 조선 및 조선수리산업이 발달되어 있으며 광업이 중심을 이루고 있다. 광업의 경우, 러시아 다이아몬드 생산의 98%, 금생산의 67%, 주석생산의 90%를 차지하고 있다. 사할린주에는 석유, 천연가스의 생산이 주요한 산업이다.

2. 특별경제구역(SEZ: Special Economic Zone)

러시아 경제특구는 푸틴정권하인 2005년에 특별경제구역에 대한 연방법률이 채택되면서 시작되었으며 이 법률은 2009년 12월에 대폭적으로 개정되었다.

먼저 2005년 특별경제구역에 대한 연방법률에 따라 '공업생산특구'와 '기술혁신특구(Технико-внедренческие ОЭЗ)'가 도입되었다. '공업생산특구'는 공장에서 생산 활동을 하는 것이 주목적이며 '기술혁신특구'는 연구 개발활동이 중심이 되는 것이었다. 또한 특별경제지역에 대한 법률이 개정되면서 '관광·레저 특구(Туристско-рекреационные зоны)'와 '항만특구(Портовые особые экономические зоны)'가 새로이 추가되었다.

특별경제구역은 특히 세제, 관세의 우대조치가 실시되는 특별구역으로 정의되며, 2017년 현재 법령에 따라 4개 분야에 23개의 특별경제구역이 있다.[2]

특별경제구역의 종류	지 역
산업 / 생산	리페츠크주 리페츠크(Липецкая область, Липецк), 타타르스탄공화국 알라부가(Республика Татарстан, Алабуга), 사마라주 톨리야티(Самарская область, Тольятти)와 스베르들로프스크주 티타노바야 돌리나(Свердловская область, Титановая долина)가 그리고 아스트라한시(г. Астрахань), 블라디보스토크시(г. Владивосток), 프스코프주의 모글리노(Псковская область, Моглино), 칼루가주의 칼루가(Калужская область, Калуга)
기술 / 혁신	상트 페테르부르크시(г. Санкт-Петербург), 모스크바시의 젤레노그라드(Зеленоград), 모스크바주 두브나(Московская область, Дубна), 톰스크주 톰스크(Томская область, Томск), 타타르스탄 공화국의 이노폴리스(Республика Татарстан, Иннополис)

2) http://economy.gov.ru/minec/activity/sections/sez/main/

관광 / 레저	알타이공화국의 알타이 돌리나(Республика Алтай, Алтайская долина), 부랴티아공화국의 바이칼 가반(Республика Бурятия, Байкальская гавань), 알타이 변강의 비류조바야 카툰(Алтайский край, Бирюзовая Катунь), 스타브로폴 변강의 그랜드 스파 유차(Ставропольский край, Гранд Спа Юца), 이르쿠츠크주의 보로타 바이칼(Иркутская область, Ворота Байкала), 연해주 변강의 오스트로프 루스끼(Приморский край, Остров Русский), 북코카서스 관광 클라스터(Туристический кластер в СКФО, Краснодарском крае и Республике Адыгея)
항만	울랴놉스크 주의 울리야노프스크-보스토치니(Ульяновская область, Ульяновск-Восточный), 하바롭스크변강의 소베트스까야 가반(Хабаровский край, Советская Гавань), 무르만스크주(Мурманская область)

특별경제구역의 경제적 성과에 대하여는 다소 비판적인 시각이 존재한다.[3] 러시아정부 발표에 따르면 특별경제구역 설치 11년이 경과하는 동안 단지 2만 1100개 정도의 일자리가 창출되어 평균적으로 보면 일자리 하나 창출하는데 무려 9백만 루블 이상이 소요되었다고 하며 예산기금 등 기타 투자를 포함하면 2100만 루블이 소요되었다고 추정되었다. 또한 특별경제구역을 설립하여 부가된 조세수입은 2017년 1월 1일 현재 388억 루블로 그동안 특별경제구역에 주어진 조세 및 관세 우대가 288억 루블인 것을 감안하면 미미한 것으로 조사되었다.

현존 특별경제구역 중 비교적 효율적으로 운영되고 있는 곳은 타타르스탄공화국의 알라부가, 리페츠크주, 사마라주, 그리고 상트 페테르부르크시 등 단지 4곳에 불과하며 나머지 특별경제구역은 비효율적으로 운영되고 있다. 2005년부터 2016년 사이 36개의 특별경제구역이 31개 지역에서 설립되었으나 2010년 이후 모두 10개의 특별경제구역이 폐지되었다.

3) https://www.gazeta.ru/business/2017/04/10/10619267.shtml#page2

3. 선도개발지역 (Территория опережающего развития(TOP))

2014년 12월 29일 채택된 연방법률 '러시아연방 선도사회경제개발지역(О территориях опережающего социально-экономического развития в Российской Федерации)'에 따라 '선도개발지역'이 조성되었다. '선도개발지역'은 49년간 운영되는 특별경제구역과 달리 70년의 운영기간이 허용되었으며 유용광물의 채굴뿐만 아니라 소비재 생산도 가능하게 되었다.

첫 3년간은 극동연방관구에서 사회경제적으로 매우 취약한 지역에서 먼저 허용되었으며 2017년 7월 현재 모두 35개의 '선도개발지역'이 설립되었다.

제2장 러시아 경제개황

1. 경제성장추이

1991년 말 소련해체 이후 러시아의 국내총생산은 1990년대 약 40% 감소하였다. 그러나 1999년부터 2008년까지 러시아 국내총생산은 평균 매년 약 7%의 성장을 하여 9년 만에 거의 두 배로 성장하였다. 러시아경제는 1998년 금융위기로 인하여 최대의 위기를 맞았다. 세계은행의 자료에 따르면 GDP는 1997년 4049억 달러에서 1999년 1959억 달러로 폭락하였다. 이러한 러시아경제는 2003년에 4303억 달러로 회복하여 1998년 경제위기 이전의 수준으로 회복하였다. 그 이후로 러시아경제는 급속한 성장을 유지하고 있다. 주로 원자재가격의 상승에 힘입어. 2008년 1조6600억 달러의 GDP를 기록하여 세계 11번째의 경제대국이 되었다.

러시아 경제의 전망에 대하여 2010년 1월 프라이스워터하우스 쿠퍼스(Pricewaterhouse Coopers)의 전문가들은 2030년까지 러시아가 중국, 미국, 인도, 브라질 다음의 세계 5대 경제대국이 될 것이며, 따라서 독일과 영국을 제치고 유럽 최강의 경제대국이 될 것이라고 전망하였다.[1]

러시아 경제는 아래 그래프에서 보는 바와 같이 2009년을 제외하고 6% 내외의 꾸준한 성장률을 보여주고 있다. 2007년은 8.5%의 성장률을 기록하여 지난

1) http://english.pravda.ru/russia/economics/25-01-2010/111831-russian_economy-0/

10여 년간 최대의 성장률을 보여 주었으나 2008년 글로벌 경제위기는 러시아에 심각한 타격을 주었다.

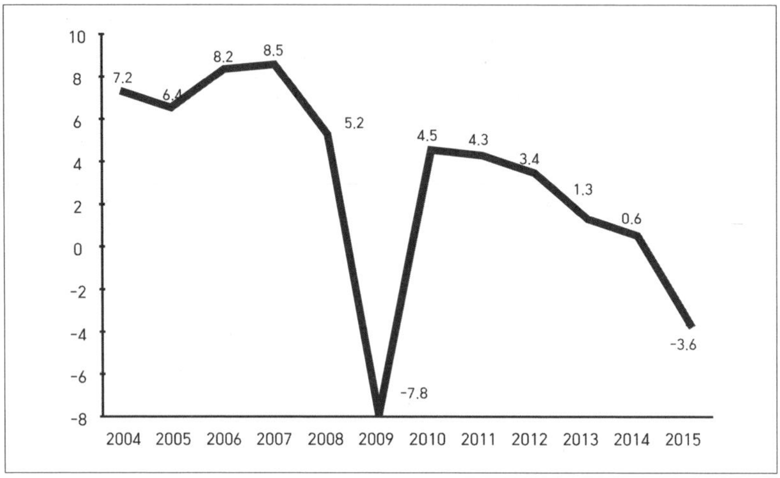

러시아경제는 2012년 3.4%의 성장을 하였으나 2013년에는 1.3% 그리고 2014년에는 0.6% 성장하는데 그쳤다.

이러한 러시아경제에 대한 암울한 현실은 미국 대통령 버락 오바마의 2015년 1월 20일 미국 의회에서 행한 신년 국정연설에서 잘 드러나고 있다. 오바마는 국정연설에서 "러시아경제는 누더기가 되어 고립되어 있다"라고 선언하였던 것이다. 또한 많은 러시아 경제전문가들 역시 2008년-2009년 러시아경제가 경험하였던 경제위기와 버금될 정도의 경제위기를 겪을 것으로 예상하였다.

물론 러시아경제는 여전히 위기에 직면하여 있으며 경제성장 역시 지속적으로 마이너스 성장을 보여주고 있으나 위기의 정도는 오바마나 많은 전문가들이 예상하는 정도의 위기는 아닌 것으로 나타나고 있다. 즉 2015년 러시아 국내총생산은 전년 대비 3.7% 감소하였으며 2016년에는 0.6% 정도의 감소를 예상하고 있고 2017년에는 미약하지만 플러스의 경제성장도 예상하고 있기 때문이다.

2. 세계경제에서 러시아의 위상변화

1) 국내총생산(단위: 10억 달러)

순위	국명	2014	2015	2016
1	미국	17,348.1	17,947.0	18,558.1
2	중국	10,430.7	10,982.8	11,383.0
3	일본	4,596.2	4,123.3	4,412.6
4	독일	3,874.4	3,357.6	3,467.8
5	영국	2,991.7	2,849.3	2,761.0
6	프랑스	2,833.7	2,421.6	2,464.8
7	인도	2,042.6	2,090.7	2,288.7
8	이탈리아	2,141.9	1,815.8	1,848.7
9	브라질	2,417.2	1,772.6	1,534.8
10	캐나다	1,783.8	1,552.4	1,462.3
11	대한민국	1,410.4	1,376.9	1,321.2
12	러시아	2,029.6	1,324.7	1,132.7
13	호주	1,442.0	1,223.9	1,200.8
14	스페인	1,383.5	1,199.7	1,242.4
15	멕시코	1,297.9	1,144.3	1,082.4

IMF의 통계에 따르면, 러시아의 2015년 국내총생산은 1조3247억 달러로 세계 12위를, 그리고 우리 대한민국이 1조3769억 달러로 세계 11위를 차지하였다.[2] 그러나 2014년에는 2조296억 달러로 세계 10위로 우리나라의 1조4104억 달러보

2) 세계은행의 자료에 따르면 2015년 러시아의 국내총생산은 1조3260억 달러, 호주가 1조 3395억 달러로 호주가 12위, 러시아가 13위를 차지하였다.

다 많았다. 2016년에 러시아의 국내총생산은 스페인, 호주보다 뒤지고 멕시코보다 다소 높은 1조1327억 달러로 예상되고 있다.

2) 구매력기준 국내총생산

		2014	2015	2016
1	중국	17,960.7	19,392.4	20,853.3
2	미국	17,348.1	17,947.0	18,558.1
3	인도	7,347.2	7,965.2	8,642.8
4	일본	4,759.6	4,830.1	4,901.1
5	독일	3,748.1	3,840.6	3,934.7
6	러시아	3,824.0	3,717.6	3,684.6
7	브라질	3,287.2	3,192.4	3,101.2
8	인도네시아	2,685.3	2,842.2	3,010.7
9	영국	2,594.4	2,679.3	2,756.7
10	프랑스	2,591.2	2,646.9	2,703.4
11	멕시코	2,150.3	2,227.2	2,303.2
12	이탈리아	2,133.2	2,170.9	2,213.1
13	대한민국	1,784.0	1,848.5	1,916.4
14	사우디 아라비아	1,612.3	1,683.0	1,720.0
15	캐나다	1,597.0	1,631.9	1,671.9
16	스페인	1,549.3	1,615.1	1,674.0

구매력으로 평가한 러시아 국내총생산은 2015년 3조7176억 달러로 세계 6위로 2016년에도 3조6846억 달러 세계 6위로 예측되고 있다. 그러나 2014년에는 3조 8240억 달러로 독일을 제치고 세계 5위였다.

구매력평가 러시아 GDP의 세계비중

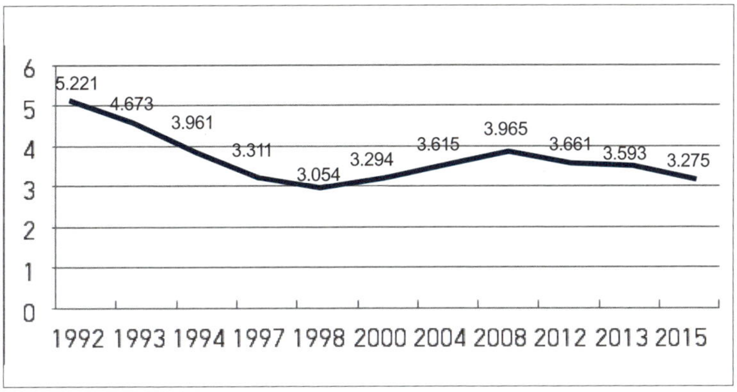

2015년 구매력으로 평가한 러시아의 GDP가 전 세계에서 차지하는 비중은 3.275%로 세계 6위에 해당한다.[3]

3. 1998년 외환위기 vs 2008년 금융위기

1998년 러시아 외환위기와 2008년 금융위기 유사성과 차이점: 1998년 위기와 2008년 위기의 공통점은 전 세계적인 경기침체와 원유가격의 하락이 주 원인이라는 점이다. 그러나 지금은 RTS는 세계 원유가격에 보다 취약한데 RTS지수와 원유가격의 상관계수는 1998년 0.6에서 2008년 0.8로 상승하였다. 세계적인 경기침체와 원유가격의 하락으로 1998년 RTS 지수는 약 90.3% 폭락하였으며 2008년에는 약 69% 폭락하였다.

---

3) http://www.economywatch.com/economic-statistics/Russia/GDP_Share_of_World_Total_PPP/ (검색일: 2016년 9월 12일)

그러나 2008년의 위기는 1998년의 위기와는 상당히 다른 차이점 또한 부인할 수 없다. 1998년의 경우 러시아정부는 심각한 재정적자와 그에 따른 대규모 이자지불, 높은 수준의 공공부문 부채, 낮은 성장률, 그리고 낮은 수준의 외환보유고와 고정된 환율밴드제로 정책적인 취약성이 노출되어 있었다. 그러나 2008년의 러시아는 정부의 재정수지가 안정적으로 되었으며 막대한 안정화기금의 운영, 자유로운 환율제도, 그리고 낮은 수준의 외채와 보다 강화된 금융제도, 그리고 보다 중요한 것은 지난 10년 동안 세계적인 고유가로 세계 3위의 막대한 외환보유고의 보유등이다. 그러나 앞서 지적한 바와 같이 2008년에는 러시아의 주식시장이 원유가격에 대한 의존도가 보다 높아져 원유가격의 변동에 따른 취약성이 보다 커졌으며 실물경제에 미치는 효과가 보다 높아졌다는 점과 보다 물물교환이나 미지불경제가 아닌 화폐경제로 이제 진입하였다는 점이 상당히 다르다.[4]

4. 경제자유도

미국 헤리티지재단(Heritage Foundation)이 발표하는 러시아경제자유지수는 2011년 50.5를 시작으로 2015년 52.1까지 지속적으로 상승하였다. 그러나 2016년 러시아 경제자유점수는 50.6으로 전 세계에서 153위를, 유럽에서는 42위를 차지하여 지수는 전년대비 1.5 감소하였다.

이러한 경제자유지수의 하락은 비즈니스 환경의 개선에도 불구하고 정부지출통제의 악화가 지수 향상의 발목을 잡았다. 또한 만연된 부패와 소유권에 대

4) World Bank, *Russian Economic Report, No. 17*, Russia Country Office, Economic Management and Policy Unit, 2008, pp. 25-6.

한 인식부재로 '법의 통치'에 의문을 가지게 하여 결국 경제에 대한 불확실성과 투자위험을 증가시키고 있는 것이다.[5] 따라서 러시아는 최근 경제개혁에 대한 뚜렷한 성과를 보여주지 못하여 경제자유도가 '가장 부자유'한 범주에서 벗어나지 못하고 있는 것이다.

경제자유도의 10개 평가항목 중에서 특히 '법의 통치'부문에 속한 소유권이 20.0점으로 세계 140위, 부패점수가 27.0으로 142위를 기록하여 4개부문중 가장 낮은 점수를 받았다. 또한 시장의 개방성부문에 속한 투자자유점수는 25.0으로 159위, 금융자유점수는 30.0으로 132위를 차지하여 러시아 평균 점수 50.6보다도 낮게 나타나고 있다.

재정자유점수는 82.2로 65위, 기업자유점수는 72.2로 52위를 기록하여 상대적으로 높은 자유도를 보여주고 있다.

'가장 부자유'한 경제부분의 점수가 59.9에서 50.0이며 '억압(Repressed)'경제부분의 점수가 49.9에서 40인 것을 고려하면 러시아는 비록 '가장 부자유'한 범주에 속하여 있지만 '억압'경제부분과 경계에 있다고 볼 수 있을 것이다. '억압'부분에 속한 국가에는 46.8점을 받은 우크라이나, 46.0점을 받은 우즈베키스탄, 41.9점을 받은 투르크메니스탄 등이 있으며 끼르기즈스탄이 59.6, 따지키스탄은 51.3점으로 '가장 부자유'한 부분에 속하여 있다. '중간 정도'의 범주는 69.9점에서 60점 사이로 아르메니아가 67.0점으로 54위, 까자흐스탄이 63.6점으로 68위가 있으며, 우리나라는 71.7점으로 27위를 차지하여 '대체로 자유로운' 국가로 분류되고 있다.[6]

---

5) http://www.heritage.org/index/pdf/2016/countries/russia.pdf

6) http://www.heritage.org/index/ranking

경제자유도의 추이

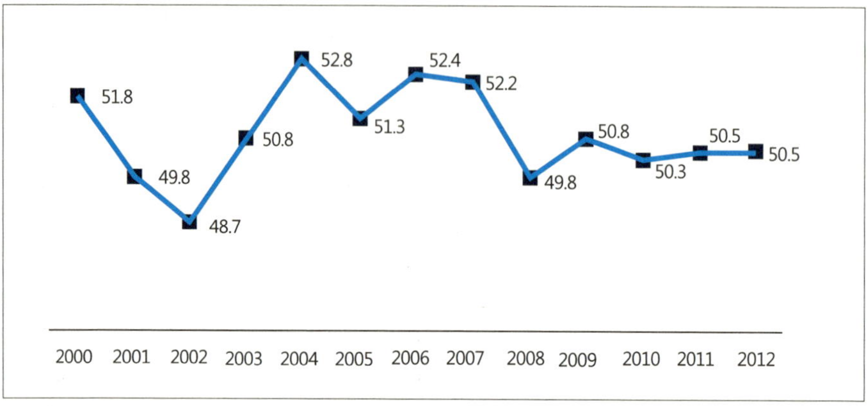

http://www.freetheworld.com/countrydata.php?country=C109&x=39&y=13

제3장 러시아의 산업

1. 산업생산 개황

러시아 산업생산은 2010년 이후 2015년 처음으로 전년 대비 3.4% 감소하였다. 이와 같은 감소폭은 러시아 경제발전부가 예측한 3.3% 감소보다 높은 수치로 낮은 세계유가와 루블 가치하락이 주요인으로 분석되었다. 그러나 러시아 산업중 보다 더 성장이 감소한 분야는 제조업분야로 2014년 대비 5.4% 감소한 것이다.[1]

제조업분야의 생산이 크게 감소하였음에도 불구하고 서구의 식료품 수입금지에 따라 러시아의 식료품생산이 2% 증가한 것이 특징 중 하나로 나타나고 있다. 특히 돼지고기 생산은 전년 대비 12.9%, 치즈생산은 17.1% 증가하였다.

2016년 러시아 산업생산은 아래의 표에 보는 바와 같이 2015년 대비 1.1% 증가하였다. 2016년 산업생산 증가는 전년 대비 0.1% 성장한 제조업 보다는 2.5% 성장한 광업에 의해 주로 이루어졌다. 제조업 중에서는 전년 대비 5.4% 증가한 고무 및 플라스틱 제품 생산 부문이 가장 큰 증가율을 보여주었으며 비철 광물 제품 부문이 전년 대비 6.6% 감소하여 가장 큰 감소폭을 보여주고 있다.

---

1) http://www.gks.ru/wps/wcm/connect/rosstat_main/rosstat/ru/statistics/enterprise/industrial/# (검색일: 2017년 6월 5일)

2010년 이후 산업부문별 성장면에서 다소 특이하게 나타나는 점은 러시아 경제에서 가장 큰 경쟁력을 가지고 있다고 간주되어온 에너지 부문의 성장률이다. 에너지 부문의 성장률은 2010년 이후 꾸준히 플러스 성장을 보여주고 있으나 2015년을 제외하면 그 성장률은 러시아산업 전체의 성장율보다 다소 낮거나 근접한 성장률을 보여주고 있는 것이다.

	2009	2010	2011	2012	2013	2014	2015	2016
러시아 산업	89.3	107.3	105.0	103.4	100.4	101.7	96.6	101.1
광업	97.2	103.8	101.8	101.0	101.1	101.4	100.3	102.5
에너지	98.9	103.6	101.2	100.7	100.9	101.4	100.0	102.6
에너지제외 광물	83.9	104.9	106.6	103.4	102.3	101.6	102.2	100.8
제조업	84.8	110.6	108.0	105.1	100.5	102.1	94.6	100.1
음료, 담배 포함 식료품	100.3	103.2	103.9	104.1	100.6	102.5	102.0	102.4
섬유 및 의류	83.9	108.8	100.8	100.7	104.3	97.5	88.3	105.3
피혁, 피혁제품 및 신발	98.5	119.9	105.7	98.1	95.6	97.2	88.6	105.1
목재 및 목재가공품	76.9	113.4	110.2	96.2	108.0	94.7	96.6	102.8
펄프 및 제지류	84.1	103.1	106.5	105.8	94.8	100.4	93.7	100.8
코커스 및 석유제품	99.4	106.0	103.8	103.1	102.3	105.7	100.3	97.6
화학제품	94.6	110.6	109.5	104.1	105.4	100.1	106.3	105.3
고무 및 플라스틱제품	87.1	124.4	111.4	112.8	105.9	107.5	96.3	105.4
비철 광물제품	66.8	114.5	107.4	110.7	98.0	101.8	92.2	93.4
금속제품	83.6	112.4	107.0	104.8	100.0	100.6	93.5	97.7
기계 및 설비	66.8	115.2	111.1	102.7	96.6	92.2	88.9	103.8
전기 및 광학 제품	68.4	118.9	111.9	106.4	99.0	99.5	92.1	99.0
수송장비 및 설비	68.5	127.2	117.2	110.3	102.2	108.5	91.5	97.0
기타	81.6	120.6	105.3	102.6	95.4	102.7	94.0	93.8

2. 농업

러시아는 비록 공업국가이지만 농업 역시 매우 중요한 산업이다. 그러나 그 중요성은 러시아 경제개혁초기에 비하여 많이 감소하였다. 러시아 경제개혁의 초기였던 1990년 러시아 농업부문은 러시아 국내총생산의 약 16.4%를 차지하여 러시아경제에 비교적 중요한 부분이었으나 이 후 지속적으로 감소하여 1998년 6%, 1999년 6.8%, 2000년 7.5%에 이르렀다. 러시아연방 인구의 약 27%가 농촌에 거주하고 있으며 노동가능인구(able-bodied population)의 약 11%가 농업에 종사하고 있고 농업은 국내총생산에서 5% 이상을 차지하고 있을 정도로 러시아 경제에 기여하는 바가 크다고 볼 수 있다.[2]

러시아 농업은 러시아 국내총생산의 약 6%를 차지하고 있으며 러시아 인구의 16% 이상이 농업에 종사할 정도로 고용에서도 기여하는 바가 매우 크다.

러시아농업은 2014년 가장 성공적인 한 해를 보냈다고 볼 수 있다. 2014년 현재 국내총생산의 4% 정도, 러시아 고용에서 약 6.7%를 차지하고 있다. 2014년에는 1억5백3십만 톤의 곡물을 수확하여 1억 톤 이상을 수확한 것은 2008년 약 1억8백만 톤을 수확한 이후 2번째이며 2013년 9천2백4십만 톤보다 약 14% 이상 증가한 것이다. 또한 채소 역시 2014년에 1천5백5십만 톤을 수확하여 최근 가장 높은 수확을 하였다. 2015년에는 곡물 생산량은 전년 대비 다소 감소한 1억4백8십만 톤을 생산하였으나 야채의 경우에는 1천6백십만 톤으로 생산이 다소 증가하였다.

러시아의 농업은 2016년 다시 한 번 크게 성장을 하였다. 러시아는 2016년

2) Barlybaev, A. A., F. F. Aidarbakov and I. M. Rakhmatullin, "Development of Agricultural Territories during the Post-Soviet Period: Institutional Aspect," *Studies on Russian Economic Development*, Vol. 20, No. 5, 2009, p. 529.

3400만톤의 곡물을 수출하여 세계 최대의 곡물 수출국이 되었으며, 총 곡물생산은 1억천900만 톤을 생산하여 역대 최고를 기록한 것이다. 이러한 농업의 성장은 15년 전만 하더라도 곡물 순 수입국이었다는 점을 고려하면 매우 주목할 만 하다고 할 수 있다. 뿐만 아니라 돼지고기 및 육계생산은 국내생산이 수입을 대체하였으며 사탕무의 경우 세계 최대 생산국이 되었다. 더욱 놀라운 것은 비록 에너지부문보다는 많이 떨어지지만 농업부문이 무기판매를 제치고 러시아의 두 번째 수출품목이 되었다는 것이다.[3]

러시아의 곡물 및 야채 생산량: 단위 만 톤

	곡물	야채
2010	61.0	12.1
2011	94.2	14.7
2012	70.9	14.6
2013	92.4	14.7
2014	105.3	15.5
2015	104.8	16.1

출처: *Российский статистический ежегодник 2016*, С. 387.

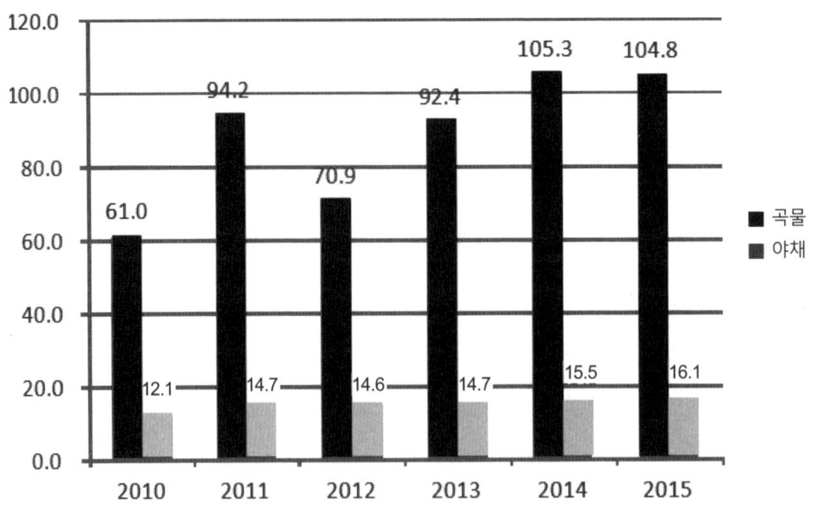

3) https://www.ft.com/content/422a8252-2443-11e7-8691-d5f7e0cd0a16?mhq5j=e2 (검색일: 2017년 5월 25일)

1) 러시아 농지개혁[4]

1993년 채택된 러시아 헌법에 따르면 러시아 시민들은 사유재산으로 토지를 소유할 수 있으며 개인소유토지는 환경이나 타인에게 위해를 가하지 않는다면 토지소유자가 원하는대로 사용할 수 있다. 옐친 행정부는 도시의 토지나 주택에 대한 사적 소유제도는 비교적 잘 마련하였으나 러시아 전 영토의 약 25%에 해당하는 농지에 대하여서는 매우 어려운 상황에 직면하였다. 왜냐하면 러시아 농지의 매각에 대하여는 매우 민감한 정치적인 문제가 걸려있었기 때문이다. 이러한 부분은 1990년대 옐친행정부와 국가두마와의 불편한 관계에 기인하고 있다. 달리말하면 1990년 중엽 국가두마는 공산당이나 기타 보수주의 정당들이 득세를 하고 있었으며 러시아의 농촌지역은 대부분 공산당이나 농업당을 지지하였는데 이들 정당들은 기본적으로 농지의 사유화에 강력히 반대하였다.

그러나 대부분의 국영농장 및 집단농장은 토지증서(land shares)를 발행하여 사유화가 이루어졌으며, 실험적 농업과 선별가축업을 하는 농장은 사유화에서 제외하는 방식으로 러시아 농지가 국가소유에서 민간소유로 전환되었다. 즉 이러한 농지소유의 전환은 대농장에서 종사한 사람들에게 토지증서(land shares)의 발행으로 이루어졌다. 토지증서(land shares) 분배는 주로 1992년부터 1994년 사이에 이루어졌다. 토지증서(land shares)의 소유자는 자신의 개인 농업을 위하여 토지증서(land shares)를 실제 토지로 전환할 수 있었으나 그 과정이 매우 복잡하고 어려워 실제 그렇게 전환한 사람은 많지 않았다. 오히려 토지증서(land shares)를 임대하는 것이 일반적인 관행이었는데 이는 토지사용권이 제3자에게 임대되는 것으로 주로 대농장이나 개인 농부들에게 임대되었다.

따라서 옐친이 추구한 경제개혁에 대한 농촌지역의 저항과 러시아 중앙정부

---

4) Ira Kenneth Lindsay, "A Troubled Path to Private Property: Agricultural Land Law in Russia", Aug. 2009, pp. 37-42.

의 농지개혁에 대한 의지부족은 결국 1990년대 러시아 중앙정부의 농촌정책의 포기로 볼 수 있다.

그러나 푸틴이 집권하면서 상황이 달라지기 시작하였다. 2002년 7월에 채택된 "농지이전에 관한 법률(Law on the Transfer of Agricultural Land)"은 농지의 매각을 합법화하고 규제 장치를 마련하였다는 의미에서 가장 중요한 러시아 농지에 대한 법적 개혁으로 볼 수 있다.

이 법은 농지에 대하여 개인, 가족, 조합, 혹은 법인의 사적 소유를 재확인하고 농지의 임대 또한 49년까지 허용하였으며 임대면적은 제한이 없었다. 농지 또한 비농지와 같이 담보물로 허용되었다. 외국인과 외국인이 50% 이상의 소유권을 가진 법인은 농지를 임대는 가능하나 매입은 할 수 없다.

이와 같은 농지에 대한 법령 정비는 농지를 매매할 수 있는 농지시장의 형성에 크게 기여하였다. 그러나 실제 과정에서 문제가 전혀 없는 것은 아니다. 예를 들면 지방정부에게 농지매도에 대한 우선거부권을 부여한 것이다. 다시 말하면 농지소유자가 농지를 매도하기 전에 매도하고자 하는 농지와 예상 매도가격을 적은 신고서를 지방정부에 먼저 제출하여야만 한다. 그러면 지방정부는 예상매도가격에 그 농지를 매입할 것인지를 한 달 내에 결정하여야 한다. 만일 지방정부가 매입하기를 거부하거나 아무런 조치를 취하지 않는다면 농지매도자는 지방정부에 제출한 신고서에 적혀있는 매도가격보다 적어도 동일하거나 높은 가격으로 1년 이내에 농지를 매도할 수 있다. 만일 농지매도자가 지방정부에 농지매도에 대한 신고서를 제출하지 않거나 농지거래가 신고서에 적시된 예정가격보다 낮을 경우에는 지방정부는 1년 이내에 거래를 무효화하거나 매수자로서의 권리와 의무를 가진다.

또 다른 이 법령의 문제는 토지사용제한법이나 환경규제와 같은 지방정부의 규정을 위반하여 사용되고 있는 농지를 지방정부가 몰수할 수 있도록 허용하고 있는 점이다. 물론 지방정부가 농지를 몰수하기 위해서, 지방정부는 농지소유주에게 만일 법률위반사항이 시정되지 않는다면 지방정부는 농지를 몰수할 법적조치를 취할 것임을 사전통지하여야 한다. 그러나 이러한 조항은 지방정부에 비협조적인 기업을 곤란하게 만들거나 뇌물을 받는 수단으로 종종 사용되어져 왔다는 점 또한 지적되어야 한다.

푸틴행정부에 의한 또 다른 법률은 개인농장의 지위에 관하여 명확히 하고 있다. 러시아 법률에 따르면 개인농장(private farm)은 한명 혹은 한 명 이상의 사람들이 소유하고 경영하며, 법인(corporate enterprise)으로 등록하지 않은 농업기업을 의미한다. 따라서 개인농장은 가족구성원으로 만들어질 수 도 있고 혹은 농장에 대한 공동소유권을 가진 최대 5명까지 다른 사람들에 의하여 만들어 질 수 도 있다. 개인농장은 반드시 국가에 등록하여야 하며 이때 만일 농장이 한 명이상의 공동소유라면 각 소유주의 권리와 의무를 명시한 합의서를 제출하여야 한다. 개인농장은 중소기업에 적용되는 같은 법적 규제를 받는다.

개인부업경영(subsidiary household production)이 개인농장에 비하여 세제혜택을 누리기 때문에 일부 지역에서는 개인부업경영에 사용되는 토지의 규모에 제한을 두고 있다. 예를 들면 1헥타아르 이상인 경우 개인농장으로 등록하거나 그렇지 않으면 1헥타아르 이상의 농지는 포기하도록 하고 있다.

2000년대 러시아 농업기업은 국가정책으로 활성화되었다. 조세체계를 단순화하고 부채를 탕감해주며 신용제공을 용이하게 하였다. "농업은행(Россельхоз банк)"이 2000년에 설립되어 농업기업에 대한 신용제공을 하게 되었으며 수 많은 신용협동조합은 보다 규모가 작은 개인농장에 신용을 제공하였다. 이러한 신용제공은 개인부업경영에까지 확대되었다.

2) 러시아 농업구조

소련해체 후 신생 러시아에서 농촌지역의 주요한 생산자는 농업생산의 3/4 이상을 차지하고 있던 집단농장과 국영농장으로, 집단농장-국영농장제도는 종신고용뿐만 아니라 안정적인 소득, 무상교육 및 무상의료를 보장하였다.

그러나 농업개혁 후 러시아농업은 경영형태에 따라 농업기업, 농민경영, 주민의 개인부업경영 으로 크게 3부분으로 나누어 볼 수 있다. 농업기업은 대규모 농장으로 이전 소련시대의 국영농장 및 집단농장이 재조직된 것으로 주식회사, 유한회사, 생산협동조합형태가 있다. 약 6만 개의 농업기업이 있으며 평균 경작규모는 약 2300헥타아르 정도이다. 농업기업(Corporate farms)은 보통 1000헥타아르 이상의 농지에 수백명의 근로자가 종사하며 고용 경영인이 관리한다.

개인부업경영(Household plots)

주민의 개인부업경영은 농촌주민(농업기업의 종업원포함)이 자택부근에서 경영하는 소규모자급적 경영형태(약 1600만 세대, 평균토지면적 0.5헥타아르)과 도시주민이 주말 혹은 장기휴가중에 집근처 농지 혹은 채소밭에서 경영하는 자급적 경영형태를 뛰고 있다.

개인 부업경영은 도시 혹은 농촌 거주지에 있는 개인의 부속 토지 또는 비영리 원예조합, 채소조합, 다차조합에 토지를 소유하고 있는 개인에 의한 농업을 의미한다.

농민경영(Крестьянское(фермерское) хозяйство)

농민경영은 가족경영체로 평균토지소유면적은 81헥타아르정도이며, 주로 친

인척관계로 재산의 공동소유와 생산, 가공, 저장, 수송 및 판매 등의 생산 및 경제활동을 공동으로 하는 가족경영체다.[5]

3) 농업 경작면적

경작가능토지는 2300만 헥타아르 이상으로 가장 중요한 작물은 곡물이다. 곡물경작이 경작가능토지의 50% 이상을 차지하고 있다. 곡물중에서 가장 중요한 것은 밀이며 전체 곡물생산의 70% 이상을 차지하고 있다. 밀 재배는 겨울 및 봄에 재배되며 겨울밀은 주로 코카서스지역을 중심으로 그리고 봄 밀은 주로 돈 저지 와 중부 볼가지역에서 재배된다.

두 번째로 주요한 곡물은 보리로 사료용 곡물로 재배되고 있으며 러시아는 매년 1000만 헥타아르이상의 토지에서 1000만톤이상의 보리를 생산하고 있다. 보리는 최근에는 맥주 양조 원료로 수요가 증가하고 있으며 매년 120만톤이상이 양조용으로 사용되고 있다.

감자는 일반 식용 및 보드카 생산을 위하여 광범위하게 재배되고 있다.

작물별 경작면적 (단위: 1,000 ha)

	2000	2010	2011	2012	2013	2014	2015
경작면적	84,670	75,188	76,662	76,325	78,057	78,525	79,319
곡물	45,585	43,194	43,572	44,439	45,826	46,220	46,642
밀	23,205	26,614	25,552	24,685	25,063	25,277	26,833
보리	9,150	7,214	7,881	8,820	9,020	9,391	8885
옥수수	798	1,416	1,716	2,058	2,450	2,687	2,771
귀리	4,513	2,895	3,046	3,241	3,324	3,255	3,045

5) 출처: *Россия в цифрах 2015*, С. 276.

특용작물	6,458	10,900	11,836	11,315	12,045	12,232	12,709
해바라기	4,643	7,153	7,614	6,529	7,271	6,907	7,005
대두	421	1,206	1,229	1,481	1,532	2,006	2,123
감자, 채소, 멜론	3,728	3,022	3,117	3,070	2,969	2,945	2,993
감자	2,834	2,212	2,225	2,237	2,138	2,112	2,128
토마토	140	117	120	120	122	120	119
양배추	157	120	128	115	114	113	114
사료작물	28,899	18,071	18,137	17,501	17,217	17,127	16,974
다년생풀	18,046	11,463	11,134	11,038	18,025	10,808	10,713
일년생풀	5,946	4,680	4,913	4,696	4,625	4,582	4,540
휴경지	18,042	14,660	13,991	13,999	12,538	12,403	11,859

출처: *Российский статистический ежегодник 2016*, C. 386.

곡물은 밀, 호밀, 보리, 곡물용 옥수수, 귀리, 조, 메밀, 쌀, 곡식용 콩작물을 의미하며, 특용작물은 유지를 채취할 목적으로 재배되는 해바라기 씨, 대두 등의 유료작물과 아마, 사탕무우 등을 의미하며, 사료작물은 다년생사료작물과 일년생사료작물 그리고 사료용 옥수수 등을 포함한다.

러시아는 전 세계 경작가능토지의 약 10%를 가지고 있다. 2014년 러시아 경작면적은 약 7천8백5십만 헥타아르로 1992년 대비 약 32%가 감소하였으며, 2015년 7천9백3십만 헥타아르로 다시 소폭 증가하였다.

경작면적 중 곡물경작면적의 비중은 2015년 58.8%로 2014년과 거의 동일하며 특용작물의 경우는 약 16%, 사료작물이 21.4%를 차지하고 있다.

경영형태별 경작면적 (단위: 1,000 ha)

	경작면적	곡물	특용작물	감자, 채소 등	사료작물
농업기업	55099	32052	9026	324	13697
개인부업경영	3420	531	41	2341	506
농민경영	20800	14059	3642	328	2771
합계	79319	46642	12709	2993	16974

출처: *Российский статистический ежегодник 2016*, C. 386.

농업기업이 2015년의 경우 경작면적의 약 69.4%인 5천5백9만9천 헥타아르를 소유하고 있으며 농민경영이 약 26.2%인 2천8십만 헥타아르를, 그리고 개인부업경영이 약 4.3%인 3백4십2만 헥타아르를 소유하고 있다.

러시아에서 농산물은 다음과 같이 분류되고 있다.

1. 곡물 및 콩류(밀, 호밀, 보리, 귀리, 옥수수, 수수, 메밀, 쌀, 라이밀)
2. 특용작물(사탕무우)
3. 기름종자(해바라기)
4. 야채(양상추, 오이, 토마토, 당근, 양파, 마늘, 호박, 가지 등)
5. 감자
6. 사료작물

4) 경영형태별 농산물 생산

경영형태에 따른 농산물 비중 (가격기준, %)

	1992	2000	2010	2012	2013	2014	2015
농업기업 (сельскохозяйственные организации)	67.1	45.2	44.5	47.9	47.6	49.5	51.5
개인부업경영 (хозяйства населения)	31.8	51.6	48.3	43.2	42.6	40.5	37.4
농민경영 (крестьянские(фермерские) хозяйства)	1.1	3.2	7.2	8.9	9.8	10.0	11.1
합계(%)	100	100	100	100	100	100	100.0

출처: *Российский статистический ежегодник 2016*, С. 379.

경영형태에 따른 농산물 생산량 (단위: 10억 루블)

		2000	2010	2012	2013	2014	2015
모든 기업	합계	742.4	2587.8	3339.2	3687.1	4319.0	5165.7
	비중(%)	100	100	100	100	100	100
	농작물	394.7	1191.5	1636.4	1918.8	2222.4	2791.4
	축산물	347.7	1396.3	1702.8	1768.3	2096.6	2374.3
농업기업	합계	335.6	1150.0	1600.8	1756.0	2139.0	2658.0
	비중(%)	45.2	44.5	47.9	47.6	49.5	51.5
	농작물	189.0	485.9	738.1	840.6	974.1	1307.2
	축산물	146.6	664.1	862.7	915.4	1164.9	1350.8
개인부업 경영	합계	383.2	1250.4	1440.9	1569.8	1750.3	1932.7
	비중(%)	51.6	48.3	43.2	42.6	40.5	37.4
	농작물	188.5	572.1	677.0	800.4	917.9	1024.2
	축산물	194.7	678.3	763.9	769.4	832.4	908.5
농민경영	합계	23.6	187.4	297.5	361.3	429.8	575.0
	비중(%)	3.2	7.2	8.9	9.8	10.0	11.1
	농작물	17.2	133.5	221.3	277.8	330.5	460.0
	축산물	6.4	53.9	76.2	83.5	99.3	115.0

출처: *Российский статистический ежегодник 2016*, С. 379.

대부분의 러시아 농산물은 농업기업과 개인부업경영에 의하여 생산된다. 2014년의 경우 농업기업이49.5%, 개인부업경영이 40.5%를 차지하여 이 두 부문이 90%를 차지하고 있으며 2015년의 경우, 농업기업이 51.5%, 개인부업경영이 37.4%로 모두 88.9%를 차지하고 있다. 그러나 여기서 주목할 것은 농업기업은 2000년에 45.2%에서 2014년 49.5%, 그리고 2015년 51.5%로 상대적으로 꾸준히 비중을 확대하고 있으나 개인부업경영은 2000년 51.6%에서 2014년 40.5%, 2015년 37.4%로 지속적으로 감소하여 그 비중이 축소되고 있다는 점이다. 특히 주목할 만 한 점은 농민경영으로 2000년 3.2%에서 2014년 10.0%, 2015년 11.1%로 그 비중이 크게 높아졌을 뿐만 아니라 금액으로 보면 2000년 대비 2014년은 약 18배, 2015년은 24배 이상 급증하였다.

주요 농산품 생산량 (백만 톤)

	2010	2011	2012	2013	2014	2015	2016
곡물	61.0	94.2	70.9	92.4	105.3	104.8	120.7
사탕무	22.3	47.6	45.1	39.3	33.5	39.0	51.4
해바라기씨	5.3	9.1	7.5	9.8	8.5	9.3	11.0
감자	21.1	32.7	29.5	30.2	31.5	33.6	31.1
채소	12.1	14.7	14.6	14.7	15.5	16.1	16.3

출처: *Российский статистический ежегодник 2016*, С. 389; Бюллетень "Основные показатели сельского хозяйства в России в 2016 году" , с. 1.9, www.gks.ru/

러시아의 곡물생산은 2016년 비약적인 발전을 이루었다. 2016년 러시아는 2015년 대비 15% 이상 증가한 1억2천만 톤 이상의 곡물을 생산하여 역대 최고치를 기록하였다. 사탕무 역시 생산량이 크게 증가하였는데 2016년 5100만 톤 이상을 생산하여 2015년 대비 30% 이상 증가율을 보이고 있다. 이러한 곡물생산의 급격한 증가는 러시아의 크림반도 합병이후 러시아에 취해진 서구의 경제재제와 이에 대항하여 2017년 12월까지 러시아 정부의 서구 농산물 수입금지로 인한 농산물 수입대체효과가 크게 주목받고 있다.

경영형태별 주요 농작물 생산비중

		2000	2005	2010	2013	2014	2015
농업기업	곡물	90.8	80.6	77.1	74.5	73.7	72.7
	사탕무	94.5	88.4	88.7	89.6	89.2	89.0
	해바라기씨	84.3	72.1	73.0	70.5	70.1	70.3
	감자	7.5	8.4	10.5	10.9	12.1	13.8
	채소	22.9	18.7	17.1	16.3	16.5	17.9
	가축, 가금	40.2	46.2	60.6	70.3	72.4	74.5
	우유	47.3	45.1	44.9	46.0	46.7	47.8
	계란	70.8	73.6	77.1	78.1	77.8	78.5
	양모	37.8	25.7	19.7	18.3	17.9	17.0
	벌꿀	9.6	5.5	3.4	2.1	2.1	2.6
	곡물	0.8	1.1	1.0	0.9	1.0	1.0
	사탕무	0.6	1.1	0.4	0.5	0.5	0.4

개인 부업경영	해바라기씨	1.2	0.5	0.6	0.4	0.5	0.4
	감자	91.2	88.8	84.0	82.3	80.4	77.6
	채소	74.7	74.4	71.5	69.4	69.9	67.0
	가축, 가금	58.0	51.4	36.5	26.9	24.7	22.6
	우유	50.9	51.8	50.4	48.1	47.1	45.6
	계란	28.8	25.7	22.1	21.2	21.4	20.6
	양모	56.8	54.7	54.4	49.1	49.0	49.2
	벌꿀	88.2	91.6	93.3	93.6	93.9	93.8
농민경영	곡물	8.4	18.3	21.9	24.6	25.3	26.3
	사탕무	4.9	10.5	10.9	9.9	10.3	10.6
	해바라기씨	14.5	27.4	26.4	29.1	29.4	29.3
	감자	1.3	2.8	5.5	6.8	7.5	8.6
	채소	2.4	6.9	11.4	14.3	13.6	15.1
	가축, 가금	1.8	2.4	2.9	2.8	2.9	2.9
	우유	1.8	3.1	4.7	5.9	6.2	6.6
	계란	0.4	0.7	0.8	0.7	0.8	0.9
	양모	5.4	19.6	25.9	32.6	33.1	33.8
	벌꿀	2.2	2.9	3.3	4.3	4.0	3.6

출처: *Российский статистический ежегодник 2016*, С. 382.

농업기업은 곡물과 특용작물의 생산에 매우 높은 비중을 차지하고 있고 개인부업경영이 감자와 채소생산에 높은 비중을 그리고 농민경영은 상대적으로 곡물과 특용작물의 생산비중이 높은 편이다. 가축과 가금생산의 경우 2003년 무렵에는 농업기업과 개인부업경영이 비슷한 비중을 차지하고 있었으나 2013년, 2014년, 2015년에 와서는 농업기업이 70% 이상을 그리고 개인부업경영의 생산은 지속적으로 감소하여 2015년 22.6%를 차지하고 있다.

곡물의 경우 2000년에는 농업기업이 90% 이상을 생산하였으나 지속적으로 감소하여 2015년에는 농업기업이 72.7%를 생산한 반면 농민경영의 생산이 2000년 8.4%에서 2015년 26.3%로 급등하였다.

개인부업경영의 경우에는 감자와 채소의 생산이 상대적으로 매우 높은 편인데 2015년 감자의 경우 77.6%, 채소의 경우 67%를 생산하고 있다. 또한 과일의 생산도 2015년 76.3%로 매우 높은 편이다.

5) 농산물 수출입

러시아는 호밀, 귀리, 보리, 사탕무우, 해바라기씨, 메밀 생산에서 세계 1위이며 감자 생산 역시 중국, 인도 다음의 세계 3위 생산국, 밀은 중국, 인도 미국 다음의 세계 4위 생산국이다. 부가가치로 본 러시아의 농업은 러시아경제에서 차지하는 비중과 수출에서 차지하는 비중 역시 원유 등과 비교하여 볼 때 그리 크지 않으나 고용부문에서는 2015년 현재 약 7.09%를 차지하여 아직 중요한 부분을 차지하고 있다.

그러나 고용부분에서 농업부문은 2000년 10.54%, 2005년 9.18%, 2010년 8.05%, 2015년 7.09%로 지속적으로 감소하고 있음을 알 수 있다. 2016년 현재 러시아의 농업은 생산량으로 보다 중국, 인도, 미국, 브라질 다음의 5위 생산대국으로 무기수출보다 더 큰 수출규모를 자랑하고 있다. 밀의 경우 2016년 러시아는 EU, 미국 다음으로 세계 3위의 수출대국이다. 국내총생산에서 농업이 차지하는 비중은 2015년 말 현재 4.2% 정도이다.

러시아의 농산물 수출입 그래프: 단위, 10억 달러

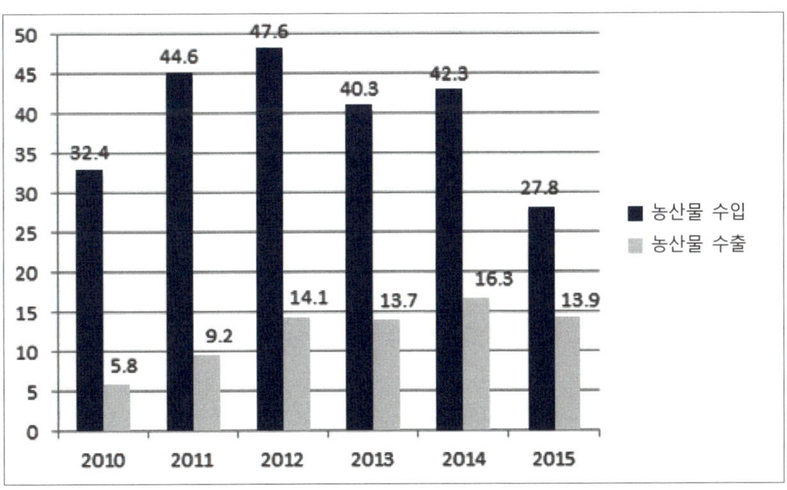

러시아는 무역수지가 흑자이나 농산물의 경우 지속적으로 적자인 상황이다. 그러나 위의 그래프에서 보는 바와 같이 농산물수입은 2012년 476억 달러 수입을 정점으로 대체로 감소하는 추세를 보이고 있으며 수출은 2010년 58억 달러에서 2015년 139억 달러로 지속적으로 증가하고 있다.[6] 농산물 수입액의 감소는 러시아의 식료품 수입의 감소에서도 잘 나타나고 잇다. 즉 2013년 러시아는 식료품의 36%를 수입하였으나 2015년 28%, 2016년 1분기에는 24%, 2분기에는 22%까지 감소한 것이다.[7]

3. 러시아 원유생산

러시아 원유생산은 2000년 3억2천4백만 톤, 2010년 5억6백만 톤, 2011년 5억천2백만 톤, 2012년 5억천9백만 톤, 2013년 5억2천2백만 톤, 2014년 5억2천6백만 톤, 그리고 2015년 5억3천4백만 톤을 생산하였다.[8] 최근 보도에 따르면 러시아의 2016년 원유생산량은 하루 1120만 배럴, 연간 5억4천만 톤을 생산하여 역대 최대를 기록하였다.[9] 세계에서 러시아 원유생산량의 비중은 2000년 8.9%, 2010년 13.1%, 2011년 12.7%, 2012년 12.6%, 2013년 12.7%, 2014년 12.5%, 2015년 12.2% 였다. 2015년 CIS 국가들의 전 세계 원유생산 비중은 15.6%로 전년대비 다소 낮아졌으며, 원유생산은 러시아가 최대 산유국으로 2015년 79%, 까

6) http://agecon.unl.edu/cornhusker-economics/2017/russian-food-agricultural-import-ban (검색일: 2017년 5월 20일)

7) http://www.politico.eu/article/russias-boom-farming-economy/ (검색일: 2017년 5월 20일)

8) *Российский статистический ежегодник 2016*, с. 353.

9) https://lenta.ru/articles/2017/03/28/oilfall/ (검색일: 2017년 5월 20일)

자흐스탄이 12%, 아제르바이잔이 6%, 투르크메니스탄이 1.5%를 차지하였다.[10]

1) 지역별 원유 생산[11]

지역	2011	2012	2013	2014	2015	
					백만 톤	%
유럽지역	150.8	151.4	153.0	154.9	158.7	29.7
북서연방관구	29.7	28.2	28.0	29.0	31.1	5.8
네네츠키 자치구	15.2	13.5	13.3	14.0	15.4	2.9
코미공화국	13.3	13.7	13.8	14.2	14.9	2.8
깔리닌그라드주	1.1	1.0	0.9	0.9	0.8	0.2
남부연방관구	9.2	9.5	9.6	9.2	9.2	1.7
아스트라한주	4.5	4.9	5.1	5.0	5.1	1.0
볼고그라드주	3.4	3.3	3.2	3.0	2.9	0.6
끄라스노다르변강	1.1	1.1	1.1	1.0	1.0	0.2
기타	0.2	0.2	0.2	0.2	0.1	0.0
볼가 연방관구	109.9	112.0	113.8	115.2	116.9	21.9
타타르스탄공화국	32.5	32.7	32.9	33.1	34.0	6.4
오렌부르그주	22.8	22.9	23.2	22.8	21.7	4.1
사마르주	14.3	14.7	15.2	15.7	16.4	3.1
바쉬코르토스탄공화국	14.4	14.9	15.3	15.9	16.3	3.1
페름변강	13.1	13.8	14.4	15.0	15.5	2.9
우드무르티야	10.7	10.8	10.8	10.7	10.8	2.0
사라토프주	1.2	1.3	1.2	1.1	1.2	0.2
기타	0.8	0.8	0.9	0.9	0.9	0.2
북카프카즈 연방관구	2.0	1.7	1.6	1.5	1.5	0.3
서시베리아	317.8	317.2	315.7	313.0	311.7	58.4
시베리아 연방관구	13.6	13.4	12.8	12.2	11.9	2.2
톰스크주	12.0	12.3	11.8	11.4	11.2	2.1
기타	1.6	1.2	1.0	0.9	0.7	0.1
우랄 연방관구	304.4	303.8	302.9	300.8	299.8	56.1

10) http://burneft.ru/archive/issues/2016-12/3 (검색일: 2017년 1월 25일)

11) Там же.

한티-만시 자치구	262.6	260.0	255.1	250.6	243.0	45.5
야말-네네츠 자치구	35.5	36.2	38.2	39.5	45.0	8.4
튜멘주	6.4	7.6	9.6	10.7	11.9	2.2
동시베리아 및 극동	42.6	49.4	54.6	58.8	63.6	11.9
시베리아 연방관구	21.8	28.6	33.1	35.4	37.3	7.0
끄라스노야르 변강구	15.2	18.5	21.6	22.3	22.2	4.2
이르쿠츠크주	6.6	10.1	11.4	13.1	15.0	2.8
극동연방관구	20.8	20.9	21.5	23.4	26.3	4.9
사하공화국	5.6	6.8	7.6	8.8	9.6	1.8
사할린주	15.2	14.1	13.9	14.5	16.7	3.1
합계	511.4	518.0	523.3	526.7	534.0	100.0

지역별로는 위의 표에 나타나 있는 바와 같이 서시베리아가 2015년 3억천백7십만 톤을 생산하여 러시아 전체의 58.4%를 차지하였으며 유럽지역이 1억5천8백만 톤을 생산하여 29.7%, 그리고 동시베리아 및 극동지역이 6천3백6십만 톤을 생산하여 11.9%를 차지하였다. 연방관구별로는 우랄연방관구가 2015년 약 3억 톤을 생산하여 전체의 56.1%로 1위를, 그리고 볼가연방관구가 1억천7백만 톤을 생산하여 전체의 21.9%로 2위, 시베리아 연방관구가 전체의 9.2%로 3위, 북서연방관구가 5.8%로 4위, 극동연방관구 4.9%로 5위를 차지하였다. 연방주체별로 나누어 보면 한티-만시 자치구가 2억4천3백만 톤을 생산하여 전체의 45.5%로 1위, 야말-네네츠 자치구가 4천5백만 톤을 생산하여 8.4%,로 2위, 타타르스탄공화국이 3천4백만 톤을 생산하여 6.4%로 3위를 차지하고 있다.

2) 원유생산기업

2015년 1월 1일 현재 러시아의 원유생산은 10개의 대규모 수직통합석유기업(вертикально-интегрированных нефтяных компаний(ВИНК):VICs)이 약 86.9%, 수직통합석유기업에 속하지 않는 독립 생산 기업 182개가 10.4%, 그리고 생산물분배협정에 따라 원유를 생산하고 있는 3개의 기업이 2.7%를 생산하고 있다.[12] 2016년 1월 1일 현재 러시아에는 299개의 원유채취관련 기업이 있으며 이중 117개는 9개의 수직통합기업(вертикально-интегрированная нефтяная компания(ВИНК):VICs)에 속해 있으며 이중 7개는 석유관련 기업그룹이며 2개는 가스 관련 기업그룹이다. 2017년 1월 1일 현재는 295개의 기업이 원유채굴에 참여하고 있으며 이중 107개의 기업은 11개의 수직통합기업에 속하여 있고 이들 11개의 수직통합기업은 러시아 전체 원유생산의 86.2%를 차지하고 있다. 185개의 기업은 수직통합기업에 속하지 않는 독립기업이며 3개의 기업은 생산물분배협정에 의해 원유를 생산하고 있다.[13]

2015년에 러시아 원유생산의 약 83%는 8개의 수직통합기업, 즉 루코일(ЛУКОЙЛ), 로스네프찌(Роснефть), 가즈프롬 네프찌(Группа Газпром), 수르구트네프찌가스(Сургутнефтегаз), 타트네프찌(Татнефть), 바쉬네프찌(Башнефть), 슬라브네프찌(Славнефти), 루스네프찌(РуссНефть)에 의하여 생산되고 있다. 2010년 이후로 수직통합기업이 생산하는 비중은 점진적으로 감소하고 있으며 2015년의 경우 전년 대비 0.2% 감소하였다. 또한 2015년에 독립기업이 14.6%, 생산물분배협정에 따른 원유생산이 2.8%를 생산하고 있다.

	2014	2015	
		백만 톤	%
수직적 통합기업(ВИНК)	441.7	440.8	82.6
루코일	86.6	85.7	16.0
로스네프찌	190.9	189.2	35.4
가즈프롬 네프찌	33.6	34.3	6.4
수르구트네프찌가스	61.4	61.6	11.5
타트네프찌	26.5	27.2	5.1

12) http://minenergo.gov.ru/node/910 (검색일: 2015년 12월 25일)

13) https://minenergo.gov.ru/node/910 (검색일: 2017년 5월 20일)

바쉬네프찌	17.9	19.9	3.7
슬라브네프찌	16.2	15.5	2.9
루스네프찌	8.6	7.4	1.4
독립기업	70.6	78.2	14.6
생산물분배기업	14.4	15.0	2.8
합계	526.6	534.0	100.0

3) 러시아 수직통합석유기업

(1) 로스네프찌(Rosneft)

로스네프찌는 러시아 최대 석유회사로 석유산업의 전략적 기업이며 수직통합석유기업이다. 원유매장량은 세계 5위이며 2015년 약 1억9천만 톤을 생산하였다. 로스네프찌는 러시아의 세 번째 큰 천연가스 생산기업이기도 하다. 로스네프찌는 러시아 및 미국, 캐나다, 브라질, 노르웨이 그리고 베트남을 포함하여 전 세계 10여개 국가에서 석유탐사 및 생산시설을 가지고 있다. 또한 러시아에 13개의 정유시설을 가지고 있으며 유럽에도 7개의 정유시설을 가지고 있다.

러시아 정부가 연방자산관리위원회(Росимущество)가 100% 지분을 소유하고 있는 로스네프찌가스를 통하여 69.5%의 지분을 소유하고 있다.

(2) 루코일(Lukoil)

루코일은 수직통합석유기업으로 가장 광범위한 네트워크를 가지고 있다. 즉 러시아내의 80개 연방주체, 미국, 유럽, 아시아, CIS 국가를 포함한 전 세계 39개국에 자회사를 두고 있다. 루코일의 주요한 석유생산지는 서시베리아로 2015년 루코일 전체 생산량의 45.3%를 생산하였으며, 2015년 약8천5백7십만 톤의 원유를 생산하여 러시아의 두 번째로 큰 석유기업이다.

(3) 가스프롬 네프찌(Gazprom Neft)

가스프롬 네프찌는 수직적 통합석유기업이며, 가스프롬의 자회사로 가스프롬이 95.7%의 지분을 가지고 있고 러시아정부가 가즈프롬 주식의 50%를 소유하고 있다. 가스프롬 네프찌는 2015년 3천4백3십만 톤의 원유를 생산하였다. 가스프롬은 러시아, 이락, 베네주엘라 등에 생산시설을 가지고 있다. 또한 가스프롬 네프찌는 러시아에 4곳의 정유시설과 벨라루스에 1개의 정유시설을 가지고 있다.

(4) 수르구트네프지가스(Surgutneftegas)

수르구트네프찌가스는 2015년 약 6천2백만 톤의 원유를 생산하여 러시아의 3번째 원유생산기업이다.

(5) 타트네프찌(Tatneft)

타트네프찌는 2015년 약 2천7백2십만 톤의 원유를 생산하여 러시아의 5번째 큰 원유생산기업이다.

(6) 바쉬네프찌(Башнефть)

바쉬네프찌는 수직통합석유기업으로 주로 바쉬코르토스탄 공화국, 한티-만시자치구, 네네츠 자치구, 오렌부르그주, 그리고 타타르스탄공화국에서 활동하고 있다. 2015년 7월 이후, 러시아연방자산관리위원회가 50.08%, 바쉬코르토스탄 공화국이 25%+1, 기타 법인 및 개인이 20.25%를 소유하고 있어 러시아 정부가 최대 주주이다.

4) 러시아 석유산업의 국유화 과정[14]

1997년말까지 러시아 정부는 로스네프찌, 타트네프찌, 바쉬네프찌, 바쉬네프찌에크힘, 오나코 슬라브네프찌(ONAKO Slavneft) 정도의 석유회사를 소유하고 있었다. 러시아 정부는 1999년까지 러시아 원유산업에 특별히 주목하지 않았으나 프리마코프 정부는 로스네프찌와 오나코 그리고 슬라브네프찌의 통합을 추진하였으나 당시 저유가와 국내상황으로 실현하지 못하였다.

사유화는 2000년에 다시 시작되었다. 이러한 사유화의 배경에는 민영기업인 유코스, 시브네프찌 그리고 TNK의 로비가 있었다고 알려져 있다. 2000년에 오나코가 TNK에, 2002년에 슬라브네프찌가 TNK-시브네프찌에 매각되었다. 또한 2002년에 바쉬네프찌와 바쉬네프찌에크힘이 민영화되었으며 바쉬코르토스탄 대통령의 아들인 우랄 라히모프(Ural Rakhimov)가 소유하게 되었다.

러시아 석유산업 민영화는 2003년 TNK-BP 설립으로 최고조에 이르렀다. 따라서 2003년 말 러시아 석유산업은 민영화된 루코일, 유코스, TNK-BP, 수르구트네프찌가스, 그리고 시브네프찌와 그리고 러시아 정부가 소유하고 있는 나머지 기업들로 재편되게 되었다.

그러나 국제 원유가의 상승으로 러시아 정부는 석유산업에 다시 주목하게 되었다. 국제 원유가격은 1998년 배럴당 9달러미만이었으나 2003년 평균 26달러 그리고 2003년 말 경에는 60불까지 상승할 것이라고 예견되었다. 따라서 2003년 하반기 석유산업에 대한 국가의 역할을 강화할 필요성과 이윤창출 기업의

14) http://www.kommersant.com/p804680/Oil_Sector (검색일: 2015년 12월 25일)

재국유화 정당성에 대한 사회적 인식제고 그리고 유코스에 대한 정책판단 오류 등이 인지되면서 급진적 결정이 이루어졌다. 즉 유코스를 다시 국유화하는 것이었다. 유코스를 다시 국유화하는 방법으로 원유생산 자회사인 유간스네프찌가스를 유코스가 국가에 진 부채를 변제하기 위해 국가에 넘겨주었다. 유간스네프찌가스 없이는 유코스는 체납세금을 납부할 수 없으며 결국 파산할 수 밖에 없게 되었다. 유간스네프찌가스는 2004년 말 매각되었으며 유코스는 결국 2007년 8월 청산되었다. 로스네프찌가 유코스 주식을 매입하게 되었다. 2004년 유간스네프찌가스 매각을 둘러싸고 로스네프찌아 가즈프롬이 경쟁하였으나 로스네프찌가 승리하였다.

가즈프롬은 2005년 중엽 시브네프찌를 약 130억 달러에 인수하였다. 가즈프롬의 시브네프찌 인수에는 석유산업에서 철수하고자 하던 시브네프찌의 소유주 로만 아브라모비치의 의사도 반영된 것이다.

로스네프찌가 유코스를 인수하고 가즈프롬이 시브네프찌를 인수하면서 이제 국가가 러시아 국내 석유산업의 가장 큰 손이 되었으며 직접적인 국가의 규제를 통하지 않고 시장을 통하여 국내 석유산업을 통제할 수 있게 되었다.

4. 천연가스[15]

2015년 초 러시아의 천연가스 확인매장량은 32조6440억 입방미터로 전 세계 매장량의 17.4%를 차지하여 세계 매장량의 18.2%를 차지한 이란 다음으로 세계 2위의 규모이며 현재 생산량 수준으로 향후 약 56년간 생산을 계속할 수 있

15) *Нефтегазовый комплекс России: итоги 2015 года(по сост. на 08.25.2016 г.)*, Национальное рейтинговое агенство, с. 7-8.

다. 생산량기준으로 러시아는 2015년 전 세계 가스 생산량의 20.2%를 생산한 미국 다음으로 전 세계 생산량의16.7%를 생산하여 2위를 점하고 있다.

러시아의 천연가스 생산은 지속적으로 감소하고 있다. 2011년 6710억 입방미터를 정점으로 꾸준히 감소하여 2015년은 크림 연방관구를 포함하여 2014년 대비 약 1% 감소한 6340억 입방미터로 감소하였다.[16] 그리고 가스산업에서 국가는 크게 2가지 방식으로 국가의 역할을 증대시켜 왔다. 첫째는 가즈프롬이 새로운 자산을 획득하는 것이며 둘째는 국가가 가즈프롬의 주식을 증가시키는 것이다. 두 번째 방식은 수 년 동안 에너지 기업에 대한 국가의 중요한 정책방식이었다.

1) 기업별 생산구조

2015년 257개의 기업이 천연가스를 채굴하였다. 이 중 가즈프롬그룹에 속한 기업이 16개, 81개가 수직적 통합석유기업에, 4개가 노바테크(Новатэк)에 속해 있으며, 153개는 독립기업, 그리고 3개의 기업이 생산물분배협정(соглашение о разделе продукции(СРП(PSA))에 따른 기업이다.

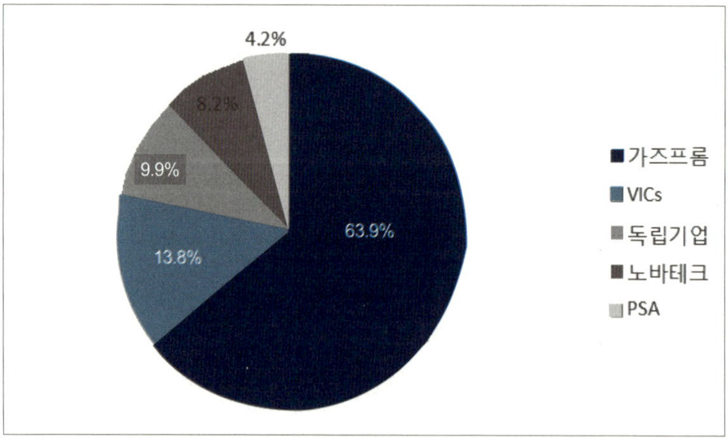

16) *Российский статистический ежегодник 2016*, с. 353.

러시아 천연가스 생산은 위의 그래프에 나타나 있는 바와 같이 가즈프롬이 63.9%로 압도적인 1위를, 수직적통합석유기업이 13.8%로 2위, 독립기업들이 9.9%로 3위, 노바테크그룹이 8.2%로 4위, 그리고 마지막으로 생산물분배협정 방식으로 생산된 것이 4.2%를 차지하고 있다.

가즈프롬그룹은 이미 밝혔듯이 러시아 가스 생산과 공급의 절대적인 위치에 있는 러시아의 전략적 기업으로 수직적 통합방식의 기업구조를 가지고 있으며 러시아 정부는 연방자산관리위원회(Росимущество)가 38.37%, 연방자산관리위원회가 100% 지분을 소유하고 있는 로스네프찌가스를 통하여 10.97%의 지분을 소유하고 있다.

노바테크는 수직통합기업으로 러시아내에서 가장 규모가 큰 독립적인 가스생산기업이다. 노바테크의 확인 매장량은 대부분 야말-네네츠 자치구에 위치하고 있으며 주요 주주로는 지분의 29.96%를 소유하고 있는 Deutsche Bank Trust Company Americas와 15.5%를 소유하고 있는 TOTAL E&P ARCTIC RUSSIA가 있다.

5. 자동차산업[17]

러시아 자동차산업은 직접 고용이 약 60만 명으로 전체 근로자의 1%를 차지하고 있으며 2016년 약 130만대를 생산하여 전 세계 16위를 차지하였다. 또한 2012년 처음으로 러시아 자동차 시장이 독일을 넘어 유럽의 가장 큰 자동차 시장으로 부상하였으며 2014년 동유럽의 신차 판매의 66%를 차지하여 동유럽 최대 신차 시장이기도 하였다.[18] 그러나 2016년 현재 러시아 자동차시장은 유럽

17) *Автомобильныйрынок России и СНГ Обзор отрасли*, Февраль 2017 года,

18) http://blog.euromonitor.com/2015/07/overview-of-russian-new-car-market-part-1-insights-and-

에서 독일, 영국, 프랑스, 이탈리아 다음의 5위를 차지하고 있다. 그러나 러시아 자동차시장은 상당한 잠재력을 가지고 있다. 가장 큰 이유는 인구 대비 자동차 보유대수이다. 러시아의 경우 성인 인구 1000명당 358대의 자동차를 보유하여 서유럽 평균인 615대 보다 42%, 776대를 보유한 북미 국가들보다 55%나 낮기 때문이다. 또한 승용차의 평균 차령은 12년이나 수입차는 10년인데 비하여 러시아 브랜드는 평균 16년으로 매우 오래되었기 때문이다. 따라서 노후 승용차의 대체 수요가 매우 높기 때문이기도 하다.[19]

러시아의 자동차산업은 사마라주의 토글리아티(Togliatti)와 니제고로트(Nizhni Novgorod)에 집중되어 있다. 아브토바즈(AvtoVaz)자동차공장은 토글리아티에 위치하고 있으며 라다(Lada)와 지굴리(Zhiguli) 모델 등을 생산하고 있다. GAZ 자동차공장은 니제고로트에 위치하고 있으며 러시아 최대의 버스, 경상용차, 화물차 등을 생산하고 있으며 이들 부분에 있어서는 세계 10대 자동차 회사에 속한다.

1) 러시아 승용차 및 경상용차

(1) 생산 추이

러시아 자동차 시장에서 승용차 및 경상용차 판매는 2012년 약 300만대에서 2013년 약 278만대, 2014년 약 250만대, 그리고 2015년은 러시아 경제 침체, 루블의 급격한 평가절하, 금리 상승, 가처분소득의 감소, 소비심리악화 등으로 자동차 판매는 전년 대비 36% 감소한 약 160만대이었다. 특히 승용차는 231만6천대에서 백482천대로 감소하여 감소폭이 64%나 되었다. 이러한 감소추세는

forecasts-for-russian-car-industry.html (검색일: 2017년 5월 8일)

19) *Автомобильныйрынок России и СНГ Обзор отрасли*, Февраль 2017 года, с.8.

2016년에 다소 완화되었다. 2016년 러시아 자동차판매는 지난 10년 최저 수준인 전년 대비 11% 감소한 1,425,721대이다.

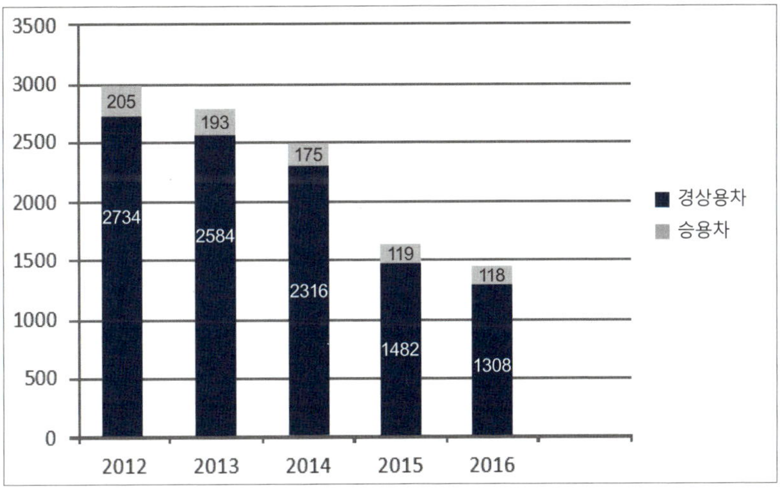

아래의 그래프에서 보는 바와 같이 러시아 자동차시장에서 러시아 브랜드와 러시아에서 생산된 수입차 브랜드의 승용차 및 경상용차의 비중이 지속적으로 증가하고 있다. 이와 같은 이유는 루블화의 하락에 따라 상대적으로 러시아에

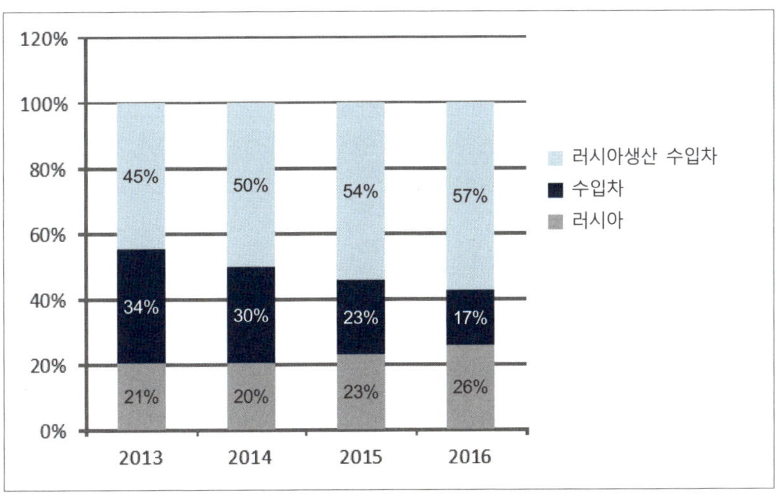

서 생산하는 생산비용이 낮아져 러시아에서 생산하는 것이 보다 가격경쟁력이 높아진데 그 원인이 있다.

(2) 브랜드별 점유율

2016년 러시아 자동차시장에서 AVTOVAZ가 266,296대를 판매하여 1위, 기아자동차가 전년 대비 9% 감소한 149,567대를 판매하여 2위, 현대자동차가 전년 대비 10% 정도 감소한 145,254대를 판매하여 3위, 르놀트가 전년 대비 3% 정도 감소한 117,230대를 판매하여 4위, 토요타가 전년 대비 4% 감소한 94,568대를 판매하여 5위를 차지하였으며 이외에 폭스바겐이 전년 대비 5% 감소한 74,221대를 판매하여 6위, 닛산이 전년대비 23% 감소한 70,464대를 판매하여 7위, GAZ가 전년대비 9% 증가한 55,803대를 판매하여 8위, Skoda가 전년 대비 1% 증가한 55,386대를 판매하여 9위, 그리고 UAZ가 전년대비 1% 증가한 48,848대를 판매하여 10위를 차지하였다.

	2013	2014	2015	2016
라다	17%	16%	18%	20%
현대	7%	8%	11%	11%
기아	8%	8%	11%	11%
르놀트	8%	8%	8%	9%
토요타	6%	7%	6%	7%
닛산	6%	7%	6%	5%
폭스바겐	6%	6%	5%	6%
스코다	3%	4%	4%	4%
쉐보레	7%	5%	3%	2%
기타	32%	31%	28%	25%

2016년 러시아에서 가장 많이 팔린 차는 현대 솔라리스로 전년 대비 22% 감소한 90,380대가 팔렸다. 2위는 라다 그란타로 전년 대비 27% 감소한 87,726대

가 팔렸으며 3위는 기아 리오로 전년 대비 10% 정도 감소한 87,662대가 팔렸다. 4위는 라다 베스타로 55,174대가 판매되었으며, 폭스바겐 폴로가 전년 대비 5% 증가한 47,702대가 팔렸다. 러시아 자동차시장의 특징 중 하나는 최근 러시아 경제의 어려움으로 앞서 언급한 바와 같이 전반적으로 승용차 및 경상용차 판매가 지속적으로 감소하고 있는 상황에서, 고급승용차시장의 비중이 높아지고 있다는 데 있다. 2012년 7%에서 2016년 10%까지 비중이 증가하였다.

고급승용차 비중

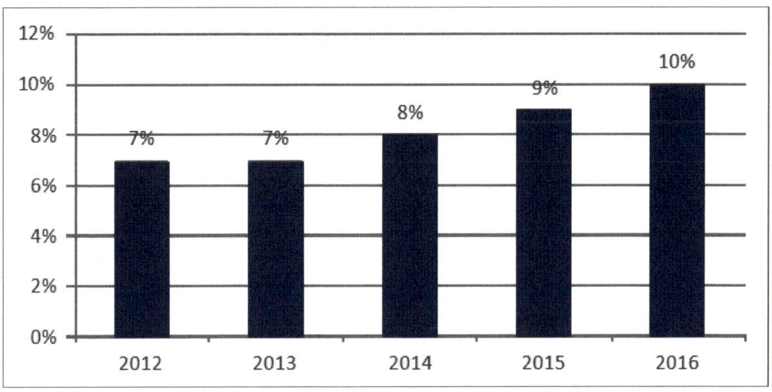

2) 러시아 화물차 시장[20]

화물차시장은 보통 승용차나 경상용차 시장보다 경제상황에 보다 더 민감하게 반응한다. 이것은 화물차시장이 사회의 인프라에 대한 투자, 수송물량의 감소 등 경제상황에 밀접하게 연관되어 있기 때문이다. 2012년부터 2015년까지 승용차 및 경상용차 판매는 46% 감소한 반면 화물차 판매는 동기간 53%나 감

20) 화물차의 정의는 총중량 6톤 이상의 화물차를 의미한다.

소하였다. 그러나 2016년은 승용차 및 경상용차의 판매는 여전히 감소하였으나 화물차 판매는 전년 대비 다소 증가하였다.

(1) 생산지별 생산구조

러시아 화물차를 생산지별로 나누어 보면 아래의 그래프에서 보는 바와 같이 러시아에서 생산하는 비중이 꾸준히 증가하고 있는 반면 수입화물차의 비중은 지속적으로 감소하고 있음을 알 수 있다. 즉 수입화물차의 비중은 2013년 25%에서 2016년 14%까지 감소한 반면 러시아에서 생산한 화물차는 75%에서 86%까지 상승하였다. 이러한 주된 이유는 루블화의 폭락, 정부 지원 등에 기인한다고 볼 수 있다.

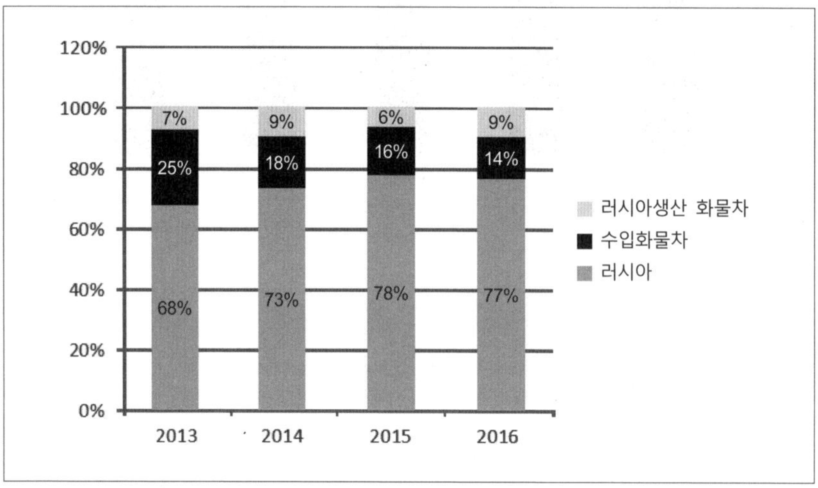

(2) 브랜드별 판매 비중

러시아에서 판매되는 화물차의 브랜드별 판매 비중은 다음과 같다.

	2013	2014	2015	2016
까마즈(КамАЗ)	35%	41%	38%	40%
가즈(ГАЗ)	28%	24%	28%	27%
우랄(УралАЗ)	5%	8%	11%	9%
폭스바겐	7%	7%	7%	8%
볼보	7%	6%	3%	5%
마즈(МАЗ)	8%	7%	4%	3%
현대	3%	2%	2%	2%
끄르아즈(КрАЗ)	0%	1%	1%	1%
기타	7%	4%	6%	5%

3) 주요 러시아 자동차 회사

라다(Lada)

AvtoVAZ(АвтоВАЗ)는 러시아 최대 자동차 제조회사로 라다(Lada)로 더 많이 알려져 있다. 주요 제품으로는 라다 칼리나, 라다 프리오라, 라다 그란타, 라다 4x4(니바)가 있으며 르놀트-닛산(Renault-Nissan)의 르놀트 로간2, Datsun on-Do, 닛산 알메라, 그리고 쉬보레 니바 등이 있다.

AvtoVAZ는 배기가스배출 규제강화와 안전성 강화 및 부품조달 문제 등으로 1997년 말 이후 서구시장에서 철수하여 러시아 국내시장에 중점을 두고 있으며 러시아시장 점유율은 약 16%에 이른다.

2008년 3월 르놀트는 AvtoVAZ의 주식 25%를 10억 달러에 매입하였으며 나머지 75%는 러시아 국영기업인 로스쩨흐놀로지아가 소유하고 있다. 2012년 12월 르놀트-닛산이 로스쩨흐놀로지아와 합작회사인 Alliance Rostec Auto BV를 설립하여 AvtoVAZ의 지배주주가 되었다. 르놀트-닛산이 Alliance Rostec Auto BV의 67.1%의 지분을 소유하고 Alliance Rostec Auto BV이 AvtoVAZ의 74.5%

의 지분을 소유함으로써 르놀트-닛산이 AvtoVAZ에 대한 간접적인 통제를 할 수 있게 되었다. 라다는 현재 르놀트-닛산 그룹에 속하여 있다.

6. 금 산업

러시아의 금생산량은 2016년 금 채굴량 238.8톤을 포함하여 총 297.4톤을 생산하였다. 이러한 생산량은 2014년 금 채굴량 230.7톤, 총 생산량 290톤, 2015년 금 채굴량 232.3톤, 총 생산량 293.8톤에 비하여 다소 상승한 것이다. 2013년 이후 현재까지 중국, 호주 다음의 세계 3위를 기록하고 있다.

1) 러시아 지역별 금 채굴량

상위 10개 지역별 금 채굴량: 단위 톤

	2011	2012	2013	2014	2015	2016	
						톤	%
끄라스노야르스크 변강	39.5	44.0	47.3	47.2	50.0	55.1	22.2
추코트 자치구	20.1	18.0	21.4	30.3	30.5	28.8	11.6
마가단주	15.4	19.6	21.1	23.8	23.6	27.3	11.0
사하공화국	19.4	20.8	22.0	23.1	25.3	23.5	9.5
아무르주	29.1	28.7	30.7	29.3	25.9	22.9	9.2
이르쿠츠크주	17.0	18.9	20.6	22.1	22.1	22.5	9.1
하바로프스크 변강	13.8	14.8	20.4	20.5	18.2	19.8	8.0
자바이칼 변강	7.5	8.6	9.5	9.6	11.2	12.1	4.9
첼야빈스키주	3.7	5.0	5.3	5.6	6.7	7.2	2.9
캄챠트 변강	2.5	2.5	2.2	3.0	3.6	6.7	2.7
러시아 전체	188.1	200.7	221.1	236.4	238.7	247.7	100.0

러시아의 금 채굴은 2015년의 경우 24개 연방주체에서 그리고 2016년은 25개 연방주체에서 금 채굴이 이루어졌다. 이 중 16개 연방주체가 1톤 이상의 금채굴을 하였으며, 지역별 금 채굴량은 위의 표에 나타나 있는 바와 같이 상위 5개 연방주체가 63.5%, 상위 10개 연방주체가 약 91.1%를 차지하고 있다.[21]

2) 러시아 금 생산 기업

2016년 러시아 금 생산기업중 3개의 기업이 세계 상위 20대 기업에 포함되었는데 뽈류스(ПАО Полюс)가 약 60톤을 생산하여 9위, 폴리메탈(Polymetal)이 약 28톤을 생산하여 18위, 그리고 노르드골드(Nordgold)가 27톤을 생산하여 19위를 차지하였다.[22]

러시아 금 채굴 주요 기업[23]

기업	2013	2014	2015	
			톤	%
뽈류스 (Полюс, ПАО)	51.3	52.7	54.3	22.8
폴리메탈 (Polymetal Int.)	21.7	26.3	24.6	10.3
킨로스골드 (Kinross Gold)	15.6	21.3	21.7	9.1
남우랄금주식회사 (Южуралзолото ГК, АО)	7.0	7.3	13.0	5.5
페트로파블로프스크 (Petropavlovsk plc)	23.1	19.4	15.7	6.6
러시아 총 합계	221.1	236.4	238.3	100.0

21) https://zolteh.ru/results/obzor-raboty-zolotodobyvayushhej-otrasli-v-rf-po-itogam-2016-goda/ (검색일: 2017년 6월 20일)

22) Ibid.

23) обзор золотодобывающей отрасли России за 2014-2015 годы, Союз золотопромышленников, Эрист энд Янг-оценка и консультационные услуги, 2016, с. 5.

2015년 현재 러시아에서 금 채굴기업중 가장 규모가 큰 기업은 뻴류스로 전체의 22.8%를, 다음이 폴리메탈로 10.3%를 차지하는 등 상위 5개 금 채굴기업이 전체의 54.3%를 차지하고 있다.

제4장 재 정

러시아의 국가예산체계는 행정조직체계와 상응하고 있다. 러시아연방은 행정적으로 연방정부, 연방구성주체 그리고 지방자치체가 있다. 따라서 러시아는 다른 연방국가와 같이 연방재정주의를 표방하고 있으며 연방재정, 연방구성주체재정, 그리고 지방자치체재정으로 구성되어 있다. 연방구성주체는 연방을 구성하는 기본적인 단위로 헌법에 따르면 연방에서 이탈할 권리를 가지고 있다. 그러므로 연방구성주체재정이 지방자치체재정보다 상대적으로 연방재정에서 중요한 의미를 지니고 있다.

세계금융위기이후 러시아는 재정적자에 직면하게 된다. 이는 2000년 이후 러시아경제가 호조를 보이면서 재정흑자를 기록한 것을 고려하면 세계금융위기가 발생한 2009년 2010년에 약 10년 만에 러시아는 재정적자를 기록하게 되는 것이다.

러시아의 재정적자는 2015년에 국내총생산 대비 2.6%%로 확대되었다. 이와 같은 재정적자 확대는 2014년 0.5%에 비하면 매우 높은 것으로 러시아 재무부가 2015년 예산편성시 예상하였던 0.6%에 비하여도 매우 높은 수치이다. 2016년도 재정적자는 국내총생산 대비 3.56%로, 큰 폭의 재정적자를 보였던 2015년에 비하여도 더 높은 재정적자를 보였다. 이와 같은 큰 폭의 재정적자는 당초 2015년 원유 평균 가격을 배럴당 100달러로 상정했으나 최근 50달러로 예상될 뿐만 아니라 우크라이나사태로 인한 러시아에 대한 서구 국가들의 경제제재의 영향이 큰 영향을 미친 것으로 보인다.

따라서 러시아는 대외 상황의 변화에 능동적으로 대응할 수 있는 장기적인 재정안정성을 확보하는 것이 매우 중요한 과제가 되었다. 이러한 관점에서 2013년부터 연방정부차원에서 새로운 재정규칙의 도입은 매우 의미가 있다고 할 수 있다.

1. 조세제도의 개혁 및 조세의 종류

1) 조세제도의 개혁

러시아에서 1992년 초 시장경제로의 체제전환과 동시에 새로운 조세제도가 도입되었다. 즉 기업이윤세, 부가가치세, 물품세(소비세), 수출관세 등의 새로운 세금이 전격 도입되었다. 이러한 세금의 도입은 1991년 12월의 「조세기본법」과 개별 세금에 관한 법률에 따라 이루어졌다. 그동안 여러 차례의 수정을 거쳐 1990년대 후반부터 세법의 형태로 단일화하는 작업을 거쳐 총론부분에 해당하는 세법 제1부는 1999년 초에, 그리고 부가가치세, 물품세, 개인소득세, 통일사회세를 규정하고 있는 제2부는 2001년 초부터 시행되었다.

러시아에서 세금의 종류 그 자체는 연방법에 의하여 결정되기 때문에 연방구성주체나 지방자치체는 자신들의 독자적인 세금을 도입할 수 없다.

2017년 현재 러시아에는 연방세로 부가가치세(Налог на добавленную стоимость(НДС)), 물품세(Акцизы), 개인소득세(Налог на доходы физических лиц(НДФЛ)), 통일사회세, 광물채굴세(Налог на добычу полезных ископаемых(НДПИ)), 수자원세(Водный налог), 기업이윤세(Налог на прибыль организаций)가,

그리고 연방구성주체세로 기업재산세(Налог на имущество организаций), 도박세(Налог на игорный бизнес), 교통세(Транспортный налог), 지방자치체세로 개인재산세(Налог на имущество физических лиц), 토지세(Земельный налог)가 있다.[1]

2) 조세의 종류

부가가치세는 러시아에서 가장 중요한 간접세로 1992년 1월에 도입되었다. 그런데 러시아 부가가치세의 특징 중 하나는 원산지국 과세원칙(Origin principle of taxation)이 러시아 국내뿐만 아니라 독립국가연합국가들과의 교역에도 적용된다는 것이다. 따라서 원유나 천연가스가 독립국가연합국가들에 수출될 때 국내거래로 분류되어 부가가치세가 부과되나 이들 국가들로부터 수입에 대하여는 부가가치세가 면제되는 것이다. 이에 비하여 부가가치세 제도가 있는 대부분의 국가들은 국제교역에 있어 행선지국 과세원칙(destination principle of taxation)을 준용하고 있어 수출할 경우에는 부가가치세가 면제되나 수입할 경우에는 부가가치세가 적용되는 것과는 대조를 이룬다.

현재 러시아에는 두 가지의 부가가치세율이 존재하는데 하나는 일반적인 18%이며 또 다른 하나는 10%로 의약품, 기초 식품, 어린이 용품, 인쇄물 등에 적용된다.

부가가치세의 경우 수입품이나 귀금속의 경우 100% 연방으로 귀속되었다. 2001년 하위지방기업재산세가 5%의 세율로 도입되어 상위지방과 하위지방의 공동세가 5% 포함하게 되었으며 2002년부터 2004년 사이 세율이 2%로 낮아졌다.

1) https://www.nalog.ru/rn77/taxation/taxes/

기업이윤세는 현재 연방세율 5%(2003년에는 6%), 연방구성주체세율 13-17%(2003년에는 12-16%), 지방자치체세율 2%로 구성되어 있다.

개인소득세는 단일 13%이나 배당금은 6%, 외화예금이자소득에 대하여는 9%, 중앙은행 재할인율초과 이자소득에 대하여는 35%의 세율이 적용되고 있다.

통합사회보장세(Single social Tax)는 2001년 도입된 제도로 고용주에 의한 임금의 28%가 연금, 9%가 사회보험 및 의료기금, 1.5%가 실업기금에 내는 각 종 부담금을 통합한 세목으로 현재 임금의 19.6%에서 35.6%까지 부과되고 있다.

물품세는 담배, 주류, 천연가스 및 석유제품 및 대형 승용차 등에 부과된다. 국제무역에서 행선지국 과세원칙에 준하여 러시아는 非독립국가연합 국가들에 수출될 경우에는 소비세를 면제하나 이들 국가들로부터 수입의 경우에는 소비세의 대상이 된다.

기업재산세(Enterprise Assets Tax)는 2003년 조세법 제 30장에 따라 재고, 무형자산, 자본지출 등을 세원에서 삭제하였으며 연방정부가 인정한 면세항목도 교육, 문화, 의료, 스포츠 등으로 대폭 축소되었다. 세율은 연방구성주체의 의회에서 결정되며 납세자의 분류에 따라 상이하게 결정된다. 최대 세율은 2.2%로 정하여 져 있다.

기업재산세 세입은 연방구성주체와 지방자치체사이에 배분된다.

토지세 및 토지임대료(Land tax and Land Lease Fee)는 토지를 사용하려는 사람이 정부에 지불하여야 하는 일종의 세금이다. 토지임대인은 연방정부, 연방구성주체 혹은 지방자치체 소유 토지를 임대하는 경우 토지임대료를 납부하여야 한다. 법인이나 개인이 토지의 소유, 점유, 사용의 경우 토지세를 납부하여야 한다. 토지세는 하위지방세이기 때문에 세입은 연방정부가 정하여 놓은 비율에 따라 연방구성주체와 지방자치체에 배분된다. 세율은 연방정부 및 연방구성주체가 결정한 범위 내에서 지방자치체에 의하여 결정된다. 농지와 비농지의 경우 세율은 상이하며 원래 목적과 상이하게 사용되는 경우 세율은 두 배가 된다.

광물채굴세(Mineral Resources Extraction Tax)는 물론 광물자원에 대한 세금으로 2002년 지하자원 사용료가 바뀌어진 것으로 지방자치체에 대한 세입 배분은 폐지되고 연방구성주체에만 배분되었다. 광물자원은 면세대상, 0% 세율대상, 0% 이상 세율대상 등 세 부분으로 나누어진다. 세원은 채굴된 광물의 단위가격에 채굴된 양을 곱하여 결정되는데 단위가격은 중앙정부에 의하여 정기적으로 국제시장가격을 바탕으로 재조정된다.

개인재산세(Individual property tax)는 지방자치체에 귀속되는 세목으로 개인들이 소유하고 있는 주택 등 구조물에 부과된다. 세율은 지방자치체에 의하여 결정되나 연방정부에 의하여 상하한이 결정되어 있다. 개인재산세에 대한 연방법률에 따르면 재산의 총 가치가 300,000만 루블 미만이면 최고 0.1%, 300,000 루블에서 500,000 루블까지는 0.1%에서 0.3%, 500,000만 루블 이상은 0.3%에서 2.0%까지 이다.

부가세(piggyback tax, surtax)는 각 급 지방정부가 과세자율권을 어느 정도 가지도록 하는데 좋은 방법이 될 수 있다. 부가세는 각 급 지방정부 즉 연방구성주체 혹은 지방자치체가 기존의 상급 정부 세목에 세금을 부가하는 것이다. 이 경우, 각 급 지방정부는 그들의 자치지역내에서 부과되는 한계세율에 대하여 자율권을 가지나 부가세의 세원은 기본적으로 국세와 같은 세원이기 때문에 세원에 대한 자율권은 가지고 있지 못하다. 또한 부가세는 상급 정부에 의한 상급 세금과 함께 징수된다. 즉 상급 정부는 하급 정부를 대신 하여 세금을 징수하며 징수세액을 기준으로 하급 정부에 세금을 이전하여 준다.

사회보험료

러시아에서 근로자를 고용할 경우, 고용주는 연금기금, 사회보험기금, 의료기금 등의 사회보험료를 적립할 의무가 있다. 기존에는 외국인을 고용하는 경우에는 이 의무가 면제되었지만 2012년 1월 1일부터 연금기금이 그리고 2015년 1월부터는 사회보험기금의 적립이 의무화 되었다. 단 고도의 전문성을 가진 외국인을 고용하는 경우에는 사회보험료의 적립이 아직 면제되고 있다.

러시아의 사회보험료는 근로자 개인의 부담이 아니라 전액 고용주 부담이다. 사회보험료의 적립금액은 소득에 대하여 일정비율이 적용되는데 2016년의 경우, 718,000 루블까지의 소득에는 30%, 796,000 루블까지의 소득에는 27.1%가 적용되며 이 상한을 초과하는 소득에 대하여는 추가로 15.1%가 적용되었다. 러시아인 근로자의 경우 718,000 이하의 소득에 대하여는 연금기금 22%, 사회보험기금 2.9%, 연방의료보험기금 5.1% 등 모두 30%를 적립하여야 하며, 796,000 루블 이하의 경우, 연금기금 22%, 연방의료보험기금 5.1% 등 모두 27.1%를 적립, 그리고 796,000 루블 이상인 경우, 연금기금 10%, 연방의료보험기금 5.1% 등 모두 15.1%를 적립하여야 한다. 예를 들어 러시아인 근로자의 연소득이 1,000,000 루블인 경우 고용주가 적립하여야 할 금액은 718,000*30% + (796,000-718,000)*27.1% + (1,000,000-796,000)*15.1% = 267,342 루블이다.

2. 연방정부의 재정

1) 재정제도

연방국가인 러시아는 연방정부, 연방구성주체, 그리고 지방자치체의 3층 구조로 구성되어 있다. 이미 주지하다시피, 연방구성주체는 러시아 연방을 구성하고 있는 85개의 공화국, 주, 지방, 연방적 의의를 가진 연방시, 자치주, 자치관구로 이루어져 있다. 따라서 러시아는 다른 연방국가와 같이 연방재정주의를 표방하고 있으며 연방재정, 연방구성주체재정, 그리고 지방자치체재정으로 구성되어 있다. 연방구성주체는 연방을 구성하는 기본적인 단위로 헌법에 따르면 연방에서 이탈할 권리를 가지고 있다. 따라서 연방구성주체재정이 상대적으로 연방재정에서 중요한 의미를 지니고 있다. 실제, 1990년대 전반기에는 연방과 연방구성주체간에 조세 배분율에 관한 협정이 매년 체결되었다. 연방구성주체의 독립시도를 방지하고 옐친정부에 대한 지지를 담보하기 위하여 연방은 다양한 우대조치를 연방구성주체에 부여하였다.

그러나 푸틴집권 이후 중앙집권화가 강화된 최근에는 연방재정에 권한이 보다 집중되어 있다. 예를 들어 보면 기업이윤세는 100% 연방재정에 배분되며 개인소득세는 연방구성주체재정에 70%, 지방자치체재정에 30%가 배분된다. 그러나 부가가치세, 통일사회세, 광물자원채굴세 등 은 모두 연방재정에, 그리고 상속.증여세, 기업자산세는 연방구성주체재정, 개인자산세, 토지세 등은 지방자치체재정에 모두 배분된다.

2) 재정구조

재정구조를 검토할 경우 보통 2가지 지표, 즉 한 나라의 경제규모에서 재정이 차지하는 비중으로 세입과 세출이 국내총생산에 차지하는 비중으로 표시되며, 또 하나는 세입과 세출의 항목별 변화 추이이다. 특히 세입에 관하여는 직접세와 간접세의 비중, 기업이윤세와 개인소득세의 비중 등을 검토하여야 한다. 재정의 3가지 기능, 즉 자원배분, 소득재분배, 경제변동의 완화 즉 안정화에 중점을 두어 검토할 필요가 있다.

세입항목

세입항목에는 기업이윤세, 개인소득세, 통일사회세, 부가가치세, 물품세, 자산세, 천연자원이용료 등이 있다. 세금은 직접세와 간접세로 나누어 볼 수 있는데 기업이윤세와 개인소득세가 대표적인 직접세이며, 부가가치세, 물품세 등은 대표적인 간접세이다. 직접세는 소득과 이윤에 따라 조세부담을 지우는 누진과세를 할 수 있어 분배 측면에서 공정을 추구할 수 있으나 간접세는 소득과 이윤에 관계없이 일정하게 세금이 부과됨으로 보다 역진적인 측면이 있다고 할 것이다.

러시아의 세입항목 중 기업이윤세와 부가가치세는 전체적으로 비중이 감소하는 반면 자연자원이용료와 대외경제활동수입은 큰 폭으로 증가하였으며 개인소득세, 물품세, 자산세, 민영화수입, 사회보장관계세 등은 대체로 일정한 비율을 유지하고 있다.

세출항목

세출항목에는 국가채무상환, 국방, 안전보장, 법질서유지, 국민경제, 주택공익, 교육, 보건, 사회정책 등이 있다. 그 밖에 예산간이전이 있다.

세출은 자원배분기능에 중점적인 역할을 한다.

예산외기금

예산외기금에는 연금기금, 연방사회보험기금, 연방의무의료보험기금 등이 있다.

안정화기금은 2004년에 제안되었다. 그 재원은 러시아산 원유의 국제시장가격이 기준이 되며, 이 기준을 초과할 경우, 초과부분에 대한 원유의 채굴세와 수출관세가 기금의 수입이 되며 유가가 1배럴당 27달러 미만일 경우 재정적자를 보전한다. 기금의 총액이 5000억 루블을 초과하는 경우 다른 목적으로 이용할 수 있다. 이 경우, 정부는 대외채무의 상환 혹은 연금기금의 부족분을 보전할 수 있다. 이후 2008년부터 안정화기금은 준비기금과 국민복지기금으로 나누어 졌다. 준비기금은 이전의 원유체굴세와 수출관세, 가스의 채굴세와 가스와 석유제품의 수출관세가 재원이 되었다.

만일 원유가격이 기준원유가격보다 높아 이로 인한 초과원유수입은 준비기금(Reserve Fund)이 국내총생산의 7%에 이르기까지 준비기금에 적립될 것이다. 만일 준비기금이 국내총생산의 7%에 이르게 되면 초과원유수입분의 최소 절반은 국부펀드(National Wealth Fund)로 이전되며 나머지 부분은 국가 사회간접자본 및 기타 우선사업에 투자될 것이다. 2013년부터 지난 5년간의 평균원유가격이 기준원유가격의 기준이 될 것이며 2018년까지 점진적으로 늘려가 10년 평균으로 될 것이다. 이와 같은 조치는 갑작스런 기준원유가격의 급격한 하락을 방지하기 위한 조치로 풀이된다.

2004년부터 지금까지 자원수출로 인한 세수증가가 인플레이션과 루블화 평가절상으로 직결되는 것을 방지하기 위하여 초과세수분을 「안정화기금」에 적립하였다. 또한 자원부문에 부과되었던 광물자원채굴세, 수출관세는 원유가격의 상승에 따라 세율이 누진적으로 올라가는 구조를 가지고 있었다. 2004년-2005년에는 원유 1배럴당 20달러를 초과하는 부분이, 그리고 2006년 이후에는 27달러를 초과하는 부분이 적립되어 원유가격하락에 대비하게 하였다. 2009년초까지 안정화기금에 적립된 금액은 약 6조6000억 루블로 GDP의 약 16%까지 급증하였다.

석유·가스 수입을 비교적 엄격하게 관리해온 방식과는 달리 2013년부터 도입되어 2018년까지 진행될 새로운 재정규칙은 그 기준이 상당히 완화되었다. 과거 10년간의 평균 원유가격을 토대로 산출된 석유가스수입이 당해 년도의 세출에 사용되었다. 또한 기본가격을 초과한 부분의 세수적립기준도 완화되어 예비기금의 적립규모는 GDP 10%에서 7%로 인하되었다. 특히 남은 초과수입중에서 절반까지는 인프라 및 그 밖의 우선적 프로젝트에 사용할 수 있게 되었다.

3) 러시아연방 통합예산

러시아연방의 통합예산은 연방예산과 연방주체통합예산으로 구성되며 여기에는 예산외기금은 포함되지 않는다. 연방주체의 통합예산은 연방주체의 예산 및 당해 연방주체에 속한 지방정부의 예산으로 구성된다.

또한 러시아 연방의 예산세입은 주지하다시피 조세수입과 세외수입으로 구성된다.

(1) 세입

2000년 이후 러시아 정부의 세입은 꾸준히 증가하여 현재까지 10배 이상 확대되었다. 세입의 주요 내역은 아래 표와 같다.

러시아 연방 통합예산: 세입, %

	2010	2011	2012	2013	2014	2015
기업이윤세	11.1	10.9	10.1	8.5	8.9	9.7
개인소득세	11.2	9.6	9.6	10.2	10.1	10.4
의무사회보헌금	15.5	16.9	17.5	19.2	18.8	20.9
부가가치세						
국내상품	8.3	8.4	8.0	7.6	8.2	9.1
수입품	7.3	7.2	7.1	6.8	6.5	6.6
소비세						
국내상품	2.8	2.9	3.3	3.9	3.7	3.8
수입품	0.2	0.2	0.2	0.3	0.3	0.2
종합소득세	1.3	1.1	1.2	1.2	1.2	1.3
재산세	3.9	3.3	3.4	3.7	3.6	4.0
천연자원이용세	9.0	10.0	10.6	10.6	11.0	12.1
대외경제수입	20.1	22.4	21.2	20.5	20.4	12.2
국유재산사용수입	4.2	3.2	3.6	2.8	3.0	4.3
천연자원사용요금	0.5	0.5	0.6	1.1	1.0	0.7

출처: *ФИНАНСЫ РОССИИ. 2016*, с. 33; 2014, с. 31.

러시아연방의 통합예산 세입은 2015년의 경우 26조9220억 루블로 가장 큰 비중을 차지하는 세입 항목은 의무사회보험금으로 5조6천3백6십3억 루블로 세입의 20.9%를 차지하고 있으며 다음이 대외경제수입으로 3조2천9백5십3억 루블로 12.2%를 차지하고 있다.

세입항목 중 의무사회보험금의 비중은 2010년 15.5%에서 2015년 20.9%로 점진적으로 증가하여 2015년의 경우 제일 비중이 높은 세입항목이 되었으나 2010년 세입중 20.1%를 차지하여 제일 높은 비중을 차지한 대외경제수입 항목은 2015년 12.2%로 대폭 감소하면서 2위를 차지하였다.

러시아 연방의 예산 단위별 조세세입 비중

러시아 연방 통합예산의 세입 중 조세수입은 2015년 13조7883억 루블로 이 중 50.1%가 통합연방주체예산이며 49.9%가 연방예산이며, 2016년의 경우 조세수입은 14조 4829억 루블로 52.2%가 통합연방주체예산이며 47.8%가 연방예산이다.[2]

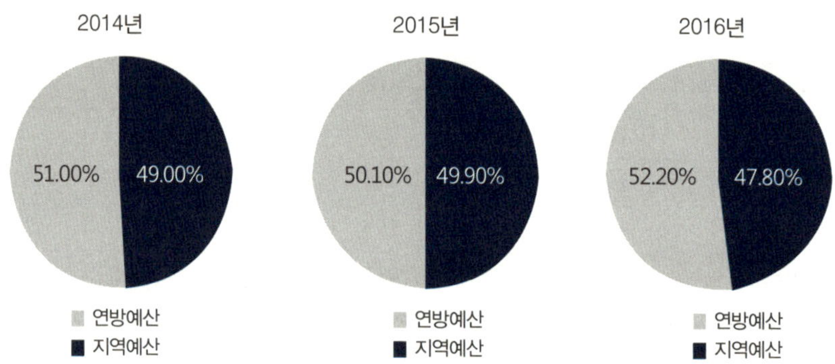

러시아 연방의 통합예산 세원별 조세수입구조

러시아 연방의 통합예산 조세수입은 2015년의 경우 13조7883억 루블로 세입 26조 9220억 루블의 51.2%, 2016년의 경우 조세수입은 14조4829억 루블로 세입

2) http://analytic.nalog.ru/portal/index.en-GB.htm

28조 1815억 루블의 51.4%를 차지하고 있다. 러시아연방의 통합예산 조세수입을 세목별로 나누어 보면 아래의 표와 같다.

세목	2015		2016	
	10억 루블	%	10억 루블	%
개인소득세	2806.5	20.4	3017.3	20.8
광물채굴세	3226.8	23.4	2929.4	20.2
기업이윤세	2598.8	18.8	2770.2	19.1
부가가치세	2448.3	17.8	2657.4	18.3
소비세	1014.4	7.4	1293.9	8.9
재산세	1068.4	7.7	1116.9	7.7
기타	625.1	4.5	697.8	4.8
합계	13788.3	100	14482.9	100

2016년

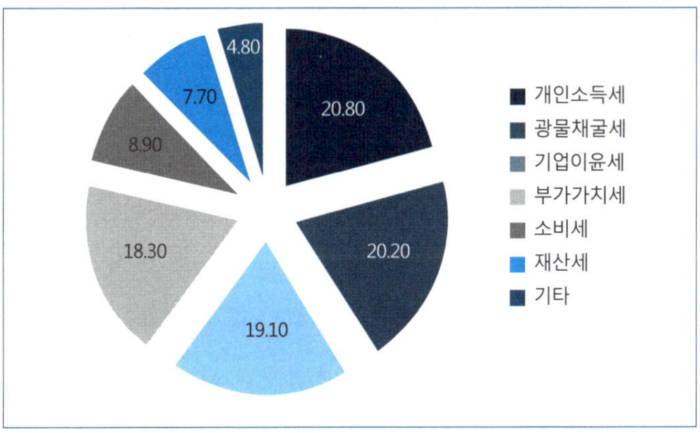

위의 표에 나타나 있는 바와 같이 러시아연방 통합예산의 조세수입 중 가장 큰 비중을 차지하는 것은 개인소득세, 광물채굴세, 기업이윤세, 부가가치세로 이 네 가지 세목이 전체 조세수입의 약 80% 내외를 차지하고 있다. 2016년의 경우 개인소득세가 20.8%로 1위, 광물채굴세가 20.2%로 2위, 기업이윤세가 19.1%로 3위, 그리고 부가가치세가 18.3%로 4위를 차지하였다.

(2) 세출

러시아연방 통합예산의 항목별 세출비중: 단위, %

항목	2011	2012	2013	2014	2015	2016
행정	6.8	6.2	6.0	5.9	6.2	5.9
국방	7.6	7.8	8.3	9.0	10.7	12.1
법질서	7.6	8.3	8.5	7.9	7.0	6.4
국민경제	14.0	14.1	13.0	16.5	12.7	12.4
주거 및 사회기반 유틸리티	6.0	4.6	4.2	3.6	3.3	3.2
환경보호	0.2	0.2	0.2	0.3	0.2	0.3
교육	11.2	11.0	11.4	11.0	10.2	9.9
문화 및 영화	1.6	1.5	1.5	1.5	1.3	1.3
보건	9.7	9.9	9.2	9.2	9.6	10.0
사회정책	32.6	33.4	34.6	31.9	35.2	34.8
스포츠	0.8	0.8	0.9	0.9	0.9	0.8
언론	0.5	0.5	0.5	0.4	0.4	0.4
채무원리금상환	1.6	1.7	1.7	1.9	2.2	2.5

출처: http://old.minfin.ru/en/statistics/conbud/ 에서 필자 계산

러시아연방 통합예산의 세출항목 중 가장 큰 비중을 차지하고 있는 것은 사회정책으로 2016년의 경우 34.8%를 차지하고 있다. 그 다음이 국민경제 항목으로 12.4%를 그리고 국방항목이 12.1%로 3위를 차지하고 있다. 그러나 주거 및 사회기반 유틸리티 부문은 2011년 약 세출의 약 6%에서 2016년 3.2%로 급감하였다. 특히 주목할 만 한 것은 국방부문의 세출로 2011년 약 7.6%에서 2016년 12.1%로 꾸준히 증가하고 있는 점이다. 국방부문의 세출을 금액으로 보면 2011년 1조5172억 루블에서 2016년 3조7776억 루블로 2배 이상 증가하였으며 비율로 보면 동 기간 연평균 약 20%의 증가율을 보이고 있다.

(3) 러시아연방 통합예산의 예산수지

	2011	2012	2013	2014	2015	2016
세입(10억 루블)	20,855.4	23,435.1	24,442.7	26,766.1	26,922.0	28,181.5
세출(10억 루블)	19,994.6	23,174.7	25,290.9	27,611.7	29,741.5	31,323.7
수지(10억 루블)	860.8	260.4	-848.2	-845.6	-2,819.5	-3,142.2

출처: http://old.minfin.ru/en/statistics/conbud/

러시아연방 통합예산의 예산수지는 2010년 1조5847억 루블 적자에서 2011년 8608억 루블 흑자를 그리고 2012년에도 전년 대비 크게 감소하였지만 2604억 루블의 흑자를 기록하였다. 그러나 2013년 이후 적자를 기록하기 시작하여 적자폭은 갈수록 확대되어 가고 있다. 2013년에는 8482억 루블의 적자를 그리고 2016년에는 3조1422억 루블의 적자를 기록하여 2013년 대비 2016년은 약 3.7배로 적자폭이 확대되었다.

4) 러시아 연방정부의 재정

2015년 이후 원유가격이 하락함에 따라 러시아 연방의 재정상황 역시 악화되었다. 러시아 연방의 재정수지는 2011년부터 2014년까지는 GDP대비 플러스 마이너스 1% 범위내에 머물렀으나 2015년에는 GDP대비 2.45로 악화되었다.

(1) 러시아연방 세입

러시아연방 항목별 세입 비중: 단위, %

항목	2010	2012	2013	2014	2015
기업이윤세	3.0	2.9	2.7	2.8	3.6
부가가치세					
국내상품	16.0	14.7	14.3	15.0	17.9

수입품	14.1	12.9	12.8	12.1	13.1
소비세					
국내상품	1.4	2.7	3.5	3.6	3.9
수입품	0.4	0.4	0.5	0.5	0.4
천연자원이용세	17.0	19.0	19.6	19.9	23.3
대외경제수입	38.9	38.6	38.5	37.7	24.1
국유재산사용수입	5.2	4.2	2.7	3.1	5.0
기타	4.0	4.6	5.4	5.3	8.7

출처: *Российский статистический ежегодник 2016*, с. 537에서 저자 계산

2010년 러시아 연방 세입은 대외경제수입이 38.9%를 차지하여 가장 중요한 세입항목이며 다음으로 부가가치세가 30.1%로 2위를 차지하였다. 그러나 2015년에는 부가가치세가 31%로 가장 중요한 세입항목이 되었으며 대외경제수입 항목이 24.1%로 2위, 천연자원이용세가 23.3%로 3위를 차지하였다. 주목할 만한 변화는 천연자원이용세 세입항목으로 2010년 17%에서 2015년 23.3%로 크게 증가하였다. 대외경제수입이 2015년 크게 감소한 것은 2014년 러시아의 크림반도 병합에 따른 서방국가들의 러시아 경제제재로 인한 영향이 크게 작용한 것으로 보인다.

러시아 연방의 연방예산 세원별 조세수입구조

	2014		2015		2016	
	10억 루블	%	10억 루블	%	10억 루블	%
총조세수입	6 214.6	100.0	6 880.5	100.0	6 929.1	100.0
기업이윤세	411.3	6.6	491.4	7.1	491.0	7.1
부가가치세	2 181.4	35.1	2 448.3	35.6	2 657.4	38.4
소비세	520.8	8.4	527.9	7.7	632.2	9.1
광물채굴세	2 858.0	46.0	3 160.0	45.9	2 863.5	41.3
기타 세금	243.1	3.9	252.8	3.7	285.1	4.1

출처: http://analytic.nalog.ru/portal/index.en-GB.htm

러시아연방 세입에서 차지하는 조세수입의 비중은 2014년 42.9%, 2015년 50.4%, 2016년 51.5%로 점차 증가하는 것으로 나타나고 있다. 총 조세수입중 가장 큰 비중을 차지하는 것은 부가가치세와 광물채굴세로 이 두 항목이 80% 내외를 차지하고 있다. 이 중 부가가치세의 비중은 다소 증가하는 반면 광물채굴세는 점진적으로 그 비중이 감소하고 있는 것이 주요한 특징으로 보인다.

러시아의 연방재정 세입은 또한 석유·가스부문과 비석유·가스부문의 2 부문으로 크게 나누어 볼 수 있다.

러시아 연방예산 세입 중 석유가스부문이 차지하는 비중은 2014년까지 다소 증가하는 추세로 통합예산 세입에서 차지하는 비중은 2014년의 경우 51.3%까지 증가하였으나 2015년부터 감소하는 추세를 보여 2016년에는 35.9%까지 하락하여 최근 10년간 가장 낮은 비율을 보이고 있다. 이와 같은 감소추세는 세계 원유가격의 하락에 주로 기인한다.

2015년 석유·가스 수입의 감소는 국제 원유가격의 하락에 크게 기인하고 있다. 석유·가스 수입은 원유 및 천연가스 관련 수출관세 3항목과 채굴세3항목으로 이루어져 있다. 수출관세는 종량세인 원유 및 석유제품, 그리고 종가세인 천연가스에 대한 세금이며 채굴세는 종량세인 원유, 천연가스, 가스콘덴세이트에 대한 세금 등으로 구성되어 있다. 특히 천연가스 수출관세와 채굴세를 제외한 나머지 4개 항목은 러시아산 원유의 국제시장가격과 연동되어 있어 원유가격의 변동이 자동적으로 석유·가스 부문의 세입 변동에 직접적으로 반영되는 구조를 가지고 있다. 천연가스의 수출관세 및 채굴세 또한 간접적으로 원유가격에 연동되어 있다. 이는 천연가스의 수출가격이 기본적으로 과거 6개월에서 9개월간의 석유제품의 유럽시장가격에 의해 결정되기 때문이다.

러시아 연방예산 세입 중 석유 · 가스부문과 비석유 · 가스부문의 비중[3]

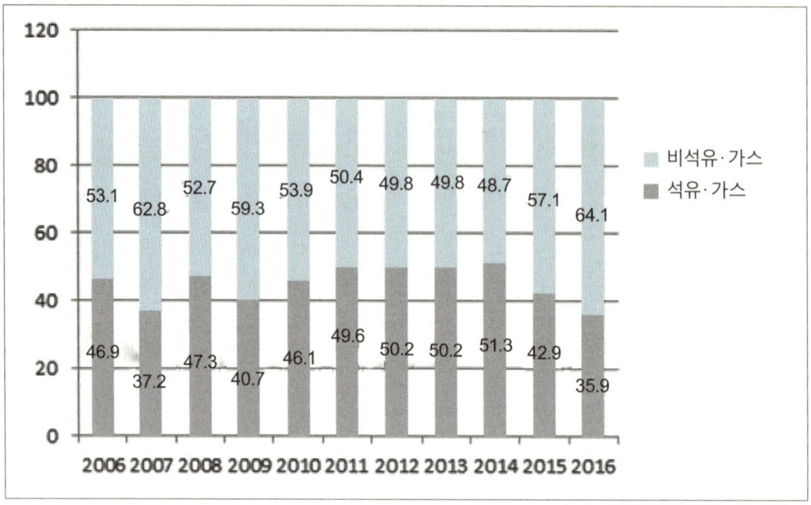

(2) 러시아연방 세출

러시아연방의 항목별 세출비중: 단위, %

항목	2011	2012	2013	2014	2015	2016
행정	7.1	6.3	6.4	6.3	7.2	6.7
국방	13.9	14.1	15.8	16.7	20.4	23.0
법질서	11.5	14.3	15.5	14.1	12.6	11.6
국민경제	16.4	15.3	13.9	20.7	14.9	14.0
주거 및 사회기반 유틸리티	2.6	1.8	1.3	0.8	0.9	0.4
환경보호	0.2	0.2	0.2	0.3	0.3	0.4
교육	5.1	4.7	5.0	4.3	3.9	3.6
문화 및 영화	0.8	0.7	0.7	0.7	0.6	0.5
보건	4.6	4.8	3.8	3.6	3.3	3.1
사회정책	28.6	29.9	28.7	23.3	27.3	28.0
스포츠	0.4	0.4	0.5	0.5	0.5	0.4
언론	0.6	0.6	0.6	0.5	0.5	0.5
채무원리금상환	2.4	2.5	2.7	2.8	3.3	3.8
예산간 이전	6.0	4.6	5.0	5.5	4.4	4.1

출처: *Российский статистический ежегодник 2016*, с. 537에서 저자 계산

3) http://minfin.ru/ru/statistics/fedbud/ (검색일: 2017년 6월 5일)

러시아연방 세출은 2011년 10조 9256억 루블에서 2015년 15억 6203억 루블, 2016년 16조 4164억 루블로 증가하여 2016년 세출은 2011년 대비 약 50% 이상 증가하였다. 세출항목의 비중에서 주목할 만 한 것은 국방부문으로 2011년 이후 꾸준히 증가하여 2011년 13.9%에서 2016년에는 전체 세출의 23%를 차지하였다. 금액으로는 2011년 1조 5160억 루블에서 2016년 3조 7753억 루블로 2배 이상 증가하였다. 연방예산에서 연방구성주체로 이전되는 이전지출 역시 지속적으로 감소경향을 보이고 있다.

(3) 러시아연방예산의 예산수지

	2011	2012	2013	2014	2015	2016
세입(10억 루블)	11,367.7	12,855.5	13,019.9	14,496.9	13,659.2	13,460.0
세출(10억 루블)	10,925.6	12,895.0	13,342.9	14,831.6	15,620.3	16,416.4
수지(10억 루블)	442.1	−39.5	−323.0	−334.7	−1,961.1	−2,956.4

러시아연방정부의 예산은 2011년 흑자를 기록한 이후 적자가 계속 증가하고 있다. 2012년 395억 루블 적자에서 2016년 2조 9564억 루블의 적자를 보이고 있는 것이다. 이와 같은 예산 적자는 앞서 세출부분의 분석에서도 나타난 바와 같이 주로 국방부문과 사회정책부문의 예산 증가에 주로 기인하고 있다.

예산외 기금

러시아의 예산외기금은 러시아 시민들의 연금, 사회안전, 의료 등 헌법상의 권리를 보호하기 위하여 도입되었다. 현재 예산외기금으로는 연방기금으로 러시아연방 연금기금, 러시아연방 사회보험기금(실업수당, 아동수당, 출산수당, 육아휴가수당 등), 의무연방의료보험기금 그리고 지역기금으로 의무지역의료보험기금이 있다. 의무지역의료보험기금은 의무연방의료보험기금에서 위탁금의 형태로 재정이전이 이루어진다.

예산외기금의 재원은 고용주가 근로자의 총급여에서 일정비율로 납부하는 보험금(страховые взносы)이 주요한 재원으로 고용주가 납부하는 예산외기금은 대체로 총급여의 30%내외이다. 즉 연금기금이 22%, 의무연방의료보험기금 5.1%, 일시적인 장애 혹은 출산 관련 사회보험기금 2.9%, 직업병 혹은 사고 관련 사회보험기금 0.2% 등이다.

2004년부터 실시된 기존의 제도는 자원수출에 의한 세입의 증가가 인플레이션과 루블화 절상으로 이어지는 것을 방지하기 위하여 초과세수 분을 초기에는 '안정화기금'으로 그리고 2008년부터 '예비기금'과 '국민복지기금'으로 분리하여 적립하는 방식이었다. 또한 자원부문에 부과되는 세금인 광물자원채굴세, 수출관세 등은 유가상승과 함께 올라가는 누진세였다. 안정화기금은 2004년부터 2005년까지는 원유 1배럴당 20달러를 초과하는 부분이, 2006년 이후에는 27달러를 초과하는 부분이 편입되게 되었다.

그러나 2013년 도입된 새로운 재정규칙(2018년까지 유예)은 그 기준이 상당히 완화되었다. 새로운 재정규칙에 따르면 지난 10년간 평균 유가를 기반으로 산출한 석유·가스 수입이 해당 연도의 세출에 충당되며 또한 기본가격을 초과하는분의 세수 적립기준도 완화되었으며 예비기금 적립규모 역시 GDP의 10%에서 7%로 완화되었다. 또한 남은 초과수익중 절반은 인프라 등 다른 우선적인 프로젝트에 사용할 수 있게 되었다.

이러한 재정규칙의 변경은 자원가격의 변동이 초래할 수 있는 세수 증감을 억제하여 장기적인 재정안정성을 높임과 동시에 당해 연도의 지출에 충당 할 수 있는 석유·가스 수입을 확대하여 보다 적극적인 재정정책을 실시하겠다는 것으로 이해할 수 있다.

3. 연방구성주체 및 기초지방자치단체의 재정

현재 러시아는 연방정부, 연방구성주체, 기초지방자치단체(市, 郡 등)로 행정구조가 이루어져 있으며 이러한 행정관계와 상응하여 각 행정단위별로 각각의 예산이 독립적으로 이루어지고 있다.

지역예산 즉 러시아 연방구성주체의 통합예산은 각 러시아 연방구성 주체의 예산과 연방구성주체내의 기초지방자치단체의 예산을 모두 포함하는 예산을 의미하며 연방구성주체와 기초지방자치단체간의 재정이전은 포함되지 않는다는 것에 주의하여야 한다.

연방구성주체의 세입 역시 연방정부처럼 조세수입과 비조세수입으로 나누어지며, 모든 조세수입과 비조세수입의 항목이 러시아 예산법에 명시되어 있기 때문에 연방구성주체의 세입에 대한 연방구성주체의 자율성은 매우 제한적이라고 볼 수 있다.

따라서 연방정부로 부터의 재정이전과 연방정부의 예산외기금은 연방구성주체의 재정에 매우 중요한 역할을 하며 연방구성주체 세입에서 차지하는 비중은 지난 10 여 년간 대체로 13%에서 25% 내외이며 최근에는 17-18% 내외의 수준을 보이고 있다.

1) 연방구성주체의 재정

(1) 연방구성주체의 재정 연혁

연방구성주체의 재정수입은 크게 3가지가 있는데 첫째는 연방구성주체 및 지방자치체의 세입, 둘째는 기업이윤세(EPT), 개인소득세, 부가가치세, 소비세 등 주요 세목의 공동세입(shared revenue)과 이전소득이 있다. 연방구성주체 및 지방자치체는 세입을 증대하는 독자적인 권한을 거의 가지지 못할 뿐만 아니라 연방정부와 차상위 지방정부에 종속되어 있다.

시장경제 이행기 초기에는 러시아연방정부는 대규모 세원을 가진 지역으로 세입이 집중되는 것을 막고 상대적으로 적은 세원을 가진 지역으로 세입을 증대시키기 위하여 주요한 세목들의 세율을 규제할 권한을 가지고 있었다. 1992년과 1993년에는 공동세율이 매우 높아 대부분의 지역들은 연방정부로부터 일반교부금(General Subvention)을 받을 필요가 없을 정도였다. 그러나 1993년에 들어와 공동세율이 세 번이나 바뀌어졌다. 더욱이 지방정부로의 이전소득은 1992과 1993년에는 '협상교부금'의 형태를 띄게 되었다.

지방자치체의 재정수입은 연방구성주체와의 세입공유와 연방구성주체가 주는 교부금 및 자체 세입이 중심을 이루고 있다. 연방구성주체의 세입공유 권한은 지방자치체의 조세자치권 뿐만 아니라 재정인센티브에도 막대한 악영향을 미친다.

1994년에 공식구동적 균등화기금이 도입되었다. 동시에 연방구성주체는 연방법률에 따라 새로운 연방구성주체 세목을 도입할 수 있게 되어 재정자립도를 일정 부분 올릴 수 있게 되었다. 뿐만 아니라 연방구성주체는 기업이윤세의 공동세율을 22%에서 0%까지 낮출 수 있게 되었다. 1994년의 개혁은 투명하고 안정적이며 합리적인 정부간 재정관계를 도입하지는 못했다. 뿐만 아니라 세입할당에 대한 근본적인 문제가 해결되지 않고 있었다. 예를 들면 부가가치세는 부가가치가 발생되는 곳이 아닌 부가가치세가 징수되는 지역과 세입공유를 하며 기업이윤세는 기업의 본사가 위치하고 있는 지역과 세입공유를 하고 있다는 점이다.

새로운 공식구동적 균등화기금은 재정능력과 실질지출수요간의 차이를 균등화하기 위한 것이 아니라 재정수입과 규범적 지출수요간의 차이를 보전하기 위하여 만들어 졌다. 이와 같은 중앙정부의 연방구성주체에 대한 재정지원 방식에 연방구성주체의 불만이 높아지자 중앙정부는 불만을 제기하는 연방구성주체와 임시적이고 투명치 못한 협상을 통하여 문제를 해결하고자 하였다.[4] 특히 이 때 까지만 하여도 개혁은 주로 중앙정부와 연방구성주체와의 문제에 초점을 맞추었으며 연방구성주체와 지방자치체와의 재정관계는 주목을 받지 못하였다.

중앙정부는 연방구성주체의 요구를 주로 연방구성주체에 대한 중앙정부의 이전지출을 통하여 해결하였다. Lavrov(1995), Treisman(1996, 1998a, 1998b) 등은 연방정부의 이전지출은 주로 균등화 기금 등과 같은 객관적인 기준보다는 주로 연방구성주체의 정치적 압력에 따라 이루어 졌다고 주장하고 있다. 즉 연방정부는 연방구성주체의 불만족을 잠재우기 위하여 이전지출을 사용하였던 것이다. 즉 선거에서 옐친에 대한 지지를 유보하거나 주권을 선언한 연방구성주체가 협력한 연방구성주체보다 더 많은 재정적 지원을 받은 것으로 나타나고 있다.

세출책임에 대한 법적 근거

헌법이나 법률에 의하여 러시아에서 각급 정부에 대한 세출책임이 명확하게 할당된 것은 없다. 1993년 헌법 71조와 72조에는 몇몇 세출책임을 연방정부에 그리고 몇몇 다른 세출책임을 연방정부와 연방구성주체간에 공동으로 할당하고 있다. 그러나 연방구성주체에 특정하여 할당된 세출책임은 없다. 더욱이 문제가 되는 것은 헌법 72조가 연방정부와 연방구성주체사이에 공동으로 할당

4) Martinez and Boex, *Russia's transition to a new federalism*, 2001, p. 7.

된 세출책임에 대하여 연방정부와 연방구성주체사이에 권한 분쟁이 발생할 경우 누가 일차적인 책임이 있는지에 대한 분명한 지침이 없다는 것이다. 이에 대한 보다 분명한 해법은 1998년 제정되어 2000년 1월 1일부터 발효되는 Budget Code에 나타나 있다.

1993년 헌법은 연방정부나 연방구성주체가 세출책임을 지방자치체에 위임할 수 있음을 말하고 있지만 구체적인 세출책임에 대하여는 명시하지 않고 있다. 1995년 8월의 지방자치체의 지방자치에 대한 일반 원칙에 대한 법률(Law on General Principles of Organization of Local Self-government in the Russian Federation)에는 지방자치체의 세출책임을 나열하고 있다.

현재 러시아에서 이루어지고 있는 실질적인 세출할당은 대체로 각 급 정부가 각 급 정부가 관할하고 있는 지리적인 지역 내에서 반드시 책임져야할 세출책임을 책임진다는 일반적인 원칙을 따르고 있다. 즉 연방정부는 국방, 국가안보 등과 같은 국가의 전 영역에 영향을 미치는 부문에 세출책임을 지며, 여러 하위 지방에 영향을 미치는 영역, 즉 3차 병원과 같은 부문은 연방구성주체가 세출책임을 지며 공중위생설비 등과 같이 특정한 지역에 한정되는 부문은 지방자치체의 세출책임이 된다.

(2) 연방구성주체의 세입

① 연방구성주체의 세입

연방구성주체의 세입은 크게 보면 조세수입, 연방구성주체재정지원연방기금(Федеральный фонд финансовой поддержки субъектов Российской Федерации)을 포함한 연방정부의 재정이전, 기타 등으로 구성되어 있다.

	2007	2008	2009	2010	2011
세입	4828.5	6198.8	5926.6	6537.3	7644.2
이전소득	627.3	1132.6	1487.5	1398.9	1644.5
자체세입	4201.1	5066.2	4439.1	5138.5	5999.7
	2012	**2013**	**2014**	**2015**	**2016**
세입	8064.5	8165.1	8905.7	9308.2	9923.8
이전소득	1624.4	1515	1670.8	1616.7	1578.1
자체세입	6440.2	6650.1	7234.9	7691.4	8345.7

출처: http://old.minfin.ru/en/statistics/subbud

위의 표에 나타나 있는 바와 같이 2007년부터 2016년까지 지난 10년간 연방구성주체의 세입은 2배 이상 증가하였다. 아래의 그래프는 연방구성주체 세입에서 이전소득과 연방구성주체 자체세입의 비중을 보여주고 있다.

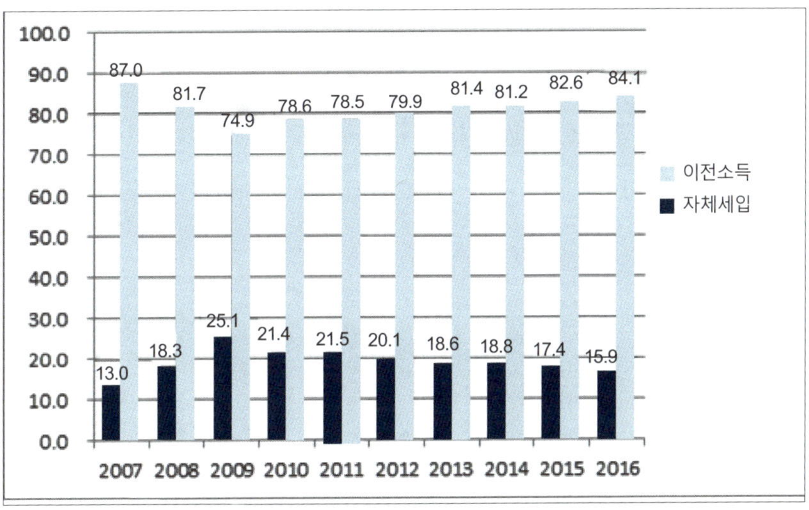

연방구성주체 세입에서 이전소득이 차지하는 비중은 2007년 약 13%에서 2009년 25.1%를 정점으로 그 이후 지속적으로 감소하여 2016년에는 15.9%를 차지하고 있다. 따라서 연방구성주체 세입에서 연방정부로 부터의 이전소득이

차지하는 비중이 러시아 전체적으로 보면 그리 크지 않으나 연방구성주체마다 편차가 매우 크기 때문에 연방구성주체의 연방예산의존도는 매우 상이하게 나타나고 있다.

② 연방구성주체의 자체세입

연반구성주체의 자체세입은 크게 조세수입과 비조세수입으로 나누어 볼 수 있으며 이중 주요한 조세수입은 법인재산세 100%, 자동차세 100%, corporate tax 80%에서 100%, 개인소득세 85%, 일부 품목의 소비세 40%에서 100%, 수생생물사용료 80%, 동물사용료 100%, 지방정부 수수료 100% 등이 있으며, 비조세수입으로 연방주체소유 자산 사용소득, 연방주체설립 기업이 제공하는 서비스 요금, 숲 사용료, 지하자원 사용료 등이 있다.

연방구성주체 전체 세입 중 가장 큰 비중을 차지하는 것은 조세수입으로 법인이윤세, 개인소득세, 소비세, 종합소득세, 재산세 등이 위의 그래프에서 나타나 있는 바와 같이 2006년 70%, 2007년 72.7%, 2008년 68.9%, 2009년 62.4%, 2010년 67.9%, 2011년 67.9%, 2012년 71.2%, 2013년 72.3%. 2014년 72%, 2015년 73.2% 등 지난 10년간 연 평균 약 70% 정도를 차지하고 있다.

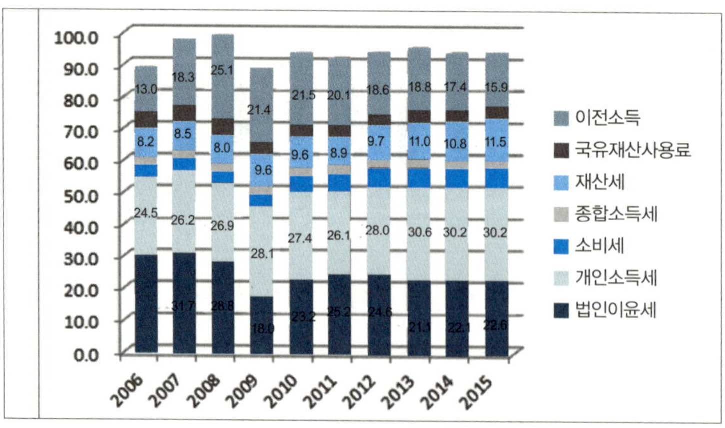

연방구성주체의 조세수입 중 가장 중요한 것은 법인이윤세와 개인소득세로 전체 세입의 50% 이상을 차지하고 있으며 법인이윤세는 2007년 31.7%를 정점으로 지속적으로 감소하여 2016년에는 23%를 차지하고 있으며 이에 비하여 개인소득세는 2006년 24.5%에서 2016년 30.4%까지 지속적으로 상승하고 있다. 또한 재산세 역시 2006년 8.2%에서 2015년 11.5%로 지속적으로 증가하고 있는 것이 주요한 특징으로 볼 수 있다.

③ 예산간 이전소득의 형태

연방구성주체간 그리고 기초지방자치단체간의 재정불균형은 크게 보면 수직적 불균형과 수평적 불균형으로 나누어 볼 수 있다. 수직적 재정불균형은 각 급 지방정부의 지출의무와 재원조달능력이 불일치할 때 발생하는 불균형으로 러시아의 경우 각 급 지방정부의 세입자주권의 결여가 주요한 원인으로 나타나고 있다. 이러한 수직적 불균형을 해소하기 위하여 세입공유제도와 연방정부의 지방교부금제도가 사용되고 있다. 그러나 중요한 것은 각 급 지방정부의 자체세입을 확대하는 것인데 러시아의 경우 세원의 발굴이나 세율의 결정에 각 급 지방정부의 권한이 제한적이라는 데 한계가 있다.

수평적 재정불균형은 각 급 지방자치단체 간에 발생하는 재정격차를 의미한다. 수평적 재정불균형은 주로 경제활동이 소수의 지역에 집중됨으로서 발생한다. 특히 러시아의 경우 천연자원이 일부 지역에 편중되어 분포되어 있다는 것이 매우 중요한 원인이다.

먼저 연방구성주체로의 재정이전은 크게 4가지로 나누어 볼 수 있다. 부담금(субсидия), 위탁금(субвенция), 보조금(дотация), 및 기타이다. 부담금은 연방정부와 연방구성주체가 공동으로 책임을 지는 사무나 사업에 대한 연방정부의 부담분을 의미하며, 위탁금은 연방정부가 연방구성주체에 위탁한 사무나 사업에 대한 경비를 의미하고, 보조금은 연방구성주체의 재정을 지원하기 위한 재정이전으로 연방구성주체재정지원기금(FFPR)을 포함하고 있다.

부담금은 특정지출을 공동으로 부담하기 위하여 한 예산에서 다른 예산으로 이전되는 예산간 이전의 유형으로 상환할 필요가 없다. 따라서 부담금은 특정 목적만을 위하여 배정되는 것으로 일반적인 목적의 재정지원이 아닌 것이라는 데 주목하여야 한다.

최근에 연방정부에서 연방주체로 이전되는 대부분의 부담금은 소위 "연방특수목적 프로그램(федеральная целевая программа)"의 일환으로 지원되며 2017년 연방예산에는 하이테크 관련 7개 프로그램, 주거관련 1개, 교통 인프라 관련 1개, 농촌지역개발관련 2개, 사회 인프라확충 관련 7개, 안보관련 9개, 지역개발 4개, 국가기관 발전 2개 등 의 연방 특수 목적 프로그램이 있다.[5]

보조금은 연방구성주체의 일반적인 목적의 재정지원을 위한 예산간 이전의 형태로 이 역시 상환할 필요가 없다. 특히 이 보조금은 지역간 재정균형을 목적으로 중요하게 사용되고 있다.

위탁금은 통상 연방정부가 연방구성주체에 위탁한 사업과 관련된 지출에 대한 재정지원으로 역시 상환이 필요치 않는 예산간 재정이전의 한 형태다.

앞서 언급한 바와 같이 러시아연방예산에서 연방구성주체예산에 대한 재정지원 형태는 다양하지만 이 중 보조금의 한 형태인 1994년 2사분기에 도입된 연방구성주체재정지원기금이 가장 중요하다. 이 기금이 도입되기 전에는 다양한 교부금과 지역마다 지역상황을 고려한 상이한 부가가치세의 배분비율로 지역예산을 차등 지원하였으나 이러한 방식은 비교적 불투명하고 지역의 중앙정부와의 교섭에 의존하는 방식이었다. 이러한 방식을 개선하기 위하여 정해진

5) http://fcp.economy.gov.ru/cgi-bin/cis/fcp.cgi/Fcp/FcpList/View/2017, (검색일: 2017년 5월 31일)

방식에 따라 어느 지역이 어느 정도의 재정지원을 받을 수 있을 지를 결정하는 것이 연방구성주체재정지원기금 제도의 도입 이유였다.

연방구성주체재정지원기금 지원은 기본적으로 1인당 지역세수입이 러시아 평균이하인 지역을 대상으로 그 격차의 정도에 따라 차등지원하고, 따라서 지역 간 세수입의 평준화를 추구하며 지역마다 최소한의 재원을 확보하게 한다는 것이 주목적이었다. 이 기금의 재원은 처음에는 연방부가가치세 수입으로 1994년에는 연방부가가치세 수입의 22%, 1995년에는 27%, 1998년부터는 14%로 되었다가 2000년부터는 연방예산법에 기금의 규모가 명시되어졌다.

(3) 연방구성주체의 세출

항목	2011	2012	2013	2014	2015	2016
행정	6.1	6.1	6.2	6.3	6.4	6.3
국방	0.0	0.0	0.0	0.0	0.0	0.0
법질서	3.4	1.1	1.2	1.2	1.1	1.1
국민경제	17.1	19.3	19.6	19.0	19.7	20.2
주거 및 사회기반 유틸리티	12.6	10.6	10.2	9.7	9.0	9.4
환경보호	0.3	0.3	0.3	0.3	0.2	0.2
교육	22.5	24.5	26.5	26.5	26.1	25.6
문화 및 영화	3.1	3.0	3.3	3.4	3.3	3.4
보건	15.5	16.3	14.2	14.1	14.3	12.9
사회정책	15.5	15.3	14.9	15.8	15.8	16.6
스포츠	1.9	1.9	1.9	2.0	2.0	2.1
언론	0.4	0.5	0.5	0.5	0.5	0.4
채무원리금상환	1.0	0.9	1.0	1.3	1.6	1.5
예산간 이전	0.2	0.2	0.1	0.1	0.0	0.0

출처: http://old.minfin.ru/en/statistics/subbud

연방구성주체의 세출부문 중 가장 큰 비중을 차지하고 있는 것은 교육부문으로 2016년의 경우 전체 세출의 25.6%를 차지하였다. 그 다음이 국민경제 부문으로 20.2%, 사회정책이 16.9%로 3위를 차지하였다. 이러한 연방구성주체의 세출항목 비중은 연방정부의 세출예산에서 국방부문이나 법질서 부문이 상대적으로 높은 비중을 차지하고 있는 것과 상당히 대조를 이루고 있다.

(4) 러시아연방구성주체예산의 예산수지

	2011	2012	2013	2014	2015	2016
세입(10억 루블)	7,644.2	8,064.5	8,165.1	8,905.7	9,308.2	9,923.8
세출(10억 루블)	7,679.1	8,343.2	8,806.6	9,353.3	9,479.8	9,936.4
수지(10억 루블)	−34.9	−278.7	−641.5	−447.6	−171.6	−12.6

출처: http://old.minfin.ru/en/statistics/subbud

연방구성주체의 재정수지는 2013년 6415억 루블을 정점으로 지속적으로 감소하여 2016년에는 126억 루블의 적자를 기록하였다.

2) 지방자치체 재정

(1) 지방자치체의 세입

지방자치세의 세입은 조세수입, 비조세수입 그리고 이전소득으로 구성된다. 현재 지방자치세의 조세수입 및 비조세수입은 지방자치체의 계획된 지출을 충당할 수 없는 상황이며 지방자치체의 세입 중 조세수입 및 비조세수입이 차지하는 비중은 2014년 55.1%, 2015년 56.6%에 불과하다.[6]

6) http://www.factosphere.com/pubfinance/budget/locbudgets (검색일: 2016년 5월 20일)

지방자치체에 대한 러시아연방 및 연방구성주체 조세수입의 이전은 지방자치체의 형태(rural and urban settlements, town areas, municipal districts 등)에 따라 상이하게 그러나 동일한 형태의 지방자치체에 대하여는 단일한 비율로 이루어져야 한다. 또한 연방구성주체는 지방자치체의 예산지원을 위하여 연방구성주체의 예산에 지방자치체 지원기금(Fund of Financial Support of Settlements와 Fund of Financial Support of Municipal Districts)을 포함시켜야 한다.

지방자치체의 세입에서 조세수입이 차지하는 비중은 지방자치체에 따라 매우 상이하게 나타나는데 세바스토폴시의 경우 0%에서 모스크바 지방자치체의 74.6% 등이며 2015년의 경우 평균 44.2%이다. 지방자치체에서 가장 중요한 조세수입은 개인소득세로 총 조세수입의 61.8%를 차지한다.

Urban Settlements의 조세수입

토지세의 100%, 개인재산세 100%, 개인소득세 10%, 통합농업세 50%, 공증 등 수수료 100%, 이외 연방정부 및 연방구성주체와의 공유세입

Municipal districts의 조세수입

토지세 100%, 개인재산세 100%, District내의 urban settlements의 개인소득세 5%와 통합농업세 50%, District 내의 rural settlements 거주자의 개인소득세 13% 와 통합농업세 70%, 귀속소득에 대한 단일세 100%, 이외 연방정부 및 연방구성주체와의 공유세입 등

Town Areas 의 조세수입

토지세 100%, 개인재산세 100%, 개인소득세 15%, 귀속소득에 대한 단일세

100%, 통합농업세 100%, 자동차 등록세, 면허세 등 100%

(2) 지방자치체의 세출항목

1996년부터 2001년 사이 지방자치체의 예산지출의 약 70%는 교육, 주택과 전기, 가스 등 유틸리티(Utilities), 의료의 세 부분에 집중되었다. 교육이 약 34.2%에서 36%, 주택 등이 17.4%에서 21.3%, 그리고 의료 부분이 14.1%에서 15.7% 정도였다.[7] 그 외 일반 행정(public administration) 부분이 1996년 5.7%에서 2001년 9.9%로 다소 증가 추세를 보이고 있다. 아래에는 지방자치체의 주요 세출항목을 소개한다.

1. 지방자치체 운영
2. 지방자치체 자산관리
3. 지방자치체가 소유 혹은 관리하는 교육, 의료, 문화기관, 체육시설, 대중매체 등의 조직, 유지관리
4. 지방자치체의 법집행기관의 운영
5. 지방자치체의 주택 및 공공사업의 조직, 유지관리
6. 지방자치체 도로의 건설 및 유지보수
7. 지방자치체 소유 토지 개량 및 수목사업
8. 쓰레기수거 및 재활용
9. 지방자치체가 관리하는 묘지관리

7) Jorge Martinez-Vazques, Andrey Timofeev, Jameson Boes, *Reforming Regional-Local Finance in Russia*, Washington DC, 2006, p. 64.

10. 대중교통
11. 소방
12. 지방자치체의 환경보호
13. 지방자치체의 대외채무
14. 지방자치체가 관리하는 목표 프로그램 운영
15. 가계지원
16. 지방자치체의 선거 및 주민투표
17. 기타

(3) 지방자치체의 예산관계

러시아 헌법 132조 1항은 지방자치단체가 자율적으로 자산관리, 예산을 수립, 집행하는 것, 지방자치체의 세금 혹은 각종 수수료를 도입하는 것을 허용하고 있다. 그러나 2003년 채택된 법률은 지방자치체의 자체 수입을 크게 제한하고 있으며 오히려 연방정부와 연방구성주체의 통제권한을 크게 강화하고 있다.

러시아 연방정부의 조세징수는 중앙정부에 의한 실질적인 독점적 구조를 가지고 있다. 이러한 경향은 1999년의 연방조세법에는 연방구성주체내에 있는 지방자치체의 조세징수문제를 다루고 있지 않다. 실제, 연방 재정부는 지방자치체와 직접 업무를 처리하는 것이 아니라 연방구성주체로부터 필요한 정보를 얻고 있다. 연방구성주체가 대체로 연방정부와 지방자치체간의 연결고리 역할을 하지만 지방자치체는 교육, 보건, 복지 등의 업무를 자체적으로 수행하고 있다. 따라서 대부분의 준 국가적인 재정문제는 사실 지방자치체에 집중되어 있다고 볼 수 있다.

연방정부와 연방구성주체간의 재정문제의 합리화는 상당히 이루어졌다. 그러나 연방구성주체와 지방자치체간의 재정문제는 여전히 남아있다.

러시아 헌법에 따르면 연방정부와 연방구성주체는 시민들의 지방자치체의 자치에 대한 공동책임을 지우고 있다. 러시아연방 헌법은 지방자치에가 자신들의 업무를 관장할 권한을 보장하고 있으며 1995년 "지방자치체의 지방자치에 대한 일반 원칙에 관한 법률(Law on the General Principles of Organization of Local Self-Government in the Russian Federation)"은 지방자치체의 자치개념을 더욱 발전시켰으며 the Congress of Municipal Settlements 와 the Union of Russian Cities의 설립까지 지원하였다.

러시아 연방헌법 130조에서 133조에는 지방자치체의 자치에 대하여 비교적 자세히 언급되어 있다. 이에 따르면 지방자치체는 당해 지역의 업무를 관장하고 예산을 수립집행하며 지방자치체세 혹은 부과금을 도입하고 당해 지자체의 자산을 관리하며 공공질서를 유지하는 등의 영역에 자치권을 허용하고 있다. 그러나 또한 헌법 제 71조, 130조에서 133조에는 국방, 철도, 통신 등에 대한 연방정부의 배타적권한을 명시하고 있으며 교육, 의료, 사회보장 등에 대한 문제는 연방정부와 연방구성주체간의 공동 책임으로 규정하고 있으나 지방자치체에 대하여는 당해 지역의 공공질서유지를 제외한 어떠한 직접적인 책무를 명시하지 않고 있다.

또한 1995년 지방자치체의 지방자치에 대한 일반 원칙에 대한 법률(Law on the General Principles of Organization of Local Self-Government in the Russian Federation) 제6조는 지방자치체의 업무영역을 한정하고 있으며 거주자에게 주거지를 제공하고 규모에 상관없이 자치를 할 권한을 부여하며 한 지방자치체가 다른 지방자치체에 종속되는 것을 금지하고 있으며 제36조는 연방구성주체가 지방자치체의 재정흑자를 환수하는 것을 금지하고 있음과 함께 자본시장에 거의 무제한적으로 참여할 수 있음을 허용하고 있다. 또한 제6조에는 지방자치체의 책무를 교육기관, 의료, 문화, 기타 지방자치체가 소유한 부문의 관리 책임을 명시하고 있으며 보다 더 자세히는 공공질서 유지, 화재예방, 도시계획, 토지 관리, 교통, 하위지방도의 건설 및 유지, 난방유공급, 쓰레기관리, 장례 및 묘역 관리 등의 업무를 명확히 하고 있다. 이와 같은 지방자치체의 책무 범위는 대체로 예산법(Budget Code) 84조에서 87조에 나와 있는 부문과 유사하다.

지방자치체의 지방자치에 대한 일반 원칙에 대한 법률(Law on the General Principles of Organization of Local Self-Government in the Russian Federation)이 2000년 8월 개정되어 지방자치체가 상급기관에 책임을 지도록 하였다. 이 수정안에 따르면 연방구성주체의 수장 혹은 러시아 연방 대통령은 인권침해 혹은 지방자치체의 조례가 연방법율 혹은 연방구성주체의 법률에 위배된다는 법원의 판단에도 불구하고 지방자치체의 장 혹은 지방자치체의 의회가 그 조례를 취소하지 않으면 지방자치체의 장 또는 지방자치체의 의회를 해고 또는 해산할 수 있도록 하였다.

1997년 '지방자치체의 재정에 관하여(On Financial Foundation of Local Self-Governments)'법은 연방구성주체는 지방자치체와의 공유세율 결정과정에서 주요한 세원에 대하여는 최저 공유세율을 지킬 것을 명문화하고 있다. 소득세의 최저 50%, 이윤세의 최저 5%, 부가가치세의 최저 10%, 주류 소비세의 최저 5%, 기타 제품의 소비세의 최저 10%, 시소유 공공재산의 사유화 수입의 최저 10% 등이다.

러시아 중앙정부의 재정집중화가 시도되었다. 법적기반으로는 세법(Tax Code), 예산법(Budget Code), 지방자치체의 재정에 대한 법률(Law on the Financial Foundations of Local Self-Government in the Russian Federation), 정부간 권한 배분 개혁에 대한 개념("Concept of Reform of Inter-Governmental Relations for the Demarcation of Jurisdictions and Powers)" 등이 있다. 이러한 법령들은 연방구성주체에 대한 연방정부의 우위를 명확히 하고 있다. 1997년의 지방자치체의 재정에 대한 법률(Law on the Financial Foundations of Local Self-

Government in the Russian Federation)은 지방자치체의 차용능력에 제약을 가하고 있다. 법률 13조는 지방자치체의 자산이 금융기관의 charter capital로 이전되는 것을 금지하고 있으며 동법 제16조는 채권은 투자목적으로만 발행될 수 있으며 지방자치체의 부채는 세출예산의 15% 이내로 제한함과 동시에 지방자치체의 차용은 중앙정부가 보증하고 있지 않음을 명시하고 있다. 연방구성주체나 지방자치체는 연방법률이 허용한 세금만을 징수 할 수 있으며 반드시 연방법률에 기초하고 있어야 한다.

예산법(Budget Code)은 지방자치체의 예산적자를 이전세입의 3%로 그리고 지방자치체의 총체적인 부채수준은 예산지출의 15%로 제한하고 있다. 이와 같은 중앙정부의 지방자치체의 예산에 대한 통제는 지방자치체의 정치적 자치를 통제할 목적을 가지고 있기도 하다.

지방자치체가 일부 하위지방세의 세율을 결정할 수 있어 지방자치체의 세입에 어느 정도의 자율성을 가진다고 볼 수 있으나 이것은 어디까지나 제한적일 수밖에 없다. 만약 지방자치체가 세수증대를 위하여 보다 높은 세율을 결정한다면 이는 다음해에 연방구성주체로 부터의 올해 보다 낮은 revenue sharing rate와 보조금을 받게 되는 상황에 직면하게 될 것이기 때문이다.

1999년 초 새로운 조세법이 도입되면서 지방자치체의 세원은 토지세, 광고세, 상속세, 개인재산세, 허가수수료와 연방구성주체와 연방정부와의 공유세가 중심을 이루게 되었다. 그러나 재산세와 토지세는 연방구성주체의 영향력하에 놓이게 되어 연방구성주체의 세입으로 편입될 수도 있는 상황에 놓이게 되었다. 즉 새로운 조세법은 연방구성주체에 지방자치체와의 공유세율 결정에 대한 보다 많은 권한을 부여한 것이다. 따라서 법적으로는 적어도 지방자치체의 자체수입은 보다 제한적이게 되었으며 따라서 교부금 등 이전소득에 보다 더 많이 의존하게 되었다. 이에 따라 지방자치체의 재정자치권은 상당한 제약을 받게 되었다.

4. 러시아 재정연방주의

1) 재정연방주의 연혁

러시아의 재정체계에서 지방자치체의 위상은 체제이행기부터 현재까지 크게 변화하였다. 1990년대 초반에는 지방소비에트제도가 폐지되고 지방자치체가 설치된 이후 지방자치관련 법제도가 정비되어왔다. 그러나 지방자치체의 권한과 재정문제가 분명하게 정비되지 못하여 지방자치체의 재원을 규칙에 의하기보다는 연방구성주체와의 협상에 의존하는등 불안정성을 가지고 있었다. 이러한 모습은 지방자치체를 일종의 연성예산제약조건하에 두는 것으로 90년대는 상대적으로 "큰 지방자치체"가 존재하고 있었다고 볼 수 있다.

1993년의 대통령령 '러시아연방의 공화국예산편성 및 연방주체와의 관계(On Forming Republican Budget and Its Relationship to the Subject of the Russian Federation)'은 기존의 1991년 Law on the Basic Principles에서 지방정부의 새로운 세목도입이 금지되었으나 이와 관련 조항을 삭제하여 지방정부가 각종 세금을 신설할 수 있게 되었다. 따라서 1994년부터 1997년 사이 연방구성주체와 지방자치체는 실제 연방법률에 명시된 이외의 그들 자신의 세목을 도입하는데 있어 실질적으로 아무런 제약을 받지 않게 되었다. 그러나 이 조항은 1996년 대통령령에 의하여 다시 폐지되었다.

연방구성주체와 지방자치체와의 재정관계는 연방정부와 연방구성주체와의 재정관계에 비하여 크게 변화된 것이 없다. 연방구성주체와 지방자치체와의 재정관계는 대부분 공유세율협상에 의하여 이루어진다.

1997년 지방자치체의 재정에 관한 법률(Law on the Financial Foundations of Local Self-government)에 따르면 연방구성주체와 지방자치체간의 재정관계에 있어 지방자치체를 위하여 최저공동세율을 명시하고 있는데 이 경우 최저공동세율은 각 지방자치체 개별적으로 이루어지는 것이 아니라 연방구성주체에 속하여 있는 모든 지방자치체에 평균개념으로 이루어진다. 지방자치체는 최저 50%의 개인소득세, 법인세의 5%, 부가가치세의 10%, 알코소비세의 5%, 기타 소비세의 10% 등을 유보할 수 있었다.

2000년대 들어서면서, 지방자치체의 재정에 관한 규칙이 본격적으로 구축되기 시작하였다. 2001년에는 처음으로 연방, 연방구성주체, 그리고 지방자치체 3자 간의 포괄적인 정부간 재정개혁 프로그램인「러시아연방의 2005년까지 재정연방주의 발전 프로그램」이 채택되었다. 이때 정부는 지방의 재정자립도를 높이는 것을 정책 목표로 하였으나, 지방의 재정책임과 강성예산제약조건의 창출에는 다소 시간이 필요할 것으로 예상하였다.

러시아 정부의 정책 방침은 2003년 10월「신지방자치법」에 의하여 재정의 중앙집권화를 지향하는 것이 분명하게 나타났다.

러시아 연방과 지방간의 재정관계는 2000년 이후 중앙집권화가 진행되어 현재까지 세수의 대부분이 연방수준에 집중되어있다. 반면 사회적으로 필요한 서비스는 대부분이 연방구성주체 혹은 지방자치체가 제공하고 있다. 예를 들면, 의무교육, 취학전 교육, 지역 병원 등은 기본적으로 지방자치체의 업무이며, 고령자 및 장애인을 위한 복지시설과 문화시설 도 연방구성주체 또는 지방자치체의 관할이다. 따라서 연방정부 차원에서 교사와 의사의 급여 인상이 결정되면 지방재정의 부담이 크게 늘어나게 되는 구조를 가지고 있다.

새로운 지방자치법은 그동안 모호하였던 지방자치체의 책임 범위를 명확히 하고 기능을 한정하였다. 주요한 변화는 지금까지 지방자치체의 임무였던 퇴역군인수당, 장애인 수당, 아동 수당 등 사회복지관련 지출과 교원의 급여, 저소득층에 대한 주택보조금 지급, 농업인에 대한 지원 등이 지방자치체에서 연방구성주체로 이관된 것을 들 수 있다.

2003년의 새로운 지방자치법이 도입되면서 2004년 지방자치체의 세원이 대폭 축소되었다. 지방자치체는 토지세와 개인자산세는 100%, 개인소득세의 30%, 통일농업세의 60%, 특정활동의 수입에 대한 통일세의 90%를 배분받았다. 그러나 2003년까지 지방자치체에 배분되었던 기업이윤세금에 대한 부가세가 폐지되었고, 기업자산세의 지방자치체로의 배분이 또한 폐지되었다. 특히 기업이윤세는 지방자치체에 있어 개인소득세 다음의 큰 세원이었기 때문에 폐지의 영향은 매우 크다고 볼 수 있다.

2) 연방재정주의하의 세원배분

연방구성주체와 지방자치체는 현재 독자적인 조세기구가 없기 때문에 모든 납세는 연방 국세청의 하위지방 사무소에 의하여 이루어지고 있다. 징수된 세금중 지방자치체 혹은 연방구성주체에 배타적으로 할당된 부분은 할당된 지방자치체 혹은 연방구성주체로 이전되며, 배타적인 연방세와 공동세는 연방재무부의 지방정부 지점으로 이전된다. 따라서 지방에 소재하고 있는 연방재무부의 지점이 공동세를 정해진 공동세율에 따라 각 급 지방정부에 할당하는 것이다.

이와 같은 러시아의 중앙정부와 지방정부간의 세원배분방식은 중앙정부가 모든 조세의 과세권을 가지고 세입을 지방정부에 배분하는 방식에 속한다.[8]

---

8) 이 제도는 중앙정부가 조세를 국세 ·지방세로 구분하지 않고 전부 징수한 다음 이를 지방자치단체에 배분하는 형태이다. 지방자치단체에 배분하는 방식은 교부금 ·보조금 ·전체세입의 공유 또는 특정 세목의 공동세 등 다양한 방법을 취하게 된다. 이 방식의 결점은 과세권과 재정지출의 책임이 분산되어 있기 때문에 방만한 재정지출로 인한 낭비가 크다는 점이다. 지방자치단체가 자율적 과세권을 갖고 있을 때에는 그에 상응하는 재정책임으로 인해 효율적 재정이 이루어지도록 노력을 하게 되나, 중앙정부가 배정하는 세입으로 재정을 꾸려나가는 경우에는 낭비적

러시아의 국세청 연혁

1990년 1월 당시 소련정부는 재무부내에 Chief State Tax Inspectorate를 설치하고 하위 행정기관에도 State Tax Inspectorates를 설치하였다. 2년 후 State Tax Service가 재무부로 분리하여 정부 및 대통령에 직속하게 되었다. State Tax Service는 본청과 89개의 행정주체에 State Tax Inspectorates, 그리고 시, 군, 구 등에 약 3000개의 Territorial Tax Inspectorates를 설립하였다. 또한 1992년 Chief Administration of Tax Investigation이 88개의 행정주체에 설립되었고 1993년 Chief Administration은 독립적인 법 집행기관인 Federal Service of Tax Police로 전환되었다. 이 FSTP는 조세 사기 및 불법 경화거래 등 불법행위의 조사임무를 가지고 있다.
1999년 State Tax Service는 Ministry of Taxation로 전환하였다. 1999년 3월 이후 Ministry of Taxation 은 납세자 통합국가등록처(Unified State Register of Taxpayers)를 운영하면서 개인들에게 납세자식별번호(Taxpayer Identification Numbers)를 부여하고 있다. 2002년 1월 이후 Ministry of Taxation는 단일사회세로 통합된 사회보장기금의 징수를 담당하게 되었으며 2003년 2월 Federal Tax Police가 폐지되고 그 기능이 내무부로 이관되면서 조세 행정의 보다 일원화 되게 되었다.

또한 현행 러시아 연방법률에 따르면 어떠한 정부조직도 조세기본법에 명시되어 있는 이외의 새로운 세금을 도입하는 것을 허용하지 않고 있다. 조세기본법에 따르면 러시아연방의 세금은 연방세, 연방구성주체세, 지방자치체세의 3부분으로 나누어지며 연방세에는 부가가치세, 소비세, 관세, 기업소득세, 천연자원채굴세 및 로얄티, 개인소득세, 사회세 등이 있다. 여기서 주목할 부분은 각급 행정기관의 조세자치권에 관한 것이다. 즉 어떠한 세금이 연방구성주체세 혹은 지방자치체세로 분류되었다고 하더라도 연방구성주체 혹은 지방자치체가 독자적으로 세율 등을 결정할 수 있다는 것은 아니다.

세목중 할당(assigned)이라고 명시된 세금의 세입분할은 법률에 정하여져 있

요소가 많아지게 된다(flypaper effect). 또 자치단체는 중앙정부보다 지역의 여건과 주민들의 행정수요를 잘 파악하여 이를 지방행정에 효율적으로 반영시킬 수 있도록 지방재정 설계를 할 수 있고, 지방세를 내게 되는 주민들도 이를 감시·통제할 수 있어 효율적 재정수행이 이루어지나 이 방식은 이러한 요소를 결하고 있다. 이 방식의 또 하나의 결점은 중앙정부가 빈번하게 자의적으로 지방자치단체에 배정되는 교부금 등을 삭감하기 때문에 안정적인 지방재정의 운영이 어렵다는 점이다. http://tax.daejeon.go.kr/local_tax/local_tax_03_01.htm;jsessionid=44F107D50235D30D15C96659D52AD199 참조.

으며 조정(regulated)이라고 명시된 세금의 세입분할은 상급행정기관에 의하여 결정된다. 개인소득세와 상품소비세 및 2001년까지 부가가치세는 연방정부와 이들 세금의 징수가 이루어지는 연방구성주체와 세입분할이 이루어진다. 천연자원채굴로얄티는 징수가 이루어지는 연방구성주체와 그리고 2002년 까지는 지방자치체까지 할당이 된다. 이외 지방정부는 연방세인 기업소득세에 연방구성주체를 위하여 최고 17%, 지방자치체를 위하여 최고 2%의 할증금(surcharge)을 부과할 수 있다.

여기서 주목할 부분은 현행 러시아 법률에 따르면 연방구성주체가 지방자치체에게 세금 징수권을 양도할 수 없다는 것이다. 따라서 연방구성주체가 지방자치체에게 재정지원을 하는 방법은 크게 두 가지가 있을 수 있다. 첫째는 조정세입분할로 보조금(subvention) 형태의 지방정부간 자유재량적 이전(discretionary transfer)이며 둘째는 지방자치체가 연방구성주체의 세금 혹은 연방세의 연방구성주체 세입 부문에 일정부분의 장기적인 권리를 통하여 이루어진다. 따라서 지방자치체는 조정세입분할(regulated revenue sharing)과 연방구성주체로부터 지방정부간 보조금에 크게 의존함을 알 수 있다.

세원을 중앙정부와 각 급 지방정부사이에 배분하는 방식은 크게 두 가지로 나누어 볼 수 있는데 첫째는 세원분리방식(Tax base separation system)으로 각 급 정부에 독립된 세원을 분리하여 배분하는 방식이다. 이 방식은 각 급 정부간 세원의 중복과세를 방지하여 특히 지방정부의 과세자주권을 확보할 수 있는 장점이 있다. 둘째는 세원공동이용방식(tax base sharing system)으로 특정한 세목에 대하여 중앙정부와 각 급 지방정부가 공동으로 과세하고 그 징수한 세수입을 일정한 비율로 배분하는 방식이다.

구세법하에서의 세원배분

1991년 12월 27일 구연방세법인「러시아연방의 기본적 조세제도」가 제정되어, 연방세(관세, 부가가치세, 소득세, 법인세, 상속세 등), 연방구성주체세(법인자원세, 입업세, 공업용수사용료), 지방세(고정자산세, 토지세, 도박업세 등)의 세원구분이 이루어졌다.

1991년 조세기본원칙에 관한 법률(Law on the Basic Principles of the Tax System)에 따르면 부가가치세, 관세, 소비세 등은 연방정부에 귀속되어 지방정부와 공유를 할 수 없게 하였다. 그러나 개인소득세 와 법인세는 연방정부에 귀속되나 지방정부의 재정수입에 사용할 수 있도록 하였다. 특히 부가가치세는 부가가치세가 징수되는 지역을 근거로 지방정부와 공유되어서는 안된다. 왜냐하면 부가가치세가 징수되는 지역과 실제 부가가치가 발생되는 지역이 반드시 일치하는 것은 아니기 때문이다. 따라서 부가가치세는 모두 연방정부에 귀속되어야 한다. 그러나 실제로는 연방구성주체의 강력한 저항, 특히 부가가치세의 공유금지는 강력한 저항에 부딪혀 1991년 법은 잘 지켜지지 않았다. 특히 1992년 타타르스탄(Tatarstan)공화국, 바쉬코르토스탄(Bashkortostan)공화국, 사하(Sakha)공화국 등은 불법적으로 재정주권을 선언하여 모든 징수된 세수를 보유하면서 연방정부와 단일지불 문제를 협상하였다. 체첸은 연방정부에 어떠한 세금도 지불하지 않았으며 다른 24개 연방구성주체 역시 적어도 부분적으로 징수된 세수를 보유하였다. 공유세 가운데 부가가치세와 법인세는 다소 문제점을 노출하였다. 여러 지역에서 운영하는 기업의 경우 한 지역에서는 부가가치세에 대하여 credit를, 다른 지역에서는 debit를 하는 경우가 발생하고 법인세의 경우 법인이 등록한 지역에 납부되나 실제 경제활동이 이루어지고 있는 지역에는 배분되지 않는 문제가 있는 것이다.

연방구성주체와의 세입공유에 있어 '협상접근법'은 1994년부터 상당한 변화를 겪게 된다. 1994년부터 공유세율은 러시아 전 지역에 표준화되었으며 이후 이와 같은 형태는 지속적으로 유지되었다. 특히 1994년의 연방예산법은 1994년에 적용된 표준화된 단일 공동세율은 1998년까지 지속되어야 함을 명시하고 있었다. 이에 더하여 관세, 수입품, 에너지, 귀금속 등에 대한 부가가치세 및 알코올 생산 면허수수료 등은 모두 연방정부 세입에 속하였다.

그러나 1995년과 1996년 연방정부에 귀속되는 개인소득세의 10%는 주택, 사회문화 자산의 유지 보수를 위하여 지방정부에 배정하도록 지정되었다. 그러나 대부분의 경우, 지방정부에 배정된 기금은 연방정부에 귀속된 개인소득세의 10%와 거의 일치하여 1997년부터 다시 개인소득세는 전부 연방구성주체 세입으로 귀속되었다.

1994년에 도입된 표준화된 단일 공동세율로 인하여 기존의 정부간 재정관계에 일대 변혁을 가져왔다. 이제 더 이상 공동세율이 지역간 균등화목적을 위하여 사용될 수 없게 되었기 때문이며 대신 공식구동화 균등화이전제도가 도입되었기 때문이다.

그러나 여전히 예산에 반영되어 지지 않았으며 투명치 못한 이전지출의 형태로 정부간 협상의 여지가 남아있는 부분이 계속 존재하였다. 바로 상계(mutual settlement)라는 것이며 이와 함께 앞서 언급한 1994년부터 시작된 연방정부와 연방구성주체와의 쌍무협정으로 인하여 쌍무협정 참여 지역들이 보다 높은 세율을 적용받음으로 인하여 표준화된 단일공동세율제도가 큰 위협을 받게 되었다.

현행세법의 세원배분

현행세법은 1998년 7월에 제1부가 제정되어 1999년 1월에 시행되었으며, 2000년 8월에 제2부가 제정되어 2001년 1월에 시행되었다. 현행세법에는 관세,

부가가치세, 물품세(주세 및 연료세포함), 천연자원사용료, 소득세, 법인세, 인지세 등이 연방세로, 운수세, 법인자산세(환경보전료), 매상세, 도박업세 등 4가지가 연방구성주체세로, 그리고 토지세, 고유자산세, 광고세가 지방세로 구분되어있다. 따라서 구세법에 비하여 세목이 간소화되었으며 연방세법의 규정범위에서 세율조정이 가능해졌다.

1999년 1월 26일에 개최된 「연방관계 발전문제에 관한 전러시아회의」에서 국가통합에 방해가 되는 여러 문제가 제기되었으며 이후 「러시아연방 국가권력기관 및 러시아연방 구성주체 권력기관 상호간의 관할사항, 권한구분의 원칙 및 수속에 관하여」라는 연방법이 제정되었다. 따라서 기존의 러시아연방 및 러시아연방구성주체간 체결되었던 「권한구분조약」이 효력을 상실하게 되어 연방법에 모순된 연방구성주체법의 개정이 진행되었다. 물론 이러한 배경에는 경제상황의 호전도 큰 역할을 하였다. 즉 러시아경제가 1998년까지 1997년을 제외하고는 마이너스성장을 하였으나 1999년 이후 천연자원산업의 호조로 플러스성장을 보여주었다. GDP성장율은 1999년 5.4%, 2000년 8.3%, 2001년 5.0%, 2002년 4.3%, 2003년 7.3% 였으며 이와 함께 2000년 이래 천연자원이용료수입이 전년대비 2배 이상 급증하였다. 동시에 러시아연방정부구성주체의 재정도 호전되었다.

1998년 제정된 조세법에 따르면 부가가치세, 개인소득세, 법인세, 소비세 등은 연방구성주체와 공유하는 연방세로 분류되었다.

1998년 조세법에 따라 연방구성주체는 세수를 확대할 수 있게 되었다. 연방구성주체는 일반적인 상품에 대하여 최고 5%의 최종판매세를 도입할 수 있게 되었다. 또한 연방구성주체에 서구식 부동산세가 도입되었다. 부동산세가 도입되면 기존의 토지세, 개인재산세, 법인재산세와 택일 할 수 있게 된다.

조세수입의 집중화는 더욱 강화되었다. 하위지방자치단체는 2000년 부가가치세, 2001년 소득세를 상실하였으며 2002년에는 법인세율이 기존 5%에서 2%

로 낮추어졌다. 또한 1999년 하위지방자치단체의 세입수입의 약 14%를 차지하였던 주택유지관리세의 징수권을 상실하였다. 그 대신 하위지방자치단체는 최대 5%의 법인세 부가세를 부과할 권리를 가졌다.

2004년 1월에 판매세가 폐지된 후 연방구성주체세는 기업자산세, 임업세, 교통세, 도박세, 등이 있다. 임업세를 제외한 모든 연방구성주체세는 지방자치체의 조정 재원이다. 따라서 연방구성주체는 이들 재원을 협상이나 적절한 비율로 지방자치체와 세입분할 할 수 있다.

연방구성주체의 조세자주권은 다소 신장되었다. 예를 들면 법인세의 경우 연방법인세율 13%외에 연방구성주체는 0%에서 22%의 범위내에서 연방구성주체의 부가세를 징수할 수 있게 되었으며 특정 투자자에게는 세금공제 혹은 세금혜택을 허락할 수 있게 되었다. 더욱이, 연방정부의 허용 범위 내에서 연방구성주체는 기업재산세 및 개인재산세율 결정할 수 있게 되었다. 이외에도 연방정부의 지침에 따라, 연방구성주체는 산림세, 수자원세, 환경세, 휴양지 수수료, 교통세, 면허수수료, 광고세 등의 세율을 결정할 수 있었다.

지방자치체는 2가지의 거래세를 도입할 수 있다. 첫째는 기업이 포기한 주택 및 사회간접자본에 대한 재원을 마련하기 위한 주택유지세로 1.5%의 세율까지 부과 할 수 있으며 둘째는 최대 2.5% 세율의 도로세로 하위지방도의 재원을 위하여 부과 할 수 있으며 최대 1%의 교육세를 부과할 수 있다.

기업이윤세

기업이윤세는 그동안 세율, 연방예산과 지역예산에 대한 배분비율 등이 지속적으로 수정되어 왔다. 세율은 처음에 32%로 1992년 1분기에는 연방예산에 17%가 배분되었으나 1992년 2사분기부터 4사분기까지는 13%, 1993년에는 10%가 연방예산에 배분되었다. 그러나 세율은 1994년부터 35%로 인상되었고 연방예산에 13%, 연방구성주체예산인 지역예산에 22%가 배분되었다. 그 후 기업의 조세부담경감대책의 일환으로 세율이 1999년 4월에 30%로 인하되었고 연방예산에 11%, 지역예산에 19%가 배분되었다.

2016년 9월 현재 기업이윤세는 최고세율 20%로 연방세가 2%, 지역세가 18%이며 연방구성주체인 지역정부는 지역세율을 4.5% 인하할 수 있다.

부가가치세

부가가치세는 러시아에서 가장 중요한 간접세로 1992초부터 도입되었다. 세율은 처음에 일율적으로 28%였지만 너무 높다는 비판이 많아 1992년 2월에 일부 식료품의 세율을 15%로 인하하기도 하였다. 세율은 1993년 초부터 20%로 인하되었으며 식료품 및 어린이용 제품에 대하여는 10%로 되었다. 그 후 세율 자체는 변경이 되지 않았지만 10% 세율이 적용되는 품목은 경제정책 및 경제상황에 따라 지속적으로 수정되어 왔다.

부가가치세의 연방예산과 지역예산의 배분비율 역시 지속적으로 바뀌어 왔다. 1992년 1사분기에는 지역예산에 대한 배분비율이 지역에 따라 1%에서 100%까지 상이하였으나 2사분기에는 일률적으로 20%가 되었다. 그러다 다시 3사분기 및 4사분기에는 지역에 따라 20%, 25%, 30% 중 하나가 적용되었다. 1993년부터 1994년 1사분기까지는 원칙적으로 20%였지만 실제 20%가 적용된 연방구성주체는 89개중 24개에 불과하였으며 57개 연방구성주체에 50%, 8개 연방구성주체에 22%에서 48%의 비율이 배분되었다. 이러한 연방구성주체별 배분비율의 차이는 각 지역에 대한 연방정부의 재정지원을 의미한다고 볼 수 있을 것이다.

1994년 2사분기에 부가가치세를 재원으로 지역재정지원기금이 도입되었으며, 부가가치세의 연방구성주체 즉 지역에 대한 배분비율은 일률적으로 25%

가 되었다. 이러한 연방예산에 75%, 지역에 25%의 배분비율은 1999년 1사분기까지 유지되었다. 1999년 2사분기부터 배분비율이 85%대 15%로 바뀌었으며 2001년부터 부가가치세는 100% 연방예산에 배분되었다.

2016년 9월 현재 부가가치세의 세율은 18%이나 특정식품, 어린이 용품, 의약품, 특정 서적 등에 대하여는 10%의 세율이 적용된다. CIS 국가로의 석유, 천연가스 수출을 포함하여 CIS를 포함한 외국으로 상품, 서비스의 수출에 대하여는 부가가치세가 부과되지 않는다.

물품세

물품세의 대상 품목은 고급품과 석유·가스의 두 부문으로 나누어 볼 수 있다. 고급품은 주류, 기호품, 승용차, 가솔린 등이며 석유·가스의 경우는 수출가격과 수출관세에 따라 세율이 바뀌어져 왔다.

석유의 물품세는 1992년 9월에 18%의 종가세가 도입되었다. 그러나 동년 11월부터 생산조건 등을 고려하여 석유채굴회사마다 각기 상이한 세율이 정하여졌으며 기본적으로 1999년 말까지 이러한 방식이 지속되었다.

석유의 물품세는 1994년 5월 종량세로 개정되어 1톤당 14750루블, 1995년 4월 1톤당 39200루블로 대폭 인상되었으며 특히 1996년 7월에 석유수출관세가 폐지된 이후에는 이를 반영하여 석유물품세가 대폭 인상되었다. 석유수출관세율이 대폭 인하된 1996년 4월에 1톤당 55,000루블로 인상되었다가 석유수출관세가 폐지된 1996년 7월에 1톤당 70,000루블로 대폭 인상된 것이다.

1998년 러시아 모라토리움이후 러시아 루블화의 가치가 폭락함에 따라 1999년 초부터 석유의 수출관세가 다시 도입되고, 국제 석유가격도 폭등함에 따라 석유에 대한 물품세도 빠르게 인상되었다. 석유의 물품세는 2000년 1월에 세율이 통일되어 1톤당 55루블로 그리고 2001년 1월에 1톤당 65루블로 인상되었다.

가스의 물품세는 1993년 8월에 세율 15%의 종가세로 도입되었다. 세율은 1995년 3월부터 25%, 동년 9월부터 30%로 인상되었다. 1998년 러시아 모라토리움이후 1999년 1월부터 가스의 물품세는 15%로 인하되었다.

물품세의 연방예산과 연방구성주체 즉 지역에 대한 배분비율은 석유, 가스, 승용차, 석유제품, 에틸알콜은 100% 연방예산에 배분되었으며 보드카, 리커류 등은 연방예산과 지역예산에 50%씩 각각 배분되었다. 그 밖의 품목은 지역예산에 100% 귀속되었다.

개인소득세

개인소득세도 1992년 초부터 도입되었다. 개인소득세율은 기본세율이 12%로 누진세방식이었으며 1998년까지 기본적으로 유지되었다.

개인소득세는 기본적으로 1998년까지는 연방구성주체 즉 지역예산에 100% 귀속되었다. 그러나 1994년에 지방에 이관된 사회분야시설 및 주택유지비 충당을 위해 1995년부터 1996년까지 한시적으로 개인소득세의 10%가 연방예산에 배분되었다. 1999년에 3%의 고정세율과 9~42%의 누진세율이 도입되어 고정세율은 연방예산에 그리고 누진세율 부분은 지역예산에 귀속되었다. 2000년에는 기본세율 12% 그리고 3부분의 소득계층에 대한 누진세율이 적용되었으며 16%가 연방예산에 그리고 84%가 지역예산에 배분되었다. 2001년에 세법이 전면개정되면서 누진세가 폐지되고 13%의 세율이 일률적으로 적용되었으며 연방예산에 1% 그리고 지역예산에 99%가 배분되었다.

2016년 9월 현재 러시아의 개인소득세는 소득의 종류에 따라 13%, 15%, 30%, 35%의 4종류의 세율이 있다. 러시아의 세제상의 거주자가 수령하는 소득에는 13%, 거주자 및 비거주자 여부와는 관계없이 연방법율 115-FZ에 규정된 "고도의 전문성을 가진 자"가 수령하는 급여소득에도 13%, 비거주자가 수령하는 배당소득에는 15%, 비거주자가 수령하는(배당이나 앞서 언급한 "고도의 전문성을 가진 외국인"이 수령하는 급여소득 제외) 모든 과세소득에는 30% 그리고 고금리 예금이자 나 특정 상금 등에는 35%의 세율이 적용된다.[9]

기업재산세

2016년 9월 1일 현재 러시아 법인, 러시아에서 항구적 시설 즉 고정사업장을 통하여 활동하는 외국법인 그리고 러시아에 부동산을 보유하고 있는 외국법인은 재산세를 납부하여야 한다. 각 연방구성주체는 2.2%를 상한으로 세율을 제정할 수 있다. 그러나 부동산의 경우, 세율상한은 2%이다. 모스크바시의 경우, 부동산 재산세율은 2016년 1.3%, 2017년 1.4%, 2018년에는 1.5%이다.

3) 교부금(Transfer)

연방구성주체의 최소세출예산이 러시아 재무부와의 협의 하에 결정되면 연방구성주체의 예상 자체 재정수입과 재무부와의 협상에서 결정된 공유세율에 따른 공유세입이 결정되며 여기서 당해 연방구성주체가 예산부족이 예상되면 연방정부로부터 "교부금" 혹은 일괄이전(lumpsum transfer)이 이루어진다. 하위 지방자치단체의 예산 역시 이와 같은 방식으로 이루어진다. 따라서 교부금은 지방정부의 예산에 매우 중요한 역할을 하고 있다.

1992년과 1993년 대부분의 교부금은 자체세입 및 공유세입이 최저 세출예산을 충족하지 못하는 지역에 이전되는 협상보조금이었다. 1994년 러시아 정부는

9) 2010년 7월 1일부터 고도의 전문성을 가진 외국인(High Qualified Specialists) 개념이 도입되었다. 이 개념은 러시아 고용주가 월 167,000 루블 이상을 지불하는 외국인을 의미한다. 이들에 대한 노동허가 및 취업비자의 기간은 최장 3년이며 3년 연장 할 수 있다.

새로운 공식구동화 균등화 교부금제도를 도입하였으나 지방정부와의 정치적 협상은 여전히 남아 있었다.

1994년에 새로이 도입된 균등화 보조금제도인「연방구성주체재정지원연방기금(Федеральный фонд финансовой поддержки субъектов Российской Федерации: FFSR)」은 연방구성주체간의 재정조정이 주목적인 기금으로 "재정지원필요지역(Regions in Need of Financial Assistance)"과 "부가적인 재정지원 필요 지역(Regions in Need of Additional Financial Assistance)"로 이루어져 있다.[10]

연방구성주체재정지원연방기금은 매년 연방예산에 반영되며 기금을 연방예산에 반영하는 방식 또한 매년 변경될 수 있다.

1994년에는 FFSR 기금은 부가가치세의 연방공유분의 22%로 정하여 졌으나 1995년에는 27%로 인상되었다. 1996년과 1997년에는 수입관세를 제외한 모든 연방세의 15%와 개인소득세의 연방공유분의 10%로 바뀌어 졌다. 1998년에는 15%에서 14%로 낮아졌다.

1997년의 경우 FFSR 교부금을 결정하기 위하여 주로 생계비의 차이를 반영하기 위하여 러시아는 3그룹으로 나뉘어졌다.[11] 먼저 "재정지원필요지역"에 따라 각 그룹내의 지역 중, 수정된 일인당 세입이 그 그룹 평균의 92% 미만인 지역은 균등화보조금을 받게 된다. 그 다음 균등화보조금 금액은 할당된 균등화기금에 각 지역의 비율을 곱하여 결정된다. "부가적인 재정지원 필요지역" 부분은 1997년의 경우 1991년을 기준년도로 한 세출자료에 기초하여 만들어 진다. 1996년까지는 세출수요를 측정하기 위한 기준연도는 1993년이었으나 1997년에는 전년도의 세출자료가 보다 더 현실적인 자료로 간주되었다.

그러나 기준연도의 1인당 실질세입징수와 실질 세출자료를 사용함으로써 재

10) 영어로는 Fund for Financial Support of the Regions로 약칭으로는 FFSR로 쓰기도 한다.

11) 1996년과 그 이전에는 생계비를 반영하기 위하여 11개의 그룹으로 나뉘어졌다.

정능력과 세출수요를 적절하게 반영하지 못하는 단점이 있다. 예를 들면 1991년의 세출이 1997년의 지출수요를 반영한다고 가정하는 것은 비현실적인 것이다. 또한 생계비의 차이를 반영하기 위하여 러시아 전역을 3개의 그룹으로 나눈 것은 일단 합리적인 것처럼 보이나 이것은 그룹간 격차를 고착화시키는 결과를 초래할 수 있는 위험이 있다.

상계(mutual settlements)는 FFSR을 포함한 모든 교부금의 약 1/4, 비균등화 보조금의 약 3/4을 차지하고 있다. 그 외 교부금으로는 포괄보조금(block grant) 및 보조금(subsidies)이 있는데 모든 비균등화보조금의 1/4, 모든 교부금의 약 1/10 정도를 차지하고 있다.

기타 교부금으로는 러시아 수도 역할을 하는 모스크바시에 대한 교부금, 북쪽지역에 대한 교부금, 군산복합단지로서 안보상 매우 중요한 소위 "폐쇄형 도시(closed city)"에 대한 교부금 등이 있다.

그러나 1994년에 도입된 FFSR은 1999년에 보다 단순화된 균등화공식으로 수정되었다. 새로운 제도의 핵심은 일인당 세입을 표준화하기 위하여 세출예산 혹은 지출수요의 지수를 사용한다는 점이다. 따라서 새로운 균등화공식에 따르면 균등화교부금은 표준화된 일인당 세입이 결정된 기준치 이하인 지역에 배분된다.

세입측정, 세출예산 측정, 각 지역의 재정능력은 지출수요지수에 의해 표준화된다. 표준화된 1인당 평균세입 이하인 지역은 균등화 교부금을 수령할 수 있다. 그러나 만일 기금이 충분하지 못하여 균등화 교부금을 수령할 지역이 교부금을 수령할 수 없는 상황이 초래되면 균등화기준은 가장 빈곤한 지역이 기준수준까지 도달할 수 있을 때까지 점진적으로 낮게 조정된다. 이 새로운 공식의 가장 중요한 점은 재정능력과 재정수요의 측정으로 1인당 세입을 재정능력의 대리변수로 사용하고 있다. 1999년의 경우 1인당 세입은 1997년 실질 징수 통계에 기초하여 작성되었다.

4) 재정연방주의의 문제점

일반적으로 자치단체의 과세자주권을 인정하여 지방자치단체에게 많은 세목을 인정하는 국가도 있고 중앙정부가 세목을 집중적으로 보유하여 징수하고 그 중 일부를 다양한 지방재정조정제도를 통하여 각 자치단체에 배분하는 국가도 있다. 즉 지방자치단체가 지방세로서 자체적인 재원을 확보하는 정도에서 차이가 나는 것이다.

또한 지방정부의 세입자주권은 단순히 자체수입의 증가만으로는 이루어지지 않는다. 보다 중요한 것은 세목이나 세율에 대한 독립적인 권한을 어느 정도 가지느냐가 중요하다. 그러나 러시아의 경우 조세수입은 많은 경우 연방구성주체나 지방자치체에 공유되어 있으며 세율과 세목은 연방법률에 의하여 결정되거나 혹은 제약을 받고 있다.

재정수입의 할당문제는 연방구성주체 및 지방자치체에 매우 중요한 문제였다. 이미 살펴본 바와 같이 징수세액을 기본으로 한 세수공유는 러시아에서 매우 중요한 지방정부의 재원이다. 그러나 지방정부의 세수공유에 대한 과도한 의존은 많은 문제점을 내포하고 있다. 첫째, 세수공유는 공공지출의 수익과 비용의 상관관계에 부정적인 영향을 미친다. 지방정부는 중앙정부와의 세수공유에 보다 많이 의존함으로서 자체 세원을 발굴할 동인을 갖지 못하게 되는 것이다. 특히 징수세액을 기초로 한 세수공유는 법인세(CIT)의 경우 보다 큰 문제점을 가지고 있다. 이중 가장 큰 문제점은 법인세의 세원이 다른 어떤 세목보다 지역간 불균등하게 분포되어 있기 때문에 지역에 수평적 재정불균등을 증대시킬 가능성이 높기 때문이다.

누진세인 개인소득세의 경우 100% 연방구성주체에 귀속되어서는 안된다. 왜냐하면 누진소득세의 목적에 비추어 전국가적인 재분배의 필요성 때문이다. 따라서 누진세인 개인소득세를 연방세로 편입시키는 대신 지방정부는 일정 범위 내에서 부가적인 소득세를 도입할 수 있는 권한을 허용하는 것이 보다 바람직할 것이다. 법인세의 경우 현재는 법인이 등록한 지역에 납부된다. 그러나 다지역기업은 기업이 운영되는 각 지역에 세금을 납부하도록 하여야 한다.

공유세입은 주로 부가가치세, 법인세(EPT), 개인소득세, 소비세의 세입으로 구성되며 법률이 정한 비율에 따라 연방정부와 연방구성주체사이에 분배되어 진다. 비록 연방구성주체나 지방자치체가 세원 혹은 세율에 대한 권한이 거의 없거나 존재하지 않는 다 하더라도 만일 당해 지방정부에 영구히 배분된다면 그 세목은 당해 지방정부의 자체 재정수입으로 볼 수 있을 것이다.

안정화기금

안정화기금은 2003년 12월 23일 수립되어 2004년 1월 1일부터 발효되었다. 러시아정부는 급증하는 석유수입과 이로 인한 과도한 경상수지흑자문제를 해결하기 위한 주요한 정책수단으로 안정화기금을 활용하였다. 안정화기금은 석유수출세와 광물추출세에서 조성되었다.

'준비기금(Reserve Fund)'는 연방예산지출을 보장하고 원유 및 천연가스 세입이 감소할 경우 연방예산수지균형을 유지하도록 하기 위하여 만들어 졌으며 인플레이션의 압력을 감소시키고 국가경제를 외부의 변동성으로부터 보호하여 러시아 경제발전의 안정성을 유지하기 위해 고안되었다. 이 '준비기금'은 '안정화기금'을 대체한 것이지만 기금은 원유의 생산 및 수출뿐만이 아니라 천연가스의 생산 및 수출 그리고 석유제품의 수출로 인한 세입도 포함되어 있다.

2008년 이후 원유 및 천연가스 세입은 연방예산의 나머지 세입과 별도로 관리되었다. 연방예산의 원유 및 천연가스 세입은 원유 및 천연가스 생산세, 원유

수출관세, 천연가스수출관세, 석유제품수출관세로 구성되어 있다.[12]

매년 원유 및 천연가스 연방세입의 일부가 '원유 및 천연가스 이전'이라는 항목으로 연방예산지출에 포함된다. 이때 '원유 및 천연가스 이전'의 규모는 당해 연도 및 계획기간의 연방예산법률에 따라 결정되며 당해 연도의 예상 GDP의 비율로 표시된다. 즉 2008년의 경우 6.1%, 2009년의 경우 5.5%, 2010년 4.5%, 그리고 2011년 이후에는 3.7%이다.

이때 '원유 및 천연가스 이전'이 완전히 집행되고 난 이후에 남아있는 원유 및 천연가스 세입은 '준비기금'에 적립하게 된다. 그러나 '준비기금'의 규모는 당해 연도 예상 GDP의 10%까지 연방예산법률에 따라 결정되며 남아 있는 원유 및 천연가스 세입이 '준비기금'의 최대치를 초과하게 되면 초과하는 부분은 '러시아국가복지기금(National Wealth Fund)'로 이전하게 된다.

즉 원유 및 천연가스 수입 중 당해 연도 GDP의 3.7%에 해당하는 금액은 러시아연방 예산으로 직접 이전되며, 연방예산이전 후 나머지 수입 부문은 GDP의 10%에 이르는 금액까지 준비기금으로 편입되며, 이 준비기금은 이후 연방예산 적자를 보전하거나 부채를 청산하는데 사용된다. 준비기금으로 편입하고도 남은 원유 및 천연가스 수입은 전액 국가복지기금으로 편입되어 주로 연금지급에 사용되는 것이다.

준비기금

날짜	10억 달러	10억 루블	GDP대비 %
01.06.2017	16.50	932.70	1.1%
01.01.2017	16.03	972.13	1.1%
01.12.2016	31.30	2 032.70	2.4%
01.01.2016	49.95	3 640.57	4.2%

12) http://www1.minfin.ru/en/reservefund/accumulation/ 검색일: 2010년 2월 12일.

01.01.2015	87.91	4 945.49	5.9%
01.01.2014	87.38	2 859.72	4.0%
01.01.2013	62.08	1 885.68	2.8%
01.01.2012	25.21	811.52	1.4%
01.01.2011	25.44	775.21	1.7%
01.01.2010	60.52	1 830.51	4.7%
01.02.2009	137.34	4 863.80	12.5%
01.01.2009	137.09	4 027.64	9.8%
01.09.2008	142.60	3 504.62	8.5%
01.02.2008	125.19	3 057.85	7.4%

출처: http://old.minfin.ru/en/reservefund/statistics/volume/

러시아 준비기금은 설립당시인 2008년 2월 1일 기준 약 1252억 달러에 GDP 대비 7.4%에서 2008년 9월 1일 1426억 달러로 역대 최대치를 기록하였으며 이때 GDP대비 8.5%를 기록하였다. GDP대비 최대치를 기록한 것은 2009년 2월 1일로 12.5%를 기록한 것이 최대치이며 이때 1373억 달러의 준비기금을 보유하였다. 그러나 2017년 6월 1일 현재 준비기금은 167억 달러로 2008년 9월의 최대치에 비하여 약 12%에 불과하며 GDP대비는 1.1%에 불과하다.

러시아의 우크라이나 크림반도 병합으로 서구의 경제제재가 있었던 2014년을 기준으로 보면 2014년 말 879억 달러의 약 19%에 불과하다. 특히 2015년 1월 1일부터 2017년 1월 1일까지 지난 2년 동안 약 719억 달러가 연방정부의 재정적자를 보전하는데 사용되면서 준비기금은 급격히 감소하였다. 이렇게 급감한 러시아 준비기금은 급기야 2017년이면 완전 고갈될 것이라는 러시아 재무부장관 안톤 실류아노프(Anton Siluanov)의 예측도 있다. 또한 실류아노프는 일정은 분명하지 않지만 러시아정부는 준비기금과 국가복지기금을 통합할 예정이라고 밝히고 있다.

러시아 국가복지기금은 러시아연방 재무부의 발표에 따르면 러시아연방의 연금제도를 지원하기 위한 것이 주목적이다.

날짜	10억 달러	10억 루블	GDP 대비 %
01.06.2017	74.18	4 192.30	4.8%
01.01.2017	71.87	4 359.16	5.0%
01.01.2016	71.72	5 227.18	6.1%
01.01.2015	78.00	4 388.09	5.3%
01.12.2014	79.97	3 944.12	5.0%
01.11.2014	81.74	3 547.02	4.5%
01.10.2014	83.20	3 276.79	4.1%
01.06.2014	87.32	3 033.17	3.8%
01.01.2014	88.63	2 900.64	4.1%
01.01.2013	88.59	2 690.63	4.0%
01.01.2012	86.79	2 794.43	4.7%
01.01.2011	88.44	2 695.52	5.8%
01.01.2010	91.56	2 769.02	7.1%

출처: http://old.minfin.ru/en/nationalwealthfund/statistics/volume/

제5장 금융제도

러시아 금융시장은 은행부문, 증권부문, 보험부문 등으로 나누어 볼 수 있다.

1. 러시아 금융제도

러시아 금융구조는 이원적 체제(двухуровневая банковская система)로 구성되어 있다. 첫째는 러시아중앙은행이며 둘째는 외국계 은행을 포함한 신용기관들이다. 러시아연방법률 "О банках и банковской деятельности в РФ"에 따르면 금융기관에는 다음과 같은 기관들이 있다. 먼저 러시아연방중앙은행이 있으며 다음으로 신용기관들이 있다. 신용기관(Кредитная организация)은 다시 은행 및 비은행 신용기관으로 구분되어 진다.

은행은 다시 업무영역에 따라 일반은행(универсальные банки)과 특화은행(специализированные банки)으로 구분되며 비은행신용기관으로는 투자회사, 투자기금, 보험회사, 연금기금, 전당포 등이 있다. 은행(Банк)은 예금을 수취하는 등의 배타적 권리를 가지고 있는 신용기관이며 비은행신용기관(Небанковская кредитная организация)은 은행업무의 일정 영역을 수행하는 권리를 가지고 있는 신용기관이다.

은행은 또한 은행 설립자본의 귀속유형에 따라 민영은행, 국가참여은행, 외국은행 등이 있다.

2. 러시아 중앙은행

러시아헌법 제75조에 따라 러시아중앙은행은 발권은행으로서의 배타적 권한과 러시아 통화인 루블의 안정성을 보장하는 것이 주요한 기능이다. 또한 러시아 연방법율 "러시아 연방의 중앙은행에 관하여(О Центральном банке Российской Федерации(Банке России))" 제3조에 따르면 중앙은행의 목적은 루블을 보호하고 안정성을 확보하며, 러시아 금융제도의 발전, 러시아 지불시스템의 안정성 확보 그리고 러시아 금융시장의 발전 등을 이루는 것이다.[1]

즉 러시아 중앙은행은 물가안정이 러시아 국민의 생활수준을 높이고 유지하

1) http://www.cbr.ru/today/?PrtId=cbrf (검색일: 2017년 3월 5일)

는데 반드시 필요하다는 인식하에 러시아 중앙은행의 가장 큰 목표는 물가안정에 있다는 점을 분명히 하고 있는 것이다.

1) 중앙은행의 연혁[2]

러시아 중앙은행은 1990년 7월 13일 구소련 국가은행(Госбанк СССР)의 러시아연방사회주의공화국은행을 토대로 설립되었다. 처음에는 러시아연방사회주의공화국 국가은행(Государственный банк РСФСР)으로 불렀으며 러시아연방사회주의공화국 최고회의(Верховный Совет РСФСР)에 책임을 지고 있었다. 1990년 12월 2일 러시아연방사회주의공화국 최고회의는 러시아연방사회주의공화국 중앙은행에 관한 법(Закон о Центральном банке РСФСР)을 통과시키고 통화규제 등 중앙은행의 역할을 구체화하였다. 1991년 6월 러시아연방사회주의공화국 최고회의에 책임을 지는 러시아연방사회주의공화국 중앙은행 정관(Устав Центрального банка РСФСР)이 승인되었다.

소연방이 해체되면서 1991년 11월 러시아연방사회주의공화국 최고회의는 화폐발행 및 루블환율 결정 등 구소련국가은행의 기능을 러시아연방사회주의공화국 중앙은행에 이관하였다. 또한 러시아연방사회주의공화국 중앙은행이 1992년 1월 1일까지 구소련 국가은행의 모든 자산을 인수하게 되었다. 1991년 12월 20일 소련국가은행이 해체되고 이후 러시아연방이 출범하면서 러시아연방사회주의공화국 중앙은행은 러시아연방 중앙은행(Центральный банк Российской Федерации(Банк России))으로 명칭이 바뀌었다.

러시아연방 중앙은행의 기능과 역할은 러시아연방 헌법 75조 및 러시아연방 중앙은행에 관한 법률(Закон О Центральном банке Российской Федерации(Б

2) http://www.cbr.ru/eng/today/?PrtId=cbrf_sub (검색일: 2017년 3월 5일)

анке России)) 22조에 명시되어 있으며 러시아 연방정부 및 지방정부와는 독립적으로 이루어진다.

2) 중앙은행의 조직

중앙은행의 주요 조직으로는 이사회(Совет директоров)와 국가금융위원회(Национальный финансовый совет)가 있다. 중앙은행의 이사회는 중앙은행 총재와 14명의 이사로 구성된다. 중앙은행 이사는 러시아연방 대통령의 동의하에 중앙은행 총재의 추천으로 국가두마가 임기 5년으로 임명한다. 현 중앙은행 총재는 2013년 6월 24일부터 임명된 엘비라 나비울리나(Эльвира Сахипзадовна Набиуллина)이다.

국가금융위원회는 러시아 중앙은행의 협의기구로 12명으로 구성된다. 12명은 러시아 상원인 연방회의 의원 2명, 하원인 국가두마 의원 3명, 대통령 및 연방정부가 지명한 각 3명 및 러시아 중앙은행 총재로 구성되어 있다.

3) 중앙은행의 통화정책[3]

기본적으로 러시아의 통화정책은 러시아 거시경제정책의 일환으로 러시아의 중앙은행이 집행한다. 먼저 중앙은행이 통화정책의 초안을 작성하여 국가금융위원회(Национальный финансовый совет)에 제출한다. 그러면 국가금융위원회는 초안에 대하여 결정을 내린다. 중앙은행은 국가금융위원회의 안을 보다 명확히 하여 이를 러시아연방 대통령 및 러시아 정부에 제출한다. 10월 1일 이전까지 중앙은행은 내년 회기년도의 통화정책에 대한 초안을 국가두마에 제출

-3) http://www.grandars.ru/student/bankovskoe-delo/denezhno-kreditnaya-politika.html

하여야 하며 이 안은 12월 1일까지 승인되어야만 한다.

통화정책의 수단과 방법

1. 지불준비율(резервные требования)
2. 공개시장조작정책(операции на открытом рынке)
3. 재할인율정책(рефинансирование банков и кредиты)
4. 외환시장개입
5. 통화공급량설정
6. 양적신용공급제한
7. 채권발행

(1) 지불준비기금(Резервный фонд)이 1991년 4월에 최초로 설립되었으며 1991년 6월 1일부터 1992년 1월 31일까지 지불준비율은 2%로 은행예금의 종류에 무관하게 설정되었다. 1992년 2월에 예금종류에 따라 지불준비율을 달리하기 시작하여 요구불예금과 1년 미만의 예금에는 10%, 1년 이상의 예금에는 5%로 인상되었다. 1992년 4월에 요구불예금(депозит до востребования)과 1년 미만의 예금에 대하여는 20%, 1년 이상의 정기예금(срочный депозит)에 대하여는 15%였다. 1995년 2월에는 보다 세분화되었다. 요구불예금과 30일 미만이 정기예금(срочный депозит до 30 дней)에는 22%, 31일부터 90일까지의 정기예금(срочный депозит от 31 до 90 дней)에는 15%, 91일 이상의 정기예금(срочный депозит более 90 дней)에는 10% 그리고 외화예금에는 2%였다.

이후 여러 차례의 변화를 거쳐 2009년 11월 1일 부터의 지불준비율은 아래의 표와 같다.[4]

4) http://www.cbr.ru/statistics/?PrtId=idkp_br (검색일: 2017년 4월 8일)

<table>
<tr><th>기 간</th><th>외국법인 루블 예금</th><th>외국법인 외화 예금</th><th>개인 루블예금</th><th>개인 외화예금</th><th>기타 루블예금</th><th>기타 외화예금</th></tr>
<tr><td>2009.11.01.~2011.01.31</td><td colspan="6">2.5%</td></tr>
<tr><td>2011.02.01.~2011.02.28</td><td colspan="2">3.5%</td><td colspan="2">3%</td><td colspan="2">3%</td></tr>
<tr><td>2011.03.01.~2011.03.31</td><td colspan="2">4.5%</td><td colspan="2">3.5%</td><td colspan="2">3.5%</td></tr>
<tr><td>2011.04.01.~2013.02.28</td><td colspan="2">5.5%</td><td colspan="2">4%</td><td colspan="2">4%</td></tr>
<tr><td>2013.03.01.~2016.03.31</td><td colspan="2">4.25%</td><td colspan="2">4.25%</td><td colspan="2">4.25%</td></tr>
<tr><td>2014.04.01.~2016.06.30</td><td>4.25%</td><td>5.25%</td><td>4.25%</td><td>4.25%</td><td>4.25%</td><td>5.25%</td></tr>
<tr><td>2016.07.01.~2016.07.31</td><td>4.25%</td><td>6.25%</td><td>4.25%</td><td>5.25%</td><td>4.25%</td><td>6.25%</td></tr>
<tr><td>2016.08.01.~2016.12.31</td><td>5.00%</td><td>7.00%</td><td>5.00%</td><td>6.00%</td><td>5.00%</td><td>7.00%</td></tr>
<tr><td>2017.01.01.~</td><td>5.00%</td><td>7.00%</td><td>5.00%</td><td>6.00%</td><td>5.00%</td><td>7.00%</td></tr>
</table>

(2) 공개시장조작정책(Операции на открытом рынке ценных бумаг)은 중앙은행이 은행이나 금융시장을 대상으로 국채 등의 유가증권을 매매함으로써 통화량을 조절하는 수단이다. 러시아 역시 공개시장조작은 러시아 중앙은행이 비교적 유동성이 높은 국채를 매매하는 것을 의미하며 현재 가장 많이 사용되는 방법은 repo거래이다.

1996년 10월 이후 MICEX가 러시아 중앙은행과의 repo 거래를 위하여 사용되었고 1997년 9월에는 repo 경매가 실시되기 시작하였다. 러시아 국채에 대한 repo 거래는 특히 1998년 금융위기 이후 빠르게 발전하였다. 2001년 12월부터 러시아 중앙은행과 역repo거래가 국채시장 참여자에게 허용되었고 2003년부터 딜러간 repo거래가 실시되기 시작하였다. 2002년에는 비국채시장 예를 들면 주식시장, 회사채시장 그리고 연방주체채권 시장등에도 repo거래가 나타났다.

2008년 9월 중순 러시아가 금융위기에 직면하였을 때, 위기에 처한 금융권에 필요한 유동성을 공급하는 주요한 수단으로 repo거래의 중요성이 크게 증가하였던 것이다.

그럼에도 불구하고 공개시장조작정책은 아직은 제한적으로 사용되고 있다. 러시아정부는 repo거래를 위한 법적 규제로 1999년 'GKO-OFZ와 딜러간 repo거래에 관하여(О проведении операций междилерского РЕПО с ГКО-ОФЗ)'라는 러시아 중앙은행의 규정을 만들었으나 1999년에 GKO-OFZ와의 딜러간 repo거래는 GKO-OFZ시장의 낮은 유동성과 금융기관들의 풍부한 유동성으로 사용되지 못하였다.

또한 러시아 중앙은행은 유가증권매매를 비교적 적은 규모로 실시하여, 공개시장조작정책을 금융시장의 유동성 규제를 위한 보조수단으로 사용하고 있다. 이러한 가장 중요한 이유는 러시아 유가증권시장의 협소성과 낮은 유동성에 기인하고 있다. 또한 러시아 중앙은행의 국채 매입은 직접적인 정부 예산지원을 차단하기 위하여 오직 유통시장에서만 가능하다.

(3) 재할인율(Ставка рефинансирования ЦБ РФ)은 은행이 기업으로부터 매입한 상업어음을 다시 할인하거나 동 어음을 담보로 대출해 주는 제도로, 기본적으로는 상업은행이 중앙은행으로부터 차입하는 이자율을 의미한다. 1992년 1월 1일에 중앙은행의 주요한 통화정책 수단으로 도입되었다. 그러나 2013년 9월 13일부터 러시아 중앙은행이 통화정책의 주요 수단으로 기준금리(Ключевая ставка)를 도입하고 재할인율이 통화정책 수단으로서 그 중요성을 상실하였기 때문에 여기서는 재할인율에 대하여 간단히 약술한다.[5]

재할인율의 최고치는 1993년 10월 15일부터 1994년 4월 28일까지 210%였다. 2008년 글로벌 금융위기와 함께 재할인율은 2008년 초 10%에서 점진적으로 상승하였으며 2008년 한 해 6번 바뀌었다. 또한 대외적인 경제적 어려움에도 불구하고 2008년 재할인율은 13%를 유지하였다. 2009년 한 해 동안 재할인율은 10번 변동하였으며 13%에서 8.75%까지 지속적으로 하락하였다. 러시아 국가통계청자료에 따르면 인플레이션이 8.8%를 기록하여 1991년 이후 가장 낮은 물가상승을 기록하였다. 2010년에는 재할인율이 4차례 변동되었으며 7.75%까지 낮

5) https://bankirsha.com/all-rates-of-refunding-of-the-central-bank-with-1992.html (검색일: 2017년 3월 5일)

아졌으며 이 재할인율은 러시아 전 기간 동안 가장 낮은 수치이다. 인플레이션율은 여전히 8.8%를 기록하였다.

2011년에는 재할인율이 3번 변동하였으며 2011년 12월 26일부터 2012년 9월 13일까지 8%를 유지하였다. 2011년 인플레이션율은 6.1%로 가장 낮은 기록을 보이고 있다. 재할인율은 2012년 9월 14일 8.25%로 한 번 변경되었으며 인플레이션율은 6.6%를 기록하였다. 2013년은 기준금리가 도입된 시기로 재할인율은 8.25%, 기준금리는 5.5%, 인플레이션율은 6.5%를 기록하였다. 8.25%의 재할인율은 2015년 12월 31일까지 유지되었다가 2016년 1월 1일부터는 기준금리와 동일하게 되어 더 이상 독립적으로 결정되지는 않는다.

(4) 기준금리: 러시아 중앙은행의 주요한 정책금리는 기존에는 재할인율(ставка рефинансирования)이었다. 그러나 러시아 중앙은행은 통화정책의 수단으로 2013년 9월 13일부터 기준금리(Ключевая ставка)를 도입하였으며 연 5.5%로 발표하였다. 따라서 재할인율은 러시아 중앙은행의 통화정책에 있어 그 중요성을 상실하고 단지 참고자료로 활용되었다. 더욱이 2016년 1월 1일부터 재할인율은 기준금리와 동일하게 되어 더 이상 재할인율은 독립적으로 결정되지 않게 되었다.[6]

2014년 3월 3일 중앙은행은 인플레이션을 억제하고 금융시장을 안정화시킨다는 목표하에 기준금리를 5.5%에서 7%로 인상하여 긴축통화정책을 실시하였다. 2014년 4월 25일 중앙은행은 점증하는 인플레이션위험에 대처하기 위하여 기준금리를 7%에서 7.5%로 다시 인상하였다. 2014년 7월 25일 중앙은행은 많은 전문가들이 중앙은행이 시장상황을 지켜볼 것이라고 예상했던 것과는 달리

---

6) 기준금리는 러시아 중앙은행이 1주일간 상업은행에 융자할 때 적용되는 최저금리이며 동시에 중앙은행이 상업은행으로부터 받는 예금에 대한 최대금리이나 기본적으로는 중앙은행이 상업은행에 대출할 때 적용하는 단기 금리이다.

기준금리를 7.5%에서 8%로 인상하였다. 2014년 11월 5일 9.5%로 그리고 2014년 12월 12일 10.5%로 기준금리가 인상되었다.

2014년 12월 16일 중앙은행은 루블화 폭락과 인플레이션 위험에 대처하기 위하여 기준금리를 10.5%에서 17%로 대폭 인상하였다. 2015년 1월 30일 기준금리는 17%에서 15%로 인하되었다. 그리고 동년 3월 13일 15%에서 14%로 인하되었다. 인플레이션 위험이 다소 낮아지면서 동년 5월 5일 12.5%로 인하되었고 6월 16일 11.5%로, 7월 31일 11%로 다시 인하되었다.

2016년 6월 10일 중앙은행은 인플레이션 위험의 완화와 경제회복 등을 고려하여 기준금리를 0.5% 내려 10.5%로 인하하였다. 동년 9월 16일 기준금리를 0.5% 내려 10%로 인하하였다. 2017년 3월 24일 기준금리를 0.25% 내려 9.75%로 결정하였다. 2017년 5월 2일 9.25%로 기준금리를 인하하였다. 이러한 기준금리는 2014년 12월 루블 대폭락 이후 처음으로 한자리수로 돌아온 것이다.[7]

4) 러시아 중앙은행의 독립성[8]

러시아의 강력한 대통령 중심제하에서, 특히 푸틴 집권하에서 러시아 중앙은행의 독립성이 담보되는지의 여부는 러시아 중앙은행의 통화금융정책면에서 매우 중요한 문제라 할 수 있다.

러시아 중앙은행의 독립성에 관하여는 그동안 많은 연구가 이루어져 왔다. 중앙은행의 독립성에 관한 실증적 연구는 베이더와 파킨(Bade and Parkin, 1982)의 연구를 시작으로 그릴리, 마스시안다로, 타벨리니(Grilli, Masciandaro and Tabellini ,1991), 쿠키에르만(Cukierman, 1992), 세르지(Sergi, 2000)의 연구

7) https://ria.ru/spravka/20170428/1493168622.html (검색일: 2017년 6월 9일)

8) 조원호, "러시아 중앙은행의 독립성 연구," 슬라브연구, 23권 2호, 2007, pp. 3-5.

로 이어져 왔다. 베이더와 파킨의 중앙은행의 독립에 관한 연구는 크게 두 가지 방향에서 이루어 졌는데 '재정적 독립'과 '정치적 독립'이다. 재정적 독립은 중앙은행의 예산, 이윤의 배분 등과 같은 문제에 대한 중앙은행의 독립정도를, 그리고 정치적 독립은 중앙은행 이사회의 이사 임면, 이사회에 정부대표 참여문제, 통화정책에 대한 정부의 역할 등에 따라 결정된다. 이 경우 각 독립성 지표는 고정가중치방식(fixed weight approach)에 따라 긍정적인 경우는 1, 부정적인 경우는 0의 가중치를 받는다. 이 경우 독립성의 정도를 측정하기 위해서 가중치의 합산을 구하며 이 숫자가 높을수록 중앙은행의 독립성 정도는 큰 것으로 해석되었다.

그릴리, 마스시안다로, 타벨리니는 정치적 독립과 경제적 독립을 반영하는 15개의 변수를 기준으로 중앙은행의 독립성을 측정하였다. 정치적 독립은 기본적으로 베이더와 파킨의 1982년 연구와 같으나 중앙은행 총재와 이사회의 이사가 정부에 의하여 임명되는지의 여부, 정부대표가 이사회에 참석하는지의 여부, 통화정책입안시 정부의 승인이 필요한지의 여부, 물가안정이 중앙은행의 정관에 명시적으로 적시되어 있는지의 여부 등이 중요한 변수로 간주되었다. 경제적 독립은 중앙은행이 통화정책 수단을 외적 제약 없이 얼마나 자유로이 사용할 수 있는지로 정의된다. 통화정책의 주요한 외적 제약조건은 주로 중앙은행이 정부재정적자를 어느 정도 보전하는 가에 달려있다. 따라서 경제적 독립 지수는 기본적으로 정부가 재정적자에 직면하였을 때 중앙은행이 어느 정도 신용공여를 정부에 하는 가에 달려있는 것이다.

1992년에 발표된 쿠키에르만, 웹, 네얍티는 선진국 21개국, 개발도상국 51개국을 대상으로 1950년부터 1989년까지 중앙은행의 독립성과 인플레이션의 관계를 분석하였으며 이를 토대로 새로운 변수를 도입하여 1995년 쿠키에르만과 웹은 1950년부터 1989년까지 67개의 국가를 대상으로 다시 중앙은행의 독립성과 인플레이션의 관계를 분석하였다. 여기서 우리의 논의를 위하여 주목할 점은 중앙은행의 독립성을 측정하기 위하여 법적인 측면 뿐만 아니라 실제적인

측면을 측정하기 위하여 2개의 새로운 대리 변수를 도입하였다는 점이다.[9]

첫 번째 변수는 중앙은행 총재의 이직지수(Turnover of Central Bank Governor Index)이다. 이 지수는 중앙은행총재의 빈번한 교체는 일반적으로 중앙은행의 독립정도가 보다 낮다는 가정에 근거하고 있다. 왜냐하면 러시아를 포함하여 대부분 국가의 경우 중앙은행 총재는 대통령이 지명하며, 따라서 대통령이 중앙은행 총재를 지명할 기회가 많아진다는 것은 그만큼 대통령과 정부의 정책을 잘 반영할 수 있는 중앙은행 총재가 지명될 가능성이 높아지기 때문이다. 두 번째 변수는 중앙은행 총재의 정치적 취약성 지수이다. 이외에 설문조사방식이 있는데 통화정책전문가에 중앙은행 예산의 결정, 중앙은행의 정부 신용대여의 엄격성 여부, 중앙은행 총재와 행정부 고위관리의 임기 중복여부 등에 관하여 설문조사를 하는 것이다.

필자는 2007년 발표한 논문에서 중앙은행 총재의 임기, 임명권자, 해고, 겸직여부, 통화정책의 결정권자, 통화정책 결정시 정부 부처간 의견이 통일되지 않을 경우 최종결정권이 어디에 있는지의 여부, 그리고 정부예산과정에 중앙은행의 참여 정도가 있으며 또한 중앙은행의 정부에 대한 대부여부, 담보대부, 대부조건, 잠재적 차입자, 대부상한, 대부만기, 이율, 국채매입여부, 그리고 마지막으로 통화정책 목표 등을 중심으로 러시아 중앙은행의 독립성을 분석하였다.

분석의 결과는 러시아 중앙은행의 법적인 독립성은 적어도 어느 선진국 못지않게 잘 정비되어 있으나 정치적으로는 다소 취약하다고 분석되었다. 이와 같은 결과는 2014년 12월 중순 루블화가 폭락하였을 때 그 책임을 지고 러시아 중앙은행의 2인자이자 환율을 담당하는 유다예바(Ksenia Yudayeva)를 드미

9) Alex Cukierman, Steven B. Webb, and Bilin Neyapti, "Measuring the Independence of Central Banks and Its Effect on Policy Outcomes," *The World Bank Economic Review*, vol. 6, no. 3, p. p. 355. Alex Cukierman and Steven B. Webb, "Political Influence on the Central Bank: International Evidence", *The World Bank Economic Review*, vol. 9, no. 3, 1995, pp. 397-423.

트리 툴린(Dmitry Tulin)으로 전격 교체한데서도 잘 나타나고 있다. 즉 푸틴은 2014년 12월 루블의 폭락이후 중앙은행의 독립성을 지지하지만 중앙은행을 면밀히 주시하고 있다고 말했던 것이다.

3. 러시아 은행 현황[10]

1) 은행 분포

러시아은행의 숫자는 지속적으로 감소하고 있다. 상업은행의 숫자는 2004년 1,249개, 2005년 1205개, 2006년 1143개, 2007년 1092개, 2008년 1058개, 2009년 1007개, 2010년 955개, 2011년 922개, 2012년 897개, 2013년 859개, 2014년 783개, 2015년 681개로 지속적으로 감소하고 있는 것이다. 2016년 1월 1일 733개에서 2016년 11월 1일 현재 643개로 감소하였다.

연방관구별 은행숫자 (매년 1월 1일 기준)

	2010	2011	2012	2013	2014	2015	2016
러시아	1,058	1,012	978	956	923	834	733
중앙	598	585	572	564	547	504	434
모스크바시	522	514	502	494	489	450	383
북서	75	71	69	70	70	64	60
남부	113	47	45	46	46	43	37
북코카서스		57	56	50	43	28	22
볼가	125	118	111	106	102	92	85
우랄	54	51	45	44	42	35	32

10) 은행의 개념은 광의의 개념으로 은행업무를 수행할 수 있는 권한을 가진 금융기관으로 정의되며, 여기에는 보다 정확히는 은행과 비은행 금융기관이 모두 포함된다. 대부분의 러시아 관련 자료는 은행의 개념을 광의의 개념으로 사용하여 본 고에서도 이를 따르고 있다.

시베리아	62	56	54	53	51	44	41
극동	31	27	26	23	22	22	17
크림						2	5

출처: Статистическийбюллетень Банка России, 2016, no. 1, C, 180-183.

위의 표는 러시아 은행의 지역별 분포를 보여주고 있는데 대부분의 은행이 유럽 러시아지역에 분포하고 있음을 알 수 있다. 특히 지역적으로 광대한 시베리아 연방관구와 극동관구에는 러시아 전체 은행의 약 8% 정도만 소재하고 있으며 모스크바시의 경우에는 약 52% 이상의 은행이 분포하고 있다. 이는 모스크바시 하나의 도시에 러시아 은행의 절반 이상이 분포하고 있음을 의미하는 것으로 지역적으로 편중도가 매우 심함을 보여주고 있다.

설립자본금 유형별 은행숫자 (매년 1월 1일 기준)

	2001	2006	2007	2008	2009	2010	2015	2016	2016 11.01
은행숫자	1,311	1,253	1,189	1,136	1,108	1,058	834	733	643
외국자본참여 은행숫자	130	136	153	202	221	226	225	199	182
100% 외국자본	22	41	52	63	76	82	75	68	70
50% 이상 100% 미만 외국자본	11	11	13	23	26	26	38	38	28

자료: *Российский статистический ежегодник. 2011*, 602.

국가지배은행은 2015년 1월 1일 현재 25개며 총 은행자산에서 차지하는 비중은 58.4%, 총 은행자본에서 차지하는 비중은 57%이었으나 2016년 1월 1일 현재 국가지배은행의 숫자는 24개로 1개가 줄었으나 오히려 자산에서의 비중은 58.6%, 자본에서의 비중은 60.6%로 각각 증가하였다. 외국자본참여은행의 숫자는 2015년 1월 1일 현재 70개, 총자산에서의 비중은 9.6%, 총자본에서의 비중은 11.8%였으며 2016년 1월 1일 현재 외국자본참여은행의 수는 79개로 늘었으나 총자산에서의 비중은 오히려 8.8%로 감소하였고 총자본에서의 비중은 11.8%로 변화가 없었다.[11]

설립자본금에 따른 신용기관분류: 단위: 루블, 매년 초 기준

	2010	2011	2012	2013	2014	2015	2016
설립자본금	1,058	1,012	978	956	923	834	733
3백만 미만	26	17	15	15	15	10	13
3백만 이상 1000만 미만	38	23	18	15	15	13	12
1000만 이상 3000만 미만	71	46	41	41	45	38	38
3000만 이상 6000만 미만	117	98	62	46	36	30	28
6000만 이상 1억5000만 미만	204	222	199	168	143	112	88
1억5000만 이상 3억 미만	252	250	263	276	251	212	171
3억 이상 5억 미만	350	98	101	95	116	118	104
5억 이상 10억 미만	109	103	114	123	116	111	97
10억이상-100억미만	128	133	143	154	161	163	153
100억 이상	21	22	22	23	25	27	29

자료: *Российский статистический ежегодник. 2011*, 602. http://www.cbr.ru/tatistics/?Prtid=pdko

자기자본에 따른 금융기관 분류: 단위 루블

금융기관수	2016.1.1		2016.11.1	
	숫자	자본	숫자	자본
3억 미만	51	-42.9	48	4.6
3억-10억	323	159.3	263	130.6
10억-100억	248	738.3	226	667.3
100억-250억	38	556.4	38	564.7
250억-500억	22	714.7	23	750.6
500억-1000억	10	580.4	8	470.5
1000억-2500억	6	945.4	5	727.0
2500억 이상	6	5381.2	7	5930.3
파산직면	29	-24.3	25	-97.8
총계	733	9008.5	643	9147.8

출처: Статистический бюллетень Банка России, 2016, no. 12, С 113-114

11) *отчет о развитии банковского сектора и банковского надзора в 2015 году*, с. 117.

금융기관의 최저 자기자본은 2010년 1월 1일부터 9000만 루블, 2012년 1월 1일부터 1억80000만 루블 그리고 2015년 1월 1일부터 3억 루블로 지속적으로 증액되어 왔다.

2) 은행의 집중도

러시아은행의 자산은 2012년 1월 1일 41조6275억 루블, 2014년 1월 1일 57조4231억 루블, 2016년 1월 1일 82조9997억 루블로 지속적으로 증가하였으며 국내총생산대비 비율도 69.7%, 80.9%, 102.7%로 각각 높아졌다. 또한 러시아 은행의 자기자본 역시 증가하였는데 2012년 1월 1일 5조24212억 루블, 2014년 1월 1일 7조643억 루블, 2016년 1월 1일 9조86억 루블 이었다.

2015년 말 상위 200대 은행이 은행권 전체에서 차지하는 자산의 비중은 2014년 말 96.5%에서 97.2%로 증가하였다. 또한 상위 5대 은행의 비중 역시 같은 기간 53.6%에서 54.1%로 증가하였다.

러시아 상업은행의 자산 집중도 (%)

연도	3대 은행	5대 은행 **
1996	51.263	66.451
1997	59.459	72.145
1998	54.365	66.428
1999	64.277	76.132
2000	46.560	56.996
2001	44.773	54.549
2002	54.112	62.219
2003	34.998	44.715
2004	23.781	35.124
2005	29.602	39.481
2006	26.861	35.086
2007	23.833	32.489

2008	22.535	30.244
2009	29.523	37.713
2010	29.621	37.929
2011	28.410	37.448
2012	31.156	40.452
2013	29.879	39.491
2014	33.338	44.026
2016년 12월 1일 현재	49.2	57.1

출처: * https://fred.stlouisfed.org/series/DDOI01RUA156NWDB
** https://fred.stlouisfed.org/series/DDOI06RUA156NWDB

2016년 11월 1일 현재 러시아 5대 은행의 자산은 연 초 대비 1.3%감소한 44조 3110억 루블로, 5대 은행이 전체 은행에서 점유하는 자산의 비중은 2016년 1월 1일 54.1%에서 56%로 증가하였다. 다음 6위에서 20위까지의 은행의 자산은 연 초 대비 3.8% 감소한 17조 2360억 루블로 이들 은행이 차지하는 비중은 2016년 1월 1일 21.6%에서 2016년 11월 1일 현재 21.8%로 소폭 상승하였다. 21위부터 50위 까지의 은행의 자산은 연 초 대비 10.1% 감소한 8조 442억 루블로 총자산에서 점유하는 비중은 연 초 대비 11.3%에서 10.7%로 감소하였다. 또한 51위부터 200위까지의 은행의 자산은 연 초 대비 11.7% 감소한 7조 4890억 루블로 은행총자산에서 차지하는 비중은 연 초 10.2%에서 9.5%로 감소하였다. 2016년 1월부터 10월까지 은행의 총자산은 4%감소하여 79조 1650억 루블로 나타났다.[12]

2016년 12월 1일 현재 러시아 은행의 총자산은 78조6340억 루블로 러시아 저축은행 29.5%, VTB은행 12.9%, 가즈프롬은행 6.8%, VTB24은행 4.1%, ФК Открытие은행 3.8%, 러시아농업은행 3.6%, 알파은행 3.0%, Банк НКЦ은행 2.7%,

12) http://finwiz.ru/news/valjuta/aktivy_5_krupnejjshikh_bankov_rf_snizilis_za_janvar-oktjabr_na_13_-_cbr_1 (검색일: 2016년 11월 30일)

모스크바 크레딧은행 1.8%, 프롬스뱌지은행 1.7% 등 이다.[13] 따라서 러시아 3대은행의 총자산 비중은 49.2%, 5대은행의 비중은 57.1%, 10대은행의 비중은 69.9% 등으로 나타나 러시아 10대은행이 러시아 전체 은행의 금융자산을 대부분 차지하고 있음을 알 수 있으며 특히 러시아 3대은행이 전체 금융자산의 약 50%를 차지하여 자산 집중도가 시간이 갈수록 심화되어 가고 있음을 보여주고 있다.

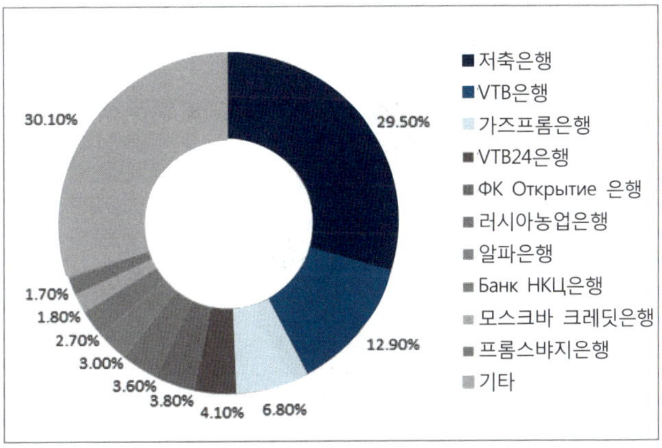

러시아 금융기관의 자산 집중도는 더욱 심화될 것으로 예상되어 2017년에는 상위 5개 은행의 자산집중도가 60%에 이를 것으로 전망되었다. 이러한 전망에는 현재 러시아 경제 현실과 무관하지 않다. 첫째는 전 세계적인 현상으로 소위 말하는 대마불사(too big to fail: слишком большой, чтобы обанкротиться)의 논리이며 둘째 현재 러시아의 어려운 경제상황에서 대규모 은행이 보다 더 쉽게 중앙은행의 신용을 활용할 수 있다는 것과 마지막으로 대형은행의 고객관리 유리함과 중소형 신용기관들의 파산에 따른 인수합병 등이 관련 있다고 보여진다.[14]

13) http://www.sravni.ru/banki/rating/aktivy/ (검색일: 2016년 12월 20일)

14) http://izvestia.ru/news/647655 (검색일: 2016년 11월 30일)

개인신용제공 순위

2016년 12월 1일 현재 러시아은행의 개인대출총액은 10조 7710억 루블이며 러시아 저축은행 40.1%, VTB24은행 14.5%, 러시아농업은행 3.0%, 가즈프롬은행 2.9%, 알파은행 2.2%, VTB 2.1%, 라이파이젠은행 1.7%, 루스끼 스탄다르트은행 1.4%, 호움크레딧 & 피난스은행 1.4%, 로스뱅크 1.4%, 기타 29.3% 등이다.

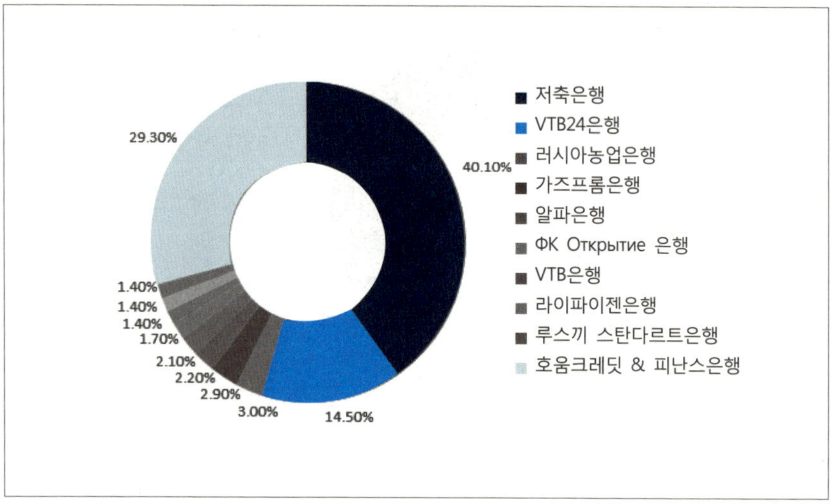

개인저축순위

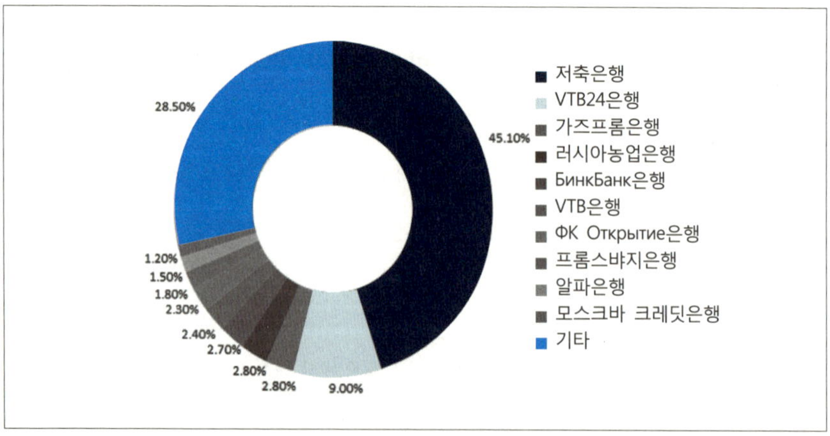

2016년 12월 1일 현재 러시아 개인들의 은행저축 총액은 19조4100억 루블로 러시아저축은행이 45.1%를 차지하고 있으며 저축은행을 포함하여 상위 10대 은행이 71.5%를 차지하고 있으며 이는 2016년 4월 1일 69%, 2016년 7월 1일 70.3%에 비하여 지속적으로 증가하고 있음을 알 수 있다.

3) 러시아에서 국가참여은행의 비중

국가참여의 방식은 크게 법률에 의하여, 완전참여, 부분참여, 간접적인 참여, 국가지배 등 크게 5개 방식으로 나누어 볼 수 있다.[15] 법률에 의한 참여는 연방법률에 의하여 설립된 은행으로 대표적으로 연방중앙은행을 들 수 있다. 완전참여는 국가가 해당 은행의 주식을 100% 소유한 경우이다. 부분참여는 국가가 지배지분의 주식을 보유한 은행이다. 간접적인 참여는 국가가 통제하는 법인을 통한 참여방식이다. 가장 대표적인 은행은 VTB 그룹의 은행들로 국가가 VTB 은행의 주식 60.9%를 소유하고 있으며 VTB가 VTB24의 주식 99% 이상 소유하고 있기 때문에 국가는 VTB24도 간접적으로 소유하게 된다고 볼 수 있다. 또 다른 사례로 Почтобанк가 있는데 이 은행의 주식 96% 이상이 Связь-Банк에 속해있으며 Связь-Банк의 주식 99% 이상이 Внешэкономбанк가 소유하고 있다. Внешэкономбанк는 이미 지적하였듯이 특별법에 따라 설립된 국영은행이다.

대외경제은행(Внешэкономбанк, ВЭБ)은 연방법율에 따라 국가적 중요성을 가진 투자프로젝트에 대한 금융지원을 목적으로 설립된 100% 국가소유은행으로 일반적인 은행활동은 하지 않는다. 또 다른 특수은행은 국가청산소(Национальный Клиринговый Центр(НКЦ))로 모스크바 거래소가 설립한 은행이다. 특

15) http://1eb.ru/bank/2393-banki-s-gosudarstvennym-uchastiem-spisok-2016.html (검색일: 2016년 11월 30일)

정지역에만 있는 소규모 국가은행도 있다. 예를 들면 Почтобанк, Кубанский Универсальный Банк, Русь, Хакасский муниципальный банк, Банк Казани 등이 있으며

Bank	참여 형태
By virtue of the law	
The Bank of Russia(Central Bank of Russia)	86-FZ "On the Russian Federation(Bank of Russia), the Central Bank"
Vnesheconombank(Bank for Development and Foreign Economic Affairs)	(Regulated by a special law №82-FZ "On Bank for Development")
Full participation	
JSC "Rosselkhozbank"	100% of the shares entitled to vote(Agency)
RNCB Bank(Russian National Commercial Bank)	100%(Agency)
JSCB "Russian capital"	100% State Corporation "Deposit Insurance Agency"
Partial participation	
JSC "SME Bank"	100% Vnesheconombank
AO ROSEXIMBANK	100% Vnesheconombank
JSC "GLOBEXBANK"	99.99% of Vnesheconombank
PJSC JSCB "Svyaz-Bank"	99.6504% – shares from Vnesheconombank
PJSC "Krayinvestbank"	98.04% – Krasnodar region
Joint Stock Company "Russian Regional Development Bank"(RRDB)	84.67% owned by NK "Rosneft"
OIKB "Rus"	65.53% Orenburg region
VTB(PAO)	60.93% of the shares owned by the state(Agency)
AK BARS	54.81% Republic of Tatarstan
savings bank	52.32% owned by the Central Bank
JSCB "NOVIKOMBANK"	51.92%:30.65% State Corporation "Rostec", 21.27% of JSC "Rosoboronexport")
KBER "Bank of Kazan"	49.1184% City Kazan
JSC Gazprombank	45.7321% of the shares: 35.5414% – PAT Gazprom, 10.1907% – VEB
Khakassky Municipal Bank	37.95% Abakan
JSC "Ruskobank"	25%(+ 1 share) in Leningrad region

Башпромбанк	51% у государства
Ханты мансийский банк Открытие	51% у государства
Татфондбанк	따따르공화국 11.54% 소유
Indirect participation	
OJSC "Bank of Moscow"	100% owned by VTB, 국가가 VTB주식 60.93% 소유
GBP Mortgage JSC	100% – Gazprombank
NSCA "Narat"	100% of AK BARS
VTB 24	99.9269% owned by VTB
AO JSCIB "Pochtobank"	96.784% owned by JSCB "Svyaz-Bank"
PJSC "Far Eastern Bank"	70.26% in RRDB, Входит в состав ВБРР
Новикомбанк	Ростехнологии가 34.04%, 자회사인 Рособоронэкспорт가 23.63%
Летобанк	100% у ВТБ24

https://banks.is/publ/145-banki-s-gosudarstvennym-uchastiem-spisok-2016

국가참여은행의 정의를 당해 은행의 지배지분(контрольный пакет акций)을 국가가 소유한 것으로 정의하고 이에 따라 2015년 러시아 국가참여은행은 다음과 같다.[16]

п/н	은행명	정부소유 주식: %
1	Сбербанк	51%
2	ВТБ	61%
3	Газпромбанк	51%
4	ВТБ 24	61%
5	Россельхозбанк	100%
6	Банк Москвы	>51%
7	Внешэкономбанк	>80%
8	Ханты-Мансийский Банк	51%
9	АК БАРС	56%
10	Связь-Банк	99,4%
11	Глобэкс	99%
12	МСП Банк	72%

16) http://kredist.ru/gosudarstvennye-banki-rossii-spisok/ (검색일: 2016년 11월 30일)

13	Татфондбанк	51%
14	Российский Капитал	51%
15	Всероссийский Банк Развития Регионов	>90%
16	Башпромбанк	51%
17	Почтобанк	>50%
18	Крайинвестбанк	98%
19	Дальневосточный Банк	>51%
20	Геленджик-Банк	>51%
21	Российский Национальный Коммерческий Банк	>51%
22	ГПБ-Ипотека	>51%
23	Наратбанк	>51%
24	Росэксимбанк	100%
25	Рускобанк	>51%
26	МАК-Банк	>51%
27	Русь	>60%
28	Банк Казани	>51%
29	Хакасский Муниципальный Банк	>51%

국가참여은행의 자산 비중은 2009년 54.11%, 2010년 54.03%, 2011년 55.19%, 2012년 56.54%, 2013년 58.16%, 2014년 59.70%, 2015년 60.90%, 2016년 59.92%를 보여주고 있다.[17]

4) 은행산업의 건전성

은행부문의 경쟁정도를 나타내는 H 통계량은 2010년 0.839, 2011년 0.824, 2012년 0.815, 2013년 0.807을 나타내어 독점적 경쟁하에 있음을 의미한다.[18]

러시아 중앙은행은 러시아 은행의 신뢰도를 측정하기 위하여 자본적정성(н

17) https://aftershock.news/?q=node/439503 (검색일: 2016년 11월 30일)

18) https://fred.stlouisfed.org/series/DDOI03RUA066NWDB

ормaтив достаточности собственного капитала)지표를 도입하였는데 이 지표는 국제결제은행(BIS)비율이라고도 불리며 국제결제은행은 이 비율을 8% 이상 유지하도록 의무화하였다. 러시아 중앙은행은 2016년 1월 1일부터 러시아 상업은행의 자기자본비율을 기존 10%에서 8%로, 그리고 보통주자본비율(CET1)을 5%에서 4.5%로 낮추었으며 그러나 기본자본비율은 6%로 유지하고 있다.

금융기관의 자본적정성비율: 자산규모기준, 매년 1월 1일 기준

자산순위	자기자본비율			기본자본비율			보통주자본비율		
	2015	2016	2017	2015	2016	2017	2015	2016	2017
상위 5위	11.9	12.3	13.1	8.7	8.7	9.5	8.6	8.6	9.4
6위-20위	12.1	14.5	12.6	8.5	8.4	8.0	8.3	7.9	7.3
21위-50위	11.1	7.9	9.5	7.0	3.3	5.9	6.7	3.0	5.4
51위-200위	15.0	14.4	15.7	11.7	10.8	11.2	11.4	10.5	11.0
201위 이상	19.6	20.5	23.3	15.1	15.9	18.3	14.9	15.7	17.9
은행전체	12.5	12.7	13.1	9.0	8.5	9.2	8.9	8.2	8.9

출처: Отчет о развитии банковского сектора и банковского надзора в 2016 году, Банк России, 2017, С. 63; 2016, С. 59.

2017년 1월 1일 현재 러시아 은행의 자기자본비율은 전년대비 0.4% 증가한 13.1%, 기본자본비율은 전년대비 0.7% 증가한 9.2%, 보통주자본비율은 0.7% 증가한 8.9%를 보여주고 있다. 그러나 2016년 1월 1일까지 최저 자기자본비율, 기본자본비율, 보통주자본비율이 각각 10%, 6%, 5%인 것과 2016년 1월 1일 이후 각각 8%, 6%, 4.5%를 고려하면 러시아 은행의 자기자본비율은 비교적 높다고 볼 수 있다.

2016년 러시아 은행의 자기자본은 9조3870억 루블로 2015년 9조 90억 루블 대비 약 4.2% 증가하였다. 2015년 러시아 은행의 자기자본은 2014년 7조 9280억 루블 대비 13.6%가 증가한 9조 90억 루블에 이르렀으며 국내총생산대비

11.1%로 2014년 대비 1% 정도 상승하였다.[19] 2014년 국가통제은행 57%, 60.6%, 64.2%, 외국계은행 11.8%, 11.8%, 11.4%, 대형 민간은행 24.9%, 23.3%, 21.1% 모스크바 및 모스크바지역 소재 중소 은행 3.1%, 2.0%, 1.4% 기타 지역 중소 은행, 2.4%, 2.0%, 1.6% 비은행 금융기관 0.9%, 0.3% 0.3% 등이다.[20]

2014년부터 2016년 금융위기 해소 프로그램: 2016년 7월 25일까지 러시아 34개 은행의 자본충당을 위하여 러시아 국내총생산의 1.1%에 해당하는 기금이 러시아 연방 예금보험공사(DIA)에 이전되어 세 가지 범주의 은행 자본충당을 위하여 사용되었다. 첫째는 적어도 자본금이 250억 루블 이상의 은행과 둘째는 러시아 경제제제로 직간접적으로 영향을 받는 은행들이며 셋째는 지역의 대형 은행들이다. 지원하는 방식은 예금보험공사가 국영은행 및 제제대상은행에 우선주(기본자본)를 연방정부채권(OFZ)으로, 그리고 기타 다른 은행들에 대하여는 후순위채(보완자본)를 연방채권으로 매입하였다.

2015년 예금보험공사는 러시아 25개 은행의 자본충당을 위하여 8020억 루블을 제공하였다. 이 중 21개 은행이 후순위대부로 2950억 루블, 4개 은행에 우선주 매입의 형식으로 5070억 루블이 제공되었다.

---

19) Отчет о развитии банковского сектора и банковского надзора в 2016 году, Банк России, 2017, С. 59-60; 2016, С. 54-5.

20) Уставный капитал(authorized capital: 수권자본금): 주식회사가 발행할 수 있는 주식총수를 의미하는 것으로 주식자본을 의미하는 것이다. Субординированные кредиты(subordinated loans: 후순위차입금): 국제결제은행이 자기자보비율을 산정할 때 후순위채권은 부채가 아닌 자기자본으로 계산됨. 특히 만기가 5년 이상 되는 채권은 100% 순자기자본으로 인정된다. Эмиссионный доход(share premium 주식발행초과금): 주식의 발행가액이 액면가액을 초과할 경우의 초과액으로 주주가 회사에 납입한 것이기 때문에 실질적으로 자본금과 다를 바 없는 전형적인 자본잉여금에 속하며 투자자가 기업에 대한 전망을 고려하여 액면가액이외에 주식발행초과금을 추가하여 주식을 매입해도 좋다고 평가할 경우에 발생함. 자기자본(собственные средства(капитал))은 기본자본과 보완자본으로 구성되며, 기본자본(Tier 1, Core Capital)은 금융기관의 실질순자산으로서, 영구적 성격 지닌 것을 의미하며 자본금, 내부유보금(자본잉여금+이익잉여금), 신종자본증권 등이 있으며; 보완자본(Tier 2)은 금융기관의 영업활동에서 발생하는 손실을 보전할 수 있는 것 의미하며 재평가적립금, 대손충당금, 만기10년 이상의 후순위채권 등이 있다.

유동성커버리지비율(Liquidity Coverage Ratio)은 금융기관의 유동성위험을 보완하기 위하여 바젤은행 감독위원회가 금융기관에 도입한 규제비율로, 긴급한 유동성위기가 발생해 자금 인출등이 발생하더라도 30일 동안 자체적으로 견딜 수 있는 국채 등 고유동성 자산의 보유비율을 의미하여 단기유동성비율이라고도 하며 한달 기준의 고유동성자산을 순현금유출로 나눠서 산출하고 이 값은 1을 초과하여야 한다. 고유동성 자산이란 현금 및 현금등가물, 국채 등 즉시 현금화가 가능한 자산을 의미한다. 최저유동성커버리지비율은 현재 70%이며 2018년말 100%로 증가할 것이다.

체계적으로 중요한 은행(SIBs): 4개의 국영은행(저축은행, VTB은행, 가즈프롬은행, 러시아 농업은행), 3개의 민영은행(FC Otktritie, , 알파 은행, 프롬스뱌지은행), 3개의 외국계은행(유니크레딧은행, , 라이페이센은행, 로스은행)이 있다.

4. 러시아 주식시장

1) 주식시장의 법적 제도

러시아 증권시장(Рынок ценных бумаг(РЦБ))은 러시아 정부가 1990년 12월 25일 주식회사설립승인에 관한 법률(Об утверждении Положения об акционерных обществах)을 채택한 이후 1991년 상반기에 형성되기 시작하였다. 1992년 3월 러시아 중앙은행, 모스크바시, АРБ, 및 몇몇 상업은행들이 참여하여 'Московская межбанковская валютная биржа»(ММВБ, Moscow Interbank Currency Exchange(MICEX))'를 등록하였다. 모스크바은행간거래소는 정부국채를 거래하기 위한 시스템을 조직할 권한을 획득하였으며 국채단기채권(ГКО)거래준비를 시작하였다. 사유화가 시작된 1993-94년 기간에 러시아 자본시장은 바우처(사유화증서)가 중심이었다. 바우처는 국가에 의해 러시아 시민에게 무상으로 발행되었으며 러시아 시민들은 사유화증서를 사유화된 기업의 주식과 교환하거나 거래소 혹은 장외거래소에서 매각하였다.

증권거래는 1995년 12월에 제정된 '주식회사법(Об акционерных обществах)'과 1996년 4월에 승인된 '증권시장법(О рынке ценных бумаг)'에 따라 이루어지고 있다.

러시아연방의 채권 및 주식시장 거래의 감독기관으로 최초에 연방채권 및 주식시장위원회(Комиссия по ценным бумагам и фондовым биржам при Президенте РФ)가 1993년 대통령령 '러시아연방 대통령 부속 채권 및 주식시장 위원회(О Комиссии по ценным бумагам и фондовым биржам при Президенте Российской Федерации)'에 의하여 설립되었고 1996년 7월 대통령령 '연방채권시장위원회(О Федеральной комиссии по рынку ценных бумаг)'에 따라 연방채권시장위원회(Федеральная комиссия по рынку ценных бумаг(ФКЦБ России)(Federal Commisssion for the Securities Market(FCSM)))로 전환되었다.

2004년 3월 13일부터 '연방채권시장위원회'의 모든 기능이 연방금융위원회(Федеральная служба по финансовым рынкам(ФСФР России)(Federal Financial Markets Service(FFMS)))로 이관되었다. 그러나 2013년 9월 1일부터 대통령령에 따라 연방금융위원회의 모든 권한이 러시아 중앙은행으로 편입되었다.

이외에도 증권 및 채권거래에 참여하는 금융기관들이 협회를 결성하여 자체적으로 규제를 하였다. 최초에 15개의 증권회사(broker-dealer companies)가 1994년 5월 15일 모스크바에서 '러시아 채권시장 참여기관 협회(Национальная ассоциация участников фондового рынка(НАУФОР)(Russian National Association of Securities Market Participants(NAUFOR)))'가 조직되어 1996년 6월에 정식으로 등록함으로서 채권시장에 참여하는 금융기관에 대한 자율적인 규제가 가능하게 되였다. 이후 상트 뻬쩨르부르그에서 the Unified Trading System, 노보시비르스크에서 시베리아지역을 관장하는 SFBDA(the Siberian Securities Broker-Dealers' Association), 예카쩨린부르그에서 우랄지역을 관할하는 UBDA(Ural Broker-Dealers' Association)이 설립되었다.

2) 주식시장의 개황

러시아에서 실질적인 주식시장은 1992년 말에 시작되었는데 이는 대규모 사유화증서 사유화프로그램의 결과이다. 이로 인해 구소련 국영기업들이 주식회사로 전환되면서 사유화되었기 때문이다. 이때부터 1997년 가을까지 러시아 주식시장은 급격히 팽창하여 러시아 주식시장의 시가총액은 1500억 달러에 이른다고 알려졌다. 그러나 1997년 아시아 외환위기로 인하여 1998년 러시아 주식시장의 시가총액은 1998년 7월 말 400억 달러 내지 500억 달러로 그리고 러시아가 모라토리움을 선언한 8월 이후 9월에는 당시 코카콜라기업의 시가총액보다 낮은 100억 달러 내지 200억 달러로 폭락하였다. 모라토리움 이전 러시아 RTS주가지수는 1997년 10월 6일의 572가 최고점이며 1995년 10월 5일 38이 최저점이었다.

그러나 1999년 이후 러시아 주식시장은 빠르게 회복하였다. 2001년, 2002년, 2003년은 전년대비 60%씩 이상 증가하였다. 그리하여 2003년 10월에는 러시아 주식시장은 외환위기 이전 수준으로 회복하였다. 2004년 잠깐 정체되었으나 2005년 전년대비 83%나 급격한 성장을 보여주었다. 세계 원유가격의 급등과 맞물려 러시아 주식시장은 급격한 성장을 다시 한 번 보여주는데 2008년 5월 RTS지수가 2500까지 도달하였으며 시가총액은 1조5000억 달러에 도달하였다.

그러나 2008년 전 세계 금융위기와 러시아 대외정책이 러시아 주식시장을 초토화시켰다. 2008년 8월 26일 RTS 지수는 전날의 1,647 포인트에서 4.3% 하락한 1579 포인트로 하락하면서 RTS지수 시가총액은 약 60억 달러가 없어진 1339억 달러로 마감하였다. 이것은 러시아 대통령 드미트리 메드베제프 대통령이 그루지야에서 분리 독립요구를 해 왔던 남오세티아와 아브하지아의 독립을 공식적으로 승인하면서 촉발되었다. 러시아의 금융위기는 2008년 9월 16일 17일에 최고조에 이르게 되는데 이때 러시아의 양대 주식시장인 RTS 와 MICEX의 지수는 9월 16일 13내지 14% 폭락, 그리고 9월 17일 6%와 3%가 각각 하락하자 9월 17일 연방금융위원회는 양 시장에서의 주식거래를 중단시켰으며 9월 19일 재개장하였다.

2008년 9월 17일 미국발 금융위기로 주식시장이 폭락하자 주식거래가 중단되었으며 이틀 뒤인 9월 19일 재개장되어 10% 이상 급등하기도 하였다. 그러나 2008년 10월 6일 두 번이나 거래가 중단되는 폭락장세에서 204.59 포인트를 잃어 866.39로 장을 마감하였다. RTS 지수 종가가 1,000 포인트 아래로 떨어진 것은 2005년 11월 16일 이후 처음 있는 일이다. RTS 지수는 이날까지 연초대비 62% 하락하여 주요 신흥시장 중 가장 큰 하락률을 기록하였다. 더욱이 국제유가가 폭락하면서 RTS 석유·가스업종지수는 22%나 하락하였는데 가즈프롬은 24.42%, 루코일은 24.16%씩 폭락하였다. 또한 원자재가격도 하락하여 RTS 금속·광업지수도 15%나 하락하였는데 특히 러시아 최대 광산업체인 노릴스크 니켈의 주가는 무려 44%나 폭락하였다. 가즈프롬은 2008년 6월 Financial Times 보도에 의하면 시가총액 대비 세계 3위였으나 2008년 9월 30일 보도에 의하면 주당 8달러, 시가총액 1893억8천7백만 달러로 세계 12위가 되었다.

결국 러시아 증권시장은 2008년 한 해 동안 약 72%가 폭락하여 631.89로 마감하였다. 이러한 최악의 실적은 지난 1998년 러시아 모라토리움 선언 당시의 85% 폭락한 이후 최악의 실적으로 2008년 8월 그루지야와의 전쟁, 9월 말 미국발 금융위기와 글로벌 경기악화우려로 인한 유가를 포함한 세계 원자재 가격의 하락이 주요한 원인이다.

급격히 폭락하는 러시아 증권시장을 안정화시키기 위하여 러시아정부는 764억 달러의 러시아 국부펀드(National Wealth Fund:NWF)의 투자지침을 변경하였다. 즉 2008년 10월 말 까지는 러시아 국부펀드는 오직 high grade foreign government debt instruments에 투자하게 되어 있었으나 러시아 재무부는 2008년 10월 21일 국부펀드의 50%까지 러시아 국내 주식시장 및 투자기금에 투자할 수 있도록 하였다. 국부펀드가 어디에 투자할 것인지는 즉각 알려지지 않았지만 국부펀드의 러시아 국내투자 대행기관인 대외경제은행은 러시아 주식시장 시가총액의 약 5%에 달하는 55억 달러를 러시아 주식에 투자할 것이라고 밝혀 앞으로 국부펀드가 러시아 주식가격에 커다란 영향을 미칠 것으로 예상되었다. 2009년 1월에 RTS지수는 500이하로 떨어졌으며 시가총액역시 3000억 달러로 폭락하여 세계 주요한 20개 주식시장에서 가장 낙폭이 큰 시장이 되었다.

(1) RTS지수(Индекс РТС)

RTS지수(Индекс РТС)는 러시아 주식시장의 대표적인 주식지수로 러시아 모스크바증권거래소에 상장된 종목중 가장 유동성이 높은 50개 종목으로 구성되어 있으며 시가총액가중평균형 주가지수이다.

기준일인 1995년 9월 1일의 시가총액을 100으로 미국 달러로 계산되며 미국 S&P 다우 존스 지수에 2006년 편입되었으며 구성 종목은 RTS 정보위원회가 3개월 마다 갱신한다.

또한 모스크바 증권거래소는 RTS지수이외에 러시아 루블 기준 MICEX지수를 산출하고 있다. 러시아 거래 시스템과 모스크바 은행간 거래소가 2011년 합병하여 모스크바 증권거래소가 되었지만 합병이후에도 두 지수의 산출이 계속되고 있으며 두 지수의 구성종목은 동일하고 종목 교체도 동시에 진행된다.

3) 주식시장의 구조

러시아 주식시장은 MICEX 와 RTS 가 2011년 12월까지 존재하였고, 2011년 12월 MICEX(MMBБ)와 RTS(PTC)가 모스크바 거래소(Московская биржа)로 통합하여 현재까지 운영되고 있다.

(1) RTS 지수

1995년 9월 러시아 증권거래소(Russian Trading System)가 설립되어 13개의 기업, 시가총액 약 126억6천6백만 달러 그리고 지수 100을 시작으로 최초의 러시아 RTS지수가 발표되었다. 그 후 2년 동안 러시아 지수는 세계에서 가장 빠른 성장을 하여 1997년 9월 말에 이르러 RTS 시가총액은 565억 달러에 일평균 거래액 6900만 달러 그리고 지수가 500에 이르렀으며 1997년 말까지 시가총액은 670억 달러에 달하여 세계에서 가장 유망한 시장중 하나가 되었다. 그러나 1998년 러시아 외환위기와 함께 지수는 38까지 하락하였다. RTS 시가총액 역시 1998년 6월 말 280억 달러, 9월말 80억 달러로 하락하여 RTS가 최초로 설립된 1995년 말 보다 20억 달러나 감소하였다.

2000년 푸틴의 대통령 당선과 정치안정 그리고 세계 원유가격의 안정과 더불어 러시아 지수는 다시 상승하기 시작하였으나 1997년 9월 수준으로 회복하는 데에는 자그마치 5년이나 걸렸다.

연도	지수:RTS	성장률 %	시가총액:10억$	성장률 %
2000	143.29		39.6	
2001	260.05	81.49	71.19	79.77
2002	359.07	38.08	102.15	43.49

2003	567.25	57.98	172.5	68.87
2004	614.11	8.26	205.54	19.15
2005	1125.6	83.29	399.83	94.53
2006	1921.92	70.75	966.02	141.61

RTS 지수는 RTS1으로 표시되며 RTS 정보위원회(Information Committee)가 선정한 가장 유동성이 뛰어난 50개의 주식을 기반으로 결정된다. 거래되는 종목 선정은 3개월 마다 이루어 지는데 3월 15일, 6월 15일, 9월 15일, 12월 15일이다. 이 지수는 또한 FORTS의 선물계약의 기초가치 역할을 한다. RTS 지수는 발행된 주식의 유통을 고려하면서 동시에 시장가치에 따라 가중치가 주어진 유동주식가중 시가총액식 지수 즉 유동주식-시가 가중지수(Market Capitalization-Weighted Index with free-float coefficients)이다. 개별 주식에 대한 가중치는 15%를 초과할 수 없게 되어 있다. 유동성지수(free float factor)는 0.25, 0.5, 0.75, 1 등의 4 변수로 구성되며 이는 시가총액은 크나 유동성이 낮은 주식이 주식지수에 과도한 영향을 미치는 것을 방지하기 위한 것이다.

RTS 지수사정 주식 종목: 2008년 12월 15일부터 2009년 3월 13일까지

	주식종목	발행주식수	유동주식비율 (Free-float factor)	가중치 Weight
1	Sistema JSFC, Common	9 650 000 000	5%	0.13%
2	JSC "Aeroflot", Common	1 110 616 299	20%	0.67%
3	JSC Acron, Common	47 687 600	20%	0.18%
4	JSC "AVTOVAZ", Common	1 388 289 720	20%	0.13%
5	Bashneft, Common	170 169 754	20%	0.21%
6	JSC "Severstal", Common	1 007 701 355	15%	0.81%
7	OJSC Sibirtelekom, Common	12 011 401 829	40%	0.11%
8	JSC CenterTelecom, Common	1 578 006 833	30%	0.10%
9	"FGC UES", JSC, Common	476 347 462 155	20%	0.97%
10	Gazprom, Common	23 673 512 900	40%	15.00%
11	OJSC "MMC "NORILSK NICKEL", Common	190 627 747	20%	4.67%

12	JSC “RusHydro”, Common	245 014 059 191	30%	3.30%
13	JSC Irkutskenergo, Common	4 766 807 700	10%	0.29%
14	OAO “LUKOIL”, Common	850 563 255	50%	15.00%
15	OJSC “MMK”, Common	11 174 330 000	15%	0.52%
16	OJSC “Magnit”, Common	83 245 660	25%	0.46%
17	AO MOSENERGO, Common	39 749 359 700	20%	0.55%
18	Mechel OAO, Common	416 270 745	15%	0.53%
19	MTS OJSC, Common	1 993 326 138	5%	0.69%
20	NLMK, Common	5 993 227 240	15%	1.30%
21	PJSC “NCSP”, Common	19 259 815 400	30%	0.60%
22	OJSC “VolgaTelecom”, Common	245 969 590	30%	0.09%
23	JSC “NOVATEK”, Common	3 036 306 000	25%	4.06%
24	JSC “OGK-2”, Common	32 734 568 382	30%	0.15%
25	JSC “WGC-3”, Common	47 487 999 252	20%	0.16%
26	JSC “ OPIN”, Common	15 280 221	20%	0.19%
27	OJSC “Polyus Gold”, Common	190 627 747	35%	2.13%
28	JSC “Polymetal”, Common	315 000 000	15%	0.22%
29	OAO Raspadskaya, Common	780 799 808	20%	0.26%
30	RBC Information Systems, Common	140 000 000	35%	0.07%
31	OJSC “OC “Rosneft”, Common	10 598 177 817	15%	10.69%
32	OJSC “Rostelecom”, Common	728 696 320	20%	1.51%
33	Sberbank, Common	21 586 948 000	40%	12.28%
34	Sberbank, Pref	1 000 000 000	100%	0.60%
35	JSC “The Seventh Continent”, Common	75 000 000	10%	0.13%
36	JSC Gazprom Neft, Common	4 741 299 639	5%	0.78%
37	Silvinit, Common	7 825 760	15%	0.84%
38	Surgutneftegas, Common	35 725 994 705	25%	9.63%
39	Surgutneftegas, Pref	7 701 998 235	70%	1.84%
40	OJSC N. W. Telecom, Common	881 045 433	40%	0.15%
41	SOLLERS OJSC, Common	34 270 159	35%	0.11%
42	Tatneft, Common	2 178 690 700	30%	1.86%
43	TMK, Common	873 001 000	20%	0.36%
44	Transneft, Pref	1 554 875	100%	0.67%
45	Ufaneftekhim, Common	275 330 608	40%	0.19%
46	OJSC Uralkali, Common	2 124 390 000	35%	1.73%
47	O.J.S.C. “Uralsvyazinform”, Common	32 298 782 020	35%	0.23%
48	”VSMPO-AVISMA Corporation”, Common	11 529 538	25%	0.19%
49	JSC VTB Bank, Common	6 724 138 509 019	20%	2.55%
50	WBD Foods, Common	44 000 000	10%	0.11%

RTS2 지수는 시가총액이 비교적 중·소 규모인 2부 주식(Second-tier stocks)을 기반으로 RTS1 지수 산정과 동일한 방식으로 결정된다. 이외에도 RTS 부문별 지수가 2007년부터 발표되었으며 RTS-석유·가스지수, RTS-소매지수, RTS-금속·광산지수, RTS-산업지수, RTS-통신지수, RTS-전기지수, RTS-금융지수 등이 있다. RTS classic market에는 200 개 이상의 기업이 상장되어 있으며 300 개 이상의 주식과 회사채가 거래되고 있다.

(2) MICEX 지수

MICEX지수는 러시아의 대표적인 주가지수로 30개의 대기업이면서 유동성이 제일 높은 기업들의 주가를 반영하고 있다. 이 지수는 1997년 9월 22일 기준 지수를 100으로 시작하였으며 루블로 표시되고, MICEX에 1999년에 회사채와 지방채가 포함되었다.

관련 전문가로 구성된 자문기구인 "지수위원회(The Index Committee of CJSC MICEX Stock Exchange)"가 MICEX 지수에 포함될 주식을 선정한다. MICEX지수의 최초 시장가치는 약 2402억9천만 루블이었으며, 개별 주식에 대한 지수의 가중치에 대한 제한은 15%로, 5개 주식에 대한 가중치는 55%로 제한되었다. 또한 MICEX 의 경우 루블로 거래하며 100% 사전지불제를 통하여 거래를 보장하고 있다. 100% 사전지불제란 주식거래를 하기 전 모든 거래자들은 현금과 주식을 예치하도록 하는 제도이다.

(3) 모스크바거래소 지수

모스크바 증권거래소(Московская биржа)는 RTS(PTC)와 MICEX(ММВБ)가 2011년 통합되어 설립되었다. 주식, 회사채, 지방채, 국채, 파생상품 등의 거래가 이루어지고 있다. 기존의 MICEX와 RTS는 각각 독자적인 지수들을 발표하여 왔다. 그러나 MICEX와 RTS 지수의 가장 큰 차이점은 지수를 결정하는 기업들의 구성과 주식가격이 표시되는 통화였다. 즉 MICEX 지수들은 항상 루블로 표시되었으며 RTS지수들은 미국 달러로 표시되었다.

그러나 2011년 12월 MICEX와 RTS가 통합되면서 모스크바거래소의 대표지수는 모스크바거래소 지수(Moscow Exchange Index)로 그리고 2012년 12월 18일부터 MICEX지수와 RTS지수의 구성 주식이 통일되었다. 양 지수의 산정에 있어 유일한 차이점은 MICEX지수는 주식의 루블 가격을, 그리고 RTS지수는 주식의 달러가격을 기초로 산정된다는 데 있다.

모스크바거래소지수는 러시아의 대기업이면서 유동성이 제일 높은 50개의 주식을 기준으로 이들 주식의 유동주식 시장가치가중평균지수(Capitalization-weighted with free-float coefficients)이다.

표1 모스크바거래소 지수편입 주식

순번	주식이름	유동지수비율	비중,%
1	Sberbank, 보통주	48	13.93
2	Sberbank, 우선주	100	1.08
3	PJSC "GAZPROM", 보통주	46	14.88
4	PJSC "LUKOIL", 보통주	46	12.24
5	PJSC "Magnit", 보통주	63	6.23
6	JSC "NOVATEK", 보통주	27	5.97
7	"Surgutneftegas" OJSC, 보통주	25	3.07
8	"Surgutneftegas" OJSC, 우선주	73	1.80
9	PJSC "MMC "NORILSK NICKEL", 보통주	33	4.69
10	Rosneft, 보통주	11	3.99
11	VTB Bank(PJSC), 보통주	39	3.80
12	PJSC "TATNEFT", 보통주	32	3.05
13	PJSC "TATNEFT", 우선주	100	0.50
14	MTS PJSC, 보통주	48	2.58
15	PJSC "ALROSA", 보통주	34	2.51

16	Moscow Exchange, 보통주	57	1.49
17	PJSC "Inter RAO", 보통주	29	1.37
18	Polymetal International plc, 외국인발행 주식	37	1.34
19	PAO Severstal, 보통주	18	1.27
20	NLMK, 보통주	16	1.26
21	Yandex N.V., 외국인발행 주식	95	1.16
22	PJSC "Aeroflot", 보통주	41	0.968
23	Transneft, 우선주	32	0.90
24	PJSC "PhosAgro", 보통주	25	0.85
25	PJSC "RusHydro", 보통주	23	0.79
26	PJSC Rostelecom, 보통주	32	0.67
27	PJSC "MegaFon", 보통주	15	0.63
28	United Company RUSAL Plc, 외국인발행 주식	13	0.61
29	OJSC MMK, 보통주	13	0.51
30	"FGC UES", PJSC, 보통주	21	0.50
31	Sistema PJSFC, 보통주	36	0.49
32	PIK GROUP, 보통주	32	0.6
33	PJSC "Europlan", 보통주	35	0.34
34	PJSC "Unipro", 보통주	18	0.34
35	PJSC "M.video", 보통주	42	0.33
36	Mechel PAO, 보통주	45	0.33
37	PJSC Polyus, 보통주	5	0.32
38	TMK, 보통주	30	0.29
39	CREDIT BANK OF MOSCOW, 보통주	25	0.29
40	PJSC Uralkali, 보통주	6	0.27
41	PJSC "Detsky mir", 보통주	34	0.26
42	PJSC Bashneft, 우선주	63	0.23
43	PJSC "NCSP", 보통주	15	0.23
44	PJSC Acron, 보통주	16	0.22
45	PJSC "RPC UWC", 보통주	20	0.20
46	ROS AGRO PLC, DR	21	0.20
47	PJSC "ROSSETI", 보통주	11	0.19
48	PJSC LSR Group, 보통주	33	0.18
49	MOSENERGO, 보통주	15	0.16
50	PJSC "DIXY GROUP", 보통주	46	0.15

4) 주식시장의 운영

(1) 상장기업 수

2016년 말 현재 러시아에 20,103개의 주식회사가 있지만 증권거래소에 상장되어 있는 기업은 242개로 2015년의 251개에 비하여 약 3.6%가 감소하였으며, 2011년 MICEX와 RTS의 통합으로 대체로 상장기업 수는 감소하고 있는 추세이다.

상장기업수

	MICEX 거래소	RTS 거래소
2006	190	281
2007	208	302
2008	231	275
2009	234	279
2010	249	278
	Moscow Exchange Group	
2011	320	
2012	275	
2013	273	
2014	254	
2015	251	
2016	242	

출처: Российский фондовый рынок: 2016 год, События и факты, с. 13.

(2) 시가총액

시가총액(stock market capitalization)은 일반적으로 한 나라의 주식시장의 규모를 나타내는 지표이며 주식시장의 규모는 통상 GDP 대비 %로 나타낸다. 시가총액이 GDP의 50% 이상일 때 주식시장이 잘 발달되었다고 간주하나 그러나 시가총액이 크다고 하여 반드시 주식시장이 활발하다고 할 수는 없다는 점을 주목하여야 한다. 이 경우 주식시장이 주식이 잘 거래가 이루어지지 않는 몇몇 대기업들로 구성되어 있을 경우이다.

러시아의 주식시장 시가총액은 2006년 8월 16일 현재 9462억 달러로 신흥시장 국가들중 최대이며 2006년 5월 최고치를 기록한 한국의 주식시장 시가총액 보다 15%나 큰 규모이다. 가즈프롬의 시가총액은 2769억 달러로 엑슨 모빌(Exxon Mobil)과 제너럴 일렉트릭(GE) 다음의 세계 3위였다.

국내총생산대비 러시아 주식시장의 시가총액 비율은 2007년 116%로 독일의 64%, 이탈리아 51% 보다는 두 배 이상 높으며 미국의 144%, 영국 141% 보다는 낮은 상태다.

2008년 5월 현재 전 세계 유동주식(free-float) 시가총액은 약 30조7천억 달러로 시가총액이 약 50조7천억 달러임을 감안하면 유동주식 시가총액은 시가총액의 약 61%에 불과하다. 미국의 시가총액의 90%가 유동주식이며 일본이 75%, 독일이 76% 브라질 51%, 인도 31%인 반면, 러시아는 미국, 일본, 독일 등 선진국뿐만 아니라 전 세계 평균인 61%에 비하여도 매우 낮은 39%에 불과하다. 러시아 주식시장의 시가총액은 2008년 5월 1일 현재 1조2600억 달러로 2007년 러시아 국내총생산의 90.2%에 이른다.

러시아 주식시장의 시가총액은 2014년 말 현재 전년대비 8.6% 감소한 23조 2000억 루블로 GDP대비 33%이었으나 달러로 환산하면 50.3% 감소한 5170억 달러였다.

러시아 주식시장의 시가총액은 2015년 말 현재 전년 대비 24.2%증가한 28조 2000억 루블로 GDP의 47%를 차지하고 있다. 시가총액의 불균형은 여전하여 상위 10대 기업이 시가총액의 62%를 차지하고 있다.

러시아 주식시장의 시가총액은 2016년 10월 31일 현재 33조6970억 루블(약

5357 억달러)이며 로스네프찌가 3조6810억 루블, 가즈프롬이 3조2660억 루블, 그리고 스베르방크가 3조1930억 루블 등 이었다. 2015년 12월 30일의 시가총액 28조 5900억 루블보다 약 17.86%가 증가한 것이다.

	Moscow Exchange Group 주식시장, 10억 루블	GDP 10억 루블	시가총액/GDP %
2006	25,482.0	26,917.2	94.7
2007	32,740.0	33,247.5	98.5
2008	11,017.3	41,276.8	26.7
2009	23,090.9	38,807.2	59.5
2010	29,253.2	46,321.8	63.2
2011	25,708.0	59,698.1	43.1
2012	25,212.5	61,791.6	40.8
2013	25,323.8	62,581.9	40.5
2014	23,155.6	63,049.2	36.7
2015	28,769.1	60,687.1	47.4
2016	37,822.8	61,097.5	61.9

출처: Российский фондовый рынок: 2016 год, События и факты, с. 14.

2016년 말 현재 러시아 증권거래소의 시가총액은 370조8228억 루블로 전년 대비 31.5%가 증가하였으며 국내총생산 대비 시가총액 역시 2015년 47.4%에서 14.5% 증가한 61.9%로 증가하였다. 여기서 특이한 것은 국내총생산이 전년 대비 0.68% 정도의 아주 낮은 성장을 한 데 비하여 주식시장의 시가총액은 14.5%의 비교적 높은 증가를 한 부분이다.

세계은행의 발표에 따르면 러시아 주식시장의 GDP 대비 시가총액 비율은 2009년 62.3%, 2010년 62.4%, 2011년 38.6%, 2012년 38.0%, 2013년 34.5%, 2014년 18.7%, 2015년 28.8%, 2016년 48.5%로 러시아 자료보다는 다소 낮게 나타나고 있다.

비록 주식시장의 시가총액이 GDP 대비 높은 비율이 반드시 당해 주식시장이 잘 발달되어 있다고 볼 수는 없지만 대체로 GDP 대비 시가총액이 50% 이상이면 당해 주식시장은 잘 발달되었다고 일반적으로 간주된다. 이러한 점을 고려하면 러시아의 주식시장은 아직 충분히 발달되었다고 보기 어려울 것이다.

달러로 환산한 상장기업의 시가총액은 세계은행의 자료에 따르면 2009년 7617억 달러, 2010년 9513억 달러, 2011년 7836억 달러, 2012년 8253억 달러, 2013년 7707억 달러, 2014년 3859억 달러, 2015년 3932억 달러, 2016년 6221억 달러로 2016년은 2015년 대비 158% 이상 증가를 보여 주고 있다.

국가통제기업(state-controlled companies)이 시가총액에서 차지하는 비중은 석유와 가스부문에 대한 국가소유강화와 국영 수직적 통합기업 설립 등으로, 2004년 24%에서 2007년 40%로 높아졌다. 또 다른 연구에 의하면 국가통제기업이 시가총액에서 차지하는 비중은 2006년 52.6%에서 2007년 50.3%, 2008년 48.1%, 2009년 47.8%, 2010년 42.5%, 2011년 44.1%, 2013년 41.6%, 2014년 39.3%까지 낮아지는 것으로 추정되었다. 이와 같은 추정결과는 경제위기 때 통상 국가통제기업이 보다 많은 정부지원을 받아 경제에서 비중을 확대할 것이라는 예상과 다소 다른 결과이다.

(3) 자본의 집중도

러시아 주식시장의 또 다른 특징은 자본의 집중도이다.

시가총액 상위 기업 및 비중

순위	기업	자본:10억 달러	비중:%
1	로스네프찌(ПАО «НК «Роснефть»)	70.4	11.2
2	저축은행(ПАО «Сбербанк России»)	63.7	10.2
3	가즈프롬(ПАО «Газпром»)	60.3	9.6
4	루코일(ОАО «НК «ЛУКОЙЛ»)	48.4	7.7
5	노바테크(ОАО «НОВАТЭК»)	39.5	6.3

6	노릴스크 니켈(ОАО «ГМК «Норильский никель»)	26.4	4.2
7	수르구트네프찌가스(ОАО «Сургутнефтегаз»)	22.4	3.6
8	마그니트(ПАО «Магнит»)	17.1	2.7
9	가즈프롬 네프찌(ОАО «Газпром нефть»)	17.0	2.7
10	대외경제은행(ПАО «Банк ВТБ»)	15.9	2.5
	상위 10개 기업 합계	381.1	60.7
	주식시장 총자본	627.5	100.0

출처: Российский фондовый рынок: 2016 год, События и факты, с. 14.

상장기업 중 시가총액이 가장 많은 기업은 2016년 말 현재 로스네프찌로 시가총액이 704억 달러로 주식시장 총 시강총액 6275억 달러의 11.2%를 차지하고 있으며 다음이 저축은행으로 시가총액이 637억 달러, 비중은 10.2%를 차지하고 있다. 러시아 최대 가스기업인 가즈프롬은 시가총액이 603억 달러로 시가총액 순위로는 3위에 머물렀다. 상위 10개 대기업이 차지하는 러시아 주식시장 총 시가총액에서 차지하는 비중은 60.7%로 2006년 78.5%, 2008년 69.3%, 2009년 65.3%, 2011년 62.2%, 2014년 61.1% 등 에서 지속적으로 감소하고 있다.

연도	시가총액대비 상위 10대 기업 비율: %
2006	78.5
2007	68.5
2008	69.3
2009	65.3
2010	60.4
2011	62.2
2012	61.6
2013	62.3
2014	61.1
2015	62.0
2016	60.7

특히 가즈프롬의 경우 2015년 말 시가총액이 445억 달러, 총 시가총액의

11.2%를 차지하여 러시아 상장기업의 시가총액 1위 기업이었으나 2016년에는 9.6%로 3위를, 그리고 로스네프찌는 2015년 말 시가총액 374억 달러, 9.4%로 2위였으나 2016년에는 시가총액 704억 달러, 11.2%로 시가총액 1위 기업이 되었다.

산업별 시가총액 분포

산 업	2006	2007	2008	2009	2010	2011	2012	2013
석유 및 가스	62.6	50.4	57.0	50.1	44.6	51.2	50.4	51.8
금융	9.2	11.8	10.1	14.5	13.1	12.2	13.4	15.0
야금	8.1	11.1	10.0	12.3	15.3	10.6	9.6	7.7
전력산업	11.7	12.5	8.9	9.4	10.6	8.7	6.8	4.6
화학공업	0.2	1.5	1.5	1.6	2.4	4.7	5.6	3.3
통신	4.1	4.4	5.2	3.8	3.7	3.7	4.6	6.5
소매업	0.6	0.7	0.7	1.1	1.7	1.4	2.3	4.0
수송	0.8	1.2	1.8	1.2	1.2	1.3	1.3	1.6
기계제작 및 금속가공	0.8	1.1	0.7	1.0	1.5	1.2	1.2	0.8
광업	0.2	0.2	1.3	0.9	0.8	1.1	1.2	1.4
식품산업	1.1	1.2	1.2	1.0	1.6	1.0	0.9	0.2
석탄산업	0.1	0.3	0.2	1.0	1.1	0.8	0.7	0.3
기타	0.2	2.3	0.9	1.8	2.5	1.6	1.7	2.4

출처: Российский фондовый рынок: 2013 год, События и факты, с. 20.

산업별 시가총액의 주요 특징은 천연자원 및 에너지계열 산업에 대한 의존도가 지나치다는 점이다. 산업별 시가총액 비중은 석유·가스 산업이 압도적으로 높아 2013년의 경우 51.8%를 차지하고 있다. 그러나 석유·가스 산업이 차지하는 비중은 2006년의 62.6%에 비하면 다소 감소하였으며, 전력산업 역시 2006년 11.7%에서 2013년 4.6%로 대폭 감소하였다. 그에 비하여 금융부문은 2006년 9.2%에서 꾸준히 상승하여 2013년 15.0%를 차지하여 석유·가스 산업 다음의 2위가 되었다.

(4) 주식거래량

연간 주식거래량

	MICEX: 10억 루블	RTS: 10억 루블
2006	11,062.8	1,365.2
2007	15,307.1	410.6
2008	12,523.6	265.7
2009	14,306.2	1,647.9
2010	13,331.4	3,430.4
2011	16,229.0	3,380.1
	Moscow Exchange Group: 10억 루블	
2012	10,214.3	
2013	8,312.7	
2014	10,062.2	
2015	9,147.9	
2016	9,175.1	

러시아 주식시장의 주식거래량은 2016년 말 9조1751억 루블로 2015년과 비교하여 큰 차이가 없다. 그러나 2011년 19조6091억 루블에 비하면 약 47%에 불과하다.

일일 평균 주식거래량

	MICEX: 10억 루블	RTS: 10억 루블
2006	44.8	5.5
2007	61.7	1.7
2008	50.1	1.1
2009	57.5	6.6
2010	53.8	13.8
2011	65.4	13.6
	Moscow Exchange Group: 10억 루블	
2012	40.1	
2013	33.3	
2014	40.4	
2015	36.6	
2016	36.4	

2016년 말 현재 1일 평균 주식거래량은 364억 루블로 전년 대비 거의 비슷하나 2011년과 비교하여 보면 약 46%에 불과하다.

(5) 주식 회전율

일년 회전율(Среднегодовой коэффициент оборачиваемости внутреннего рынка акций)은 2006년 71.4%에서 2008년 58.4% 그리고 2009년 93.5%를 정점으로 지속적으로 감소하여 2011년 71.4%, 2012년 45.4%, 2014년 39.7%, 2016년 24.25로 낮아졌다.

러시아 주식시장에서 유동성 가장 높은 상위 10대 기업으로는 2016년 말 현재 대외경제은행, 가즈프롬, 저축은행, 폴레메탈 인터내셔날(Polymetal International), 삐크(ПАО «Группа Компаний ПИК»), 로스네프찌, 노릴스크 니켈, 루코일, 수르구트네프찌가스, 타트네프찌(ПАО «Татнефть»им. В. Д. Шашина)가 있으며 이들 10개 기업이 총 거래량의 80.1%를 차지하고 있다. 그러나 유동성이 가장 높은 상위 5개 기업이 62.4%를 차지하고 있으며 그 중 대외경제은행이 22.1%를 차지하여 가장 유동성이 높은 기업이다. 가장 유동성이 높은 상위 10개 기업이 차지하는 비중은 2006년 94.8%에서 2008년 92.0%, 2010년 86.6%, 2012년 84.5%, 2015년 74.2%로 계속 낮아지다가 2016년에 80.1%로 다소 높아졌다.

(6) 유동주식 비율

순위	발행 기업	주식종류	상장 범주	유동주식, %
1	마그니트(ПАО ≪Магнит≫)	보통주	1	63
2	모스크바 거래소(ПАО Московская биржа)	보통주	1	57
3	엠떼에스(ПАО ≪МТС≫)	보통주	1	48
4	저축은행(ПАО ≪Сбербанк России≫)	보통주	1	48
5	딕시그룹(ПАО ≪ДИКСИ Групп≫)	보통주	1	46
6	가즈프롬(ПАО ≪Газпром≫)	보통주	1	46
7	루코일(ПАО ≪НК ≪ЛУКОЙЛ≫)	보통주	1	46

8	메첼(ПАО ≪Мечел≫)	보통주	1	45
9	엠비데오(ПАО ≪М.видео≫)	보통주	1	42
10	루스-인베스트(ПАО ≪РУСС-ИНВЕСТ≫)	보통주	2	41

출처: Российский фондовый рынок: 2016 год, События и факты, с. 18.

러시아 주식시장의 또 다른 특징중 하나는 유동주식 비율이 비교적 낮다는 점이다. 제일 높은 기업이 마그니트로 63%이며 상위 10개 기업들의 유동주식 비율은 대체로 40% 내외이다.

5) 주식시장의 주요 특징 및 전망

(1) 특징

* 자본시장의 소유구조 독점화: 러시아의 대다수 기업들은 주식의 70% 내지 80%를 소유하고 있는 2명에서 4명 정도의 소수 주주들이 소유하고 있다.
* 소규모 기업들의 주식거래 독점화: 10개의 대기업이 발행한 주식들의 거래 규모가 전체 거래의 약 80%를 점유하고 있으며 대부분의 선진국의 경우 이 비율은 20%-30%를 넘지 않는다.
* 정부가 대주주: 러시아의 주요 기업들에 있어 정부가 대주주인 경우가 다수이다.
* 소규모 유동주식수: 러시아 주식시장은 유동주식수가 현저히 적은데 러시아 상위 10개 기업의 유동주식수는 대체로 40% 내외이며, 러시아 주식시장 전체적으로도 25% 내지 30% 정도이다. 그러나 선진국의 경우 유동주식수는 약 80% 내지 90%에 이른다.
* 국제 원자재 가격에 대한 과도한 의존성: 러시아 주식시장은 국제 원유, 천연가스 및 원자재 가격에 지나치게 의존되어 있으며 또한 외부의 투기적

거래에 대하여 매우 취약하다.

* 정치적 위험도가 높다.

(2) 전망

러시아 주식시장의 주가수익률(рыночная цена к доходу на акцию(P/E))은 2006년부터 2014년까지 대체로 낮아지는 경향을 보이고 있으며 2015년에 평균 12.0으로 다소 상승하였다가 2016년에 다시 3.9로 낮아졌다. 주가수익률이 낮으면 대체로 주가가 주당 이익에 비하여 상대적으로 싸다는 것을 의미한다고 할 때, 이러한 주가수익률은 러시아 주식시장이 저평가되어있다는 것을 의미한다고 볼 수 있다.

또한 러시아 주식시장의 주가순자산배율(рыночная цена к балансовой стоимости акции(P/BV))은 2015년 0.7- 0.8에서 2016년 0.8-1.0으로 높아졌다. 주가순자산배율이 1이 되면 주가와 해당 기업의 1주당 순자산이 같은 것을 의미하는 것으로 기업들이 주식 공모를 할 가능성을 높여준다고 볼 수 있다. 이것은 이미 2006년부터 2008년 초까지 주가순자산배율이 당시 2-3일 때 기업들이 주식 공모를 확대하였던 사례가 있다.

제6장 러시아 노동시장

러시아의 노동시장은 러시아 거시경제상황에 따라 크게 3단계로 나누어 볼 수 있다. 첫 번째는 1991년부터 1998년까지로 러시아경제가 이행기체제로 이행하면서 겪었던 심각한 경기후퇴시기로 이 시기 노동시장의 특징은 고용감소, 노동시간단축, 실질임금의 급격한 하락 등이다. 두 번째 시기는 1999년부터 2008년 사이로 경제가 연평균 7%내지 8%의 급속한 성장을 보이면서 노동시장 역시 상당한 향상을 보이고 있다. 그리고 2008년의 세계적 경제위기가 3단계의 시작으로 현재 진행 중이라고 볼 수 있다.[1]

러시아 노동시장의 가장 큰 특징 중의 하나는 고용상황이 비교적 안정적이라는 것과 심각한 거시경제 충격에 고용이 비탄력적이라는 것이다. 1991년 러시아가 시장경제로 이행하기 시작하면서 1998년 모라토리움 위기까지 러시아는 국내총생산이 40%나 감소하였으나 고용은 단지 15%만 감소하였다. 이와 같은 현상은 대부분의 동유럽국가들이 GDP변화와 고용변화가 매우 밀접하게 움직이는 것과는 매우 대조적이다.

그러나 2000년대의 경제회복은 또 다른 양상을 보여주고 있다. GDP는 1998년 대비 2008년까지 거의 2배 증가하였으나 고용은 7-8% 증가하는데 그쳤다. 따라서 GDP의 변화에 대한 고용의 비탄력성은 러시아 노동시장의 가장 큰 특

---

1) Gimpelson, Vladimir 와 Rostislav Kapeliushnikov, "Labor Market Adjustment: Is Russia Different," *IZA DP No. 5588*, March 2011, p. 3.

징의 하나로 나타나고 있다.

따라서 러시아 노동시장의 특징은 특히 시장경제로 이행하는 초기의 경우 총생산의 변화와 양적인 고용지표의 상관관계가 매우 약하다는 점과 임금의 유연성이 심하다는 것이다. 특히 임금의 유연성은 비정규직 형태의 고용으로 고용주가 근로자의 임금을 적절하게 통제할 수 있는 것에 기인하고 있다.

1. 노동 공급

1) 경제활동인구

경제활동인구	2000	2010	2011	2012	2013	2014	2015
총계(천 명)	72,770	75,478	75,779	75,676	75,529	75,428	76,588
남성	37,631	38,601	38,716	38,720	38,720	38,729	39,433
여성	35,139	36,877	37,063	36,956	36,809	36,700	37,155

고용율(단위: %)							
남성	63.8	68.0	69.2	70.4	70.4	71.0	71.0
여성	53.8	58.0	59.2	60.1	59.8	60.3	60.1
실업율(단위: %)							
남성	10.8	7.9	6.9	5.8	5.8	5.5	5.8
여성	10.4	6.8	6.0	5.1	5.2	4.8	5.3

출처: *Российский статистический ежегодник 2016*, с. 105.

러시아의 총인구는 2011년 1억4천2백8십6만5천명에서 2016년 1억4천6백5십4만5천명으로 지속적으로 증가하고 있는데 비하여, 러시아의 경우 남성은 16세부터 59세까지 그리고 여성은 16세부터 54세까지의 인구를 의미하는 노동가능

인구(трудоспособное население)는 2011년 8천7백8십4만7천명에서 2016년 8천4백십9만9천명으로 지속적으로 감소하고 있다.[2]

경제활동인구 역시 2011년 7천5백7십7만9천명에서 2014년 7천5백4십2만8천명으로 감소하였으나 2015년 7천6백5십8만8천명으로 증가하였다.

2) 직업탐색

(1) 직업탐색 수단 구조: 단위, %

	2000	2010	2011	2012	2013	2014	2015
전체	100	100	100	100	100	100	100
국가고용국	27.9	38.3	34.7	30.1	29.5	28.0	28.3
상업적 직업소개소	2.4	2.7	3.0	3.0	3.4	4.2	4.4
신문광고, 인터넷 등	21.9	21.9	23.9	29.2	33.1	39.1	45.3
친 인척, 친구 및 지인	59.0	53.9	57.5	60.8	59.4	62.9	65.5
고용주에게 직접 요청	31.2	23.7	25.5	28.5	28.0	29.1	31.3
자영업	1.0	0.7	0.9	1.2	0.9	0.9	1.8
기타	11.6	8.6	7.8	7.1	6.4	8.0	9.0

출처: *Российский статистический ежегодник. 2016,* C 119.

러시아 근로자들의 직업탐색 수단으로 가장 유력한 방법은 친·인척, 지인 등 개인적인 인간관계가 가장 중요하게 나타나고 있다. 다음으로 신문광고나 인터넷 등 언론매체를 이용한 것으로 나타나고 있으며 상업적 직업소개소의 비중은 매우 낮은 편이다. 또한 직업탐색 수단으로 신문광고나 인터넷 등 언론매체를 이용한 방법이 2000년 이후 거의 2배 이상 증가한 것이 주요한 특징 중의 하나이다.

따라서 현재까지는 근로자의 연줄을 이용하여 직장을 찾는 것이 가장 보편

2) *Российский статистический ежегодник 2016*, c. 69.

적인 수단이다. 이와 같은 것을 러시아에서 다음과 같이 표현되고 있다. 자신의 연줄을 이용한 탐색, 자신의 지인을 활용한 탐색, 이전의 연줄을 이용한 탐색, 자신의 연줄을 이용한 탐색(Пошарить по своим каналам Пошарить по своим знакомым Пошарить по старам каналам Продавить по своим каналам)

(2) 직업탐색 기간

직업탐색기간: 단위, %

	2000	2010	2011	2012	2013	2014	2015
전체	100	100	100	100	100	100	100
3개월	22.2	30.0	30.0	32.8	33.5	34.2	35.3
3개월-6개월	12.6	22.6	17.1	18.7	16.6	17.0	17.8
6개월-1년	19.0	17.4	20.0	17.5	18.8	20.7	20.6
1년 이상	46.2	30.0	32.9	30.9	31.0	28.1	27.3
평균기간:월	9.6	7.5	8.0	7.5	7.6	7.3	7.3

출처: *Российский статистический ежегодник. 2016,* C 120.

러시아 근로자의 직업탐색 기간은 2000년 9.6개월에서 2015년 7.3개월로 지속적으로 감소하고 있다. 일 년 이상 직업을 찾고 있는 비중은 2000년 46.2%에서 2015년 27.3%로 급격히 감소한 반면 3개월 이내는 22.2%에서 34.3%로 각각 증가하여 새로운 직장을 찾는 것이 보다 용이해 졌다는 것을 보여주고 있다.

2. 노동 수요

1) 고용 구조

(1) 소유구조별 고용 구조

소유구조별 고용구조: 단위, %

	2000	2010	2011	2012	2013	2014	2015
전체	100	100	100	100	100	100	100
국영	37.8	30.4	29.4	28.7	28.0	27.6	27.2
민간부문	46.1	58.6	58.8	59.7	60.4	61.9	61.5
사회 종교단체	0.8	0.5	0.5	0.5	0.4	0.4	0.4
혼합	12.6	5.7	6.3	6.0	5.8	5.2	5.9
외국기업, 외국과 러시아합작	2.7	4.8	5.0	5.1	5.4	4.9	5.0

출처: *Российский статистический ежегодник. 2016,* C 109.

소유구조별 고용구조는 2015년 현재 민간부문이 61.5%의 비중을 차지하여 제일 높으며 다음으로 국가부문으로 27.2%의 비중을 차지하고 있다. 특히 국영 부문의 비중이 2000년 37.8%에서 2015년 27.2%로 약 10% 감소하였으며 대신 민간부문의 고용이 46.1%에서 61.5%로 증가하였다. 러시아 경제가 시장경제로 이행한 지 약 30년이 되면서 고용구조에서도 국가의 비중이 감소하고 민간부문의 비중이 증가하는 것은 예상할 수 있는 것이다.

(2) 경제부문별 고용 구조

경제부문별 고용 구조: 단위, %

	2000	2010	2011	2012	2013	2014	2015
전체	100	100	100	100	100	100	100
농림, 수렵	13.9	9.8	9.7	9.5	9.4	9.2	9.2
어업	0.2	0.2	0.2	0.2	0.2	0.2	0.2
광물채취	1.7	1.6	1.6	1.6	1.6	1.6	1.6
제조업	19.1	15.2	15.2	15.0	14.8	14.6	14.4
전력 가스 등의 생산 및 분배	2.9	2.9	2.9	2.9	2.9	2.8	2.8
건설	6.7	8.0	8.1	8.3	8.4	8.4	8.3
도 소매업, 차량정비 및 생활용품수선	13.7	17.9	18.0	18.1	18.3	18.7	18.8
호텔 및 레스토랑	1.5	1.8	1.8	1.8	1.9	1.9	2.0
교통 및 통신	7.8	7.9	7.9	8.0	8.0	8.0	8.0
금융	1.0	1.7	1.7	1.8	1.9	1.9	1.9
부동산, 임대 및 용역제공	7.0	8.0	8.1	8.4	8.5	8.7	8.8
국가기관, 군사안보, 사회보험	4.8	5.8	5.6	5.5	5.5	5.5	5.5
교육	9.3	8.7	8.6	8.4	8.2	8.1	8.1
보건 및 사회용역 제공	6.8	6.8	6.8	6.7	6.7	6.6	6.6
기타 용역 제공	3.6	3.7	3.7	3.7	3.7	3.7	3.7

출처: *Российский статистический ежегодник. 2016,* C 110.

2015년 현재 고용비중이 제일 높은 산업은 도 소매업 및 차량정비, 생활용품수선 분야로 전체 고용의 18.8%를, 그 다음이 제조업 분야로 14.4%를 차지하고 있다. 그러나 전자는 고용비중이 2000년 13.7%에서 2015년 18.8%로 지속적으로 증가하고 있는 반면 제조업분야는 그와 반대로 2000년 19.1%에서 2015년 14.4%로 꾸준히 감소하고 있다. 고용비중이 가장 빠르게 상승한 분야는 금융분야로 2000년 1.0%에서 2015년 1.9%로 거의 100% 고용이 증가하였으며 호텔, 레스토랑부문도 고용상승폭이 비교적 큰 폭이다. 농림업 분야는 2000년 13.9%에서 2015년 9.2%로 고용비중이 비교적 많이 하락한 분야이며 고용비중이 제일 낮은 산업분야는 어업으로 0.2%의 고용비중을 보이고 있다.

(3) 산업별 여성 고용 구조

산업별 여성 고용 구조: 단위, %

	2000	2010	2011	2012	2013	2014	2015
전체	48.4	49.1	49.1	49.0	48.9	48.8	48.7
농림, 수렵	39.6	35.8	36.9	36.8	38.4	38.0	37.8
어업	17.9	14.0	13.0	11.5	13.7	13.1	12.4
광물채취	25.7	20.5	19.9	20.1	19.5	19.3	18.5
제조업	42.8	41.0	40.5	39.9	39.8	39.5	38.8
전력 가스 등의 생산 및 분배	29.6	28.6	27.7	28.4	27.9	27.2	26.6
건설	22.6	16.0	15.2	14.8	14.6	14.3	14.0
도 소매업, 차량정비 및 생활용품수선	59.2	62.1	62.1	61.6	61.1	60.6	61.2
호텔 및 레스토랑	80.8	77.5	76.4	77.0	76.8	76.0	75.7
교통 및 통신	30.8	27.9	27.7	27.0	26.2	26.6	25.4
금융	67.6	66.9	67.0	67.4	67.4	68.7	67.2
부동산, 임대 및 용역제공	45.6	41.9	41.4	41.5	41.5	41.0	41.9
국가기관, 군사안보, 사회보험	34.4	40.0	40.8	41.3	41.0	40.7	40.9
교육	79.9	81.3	81.5	81.5	81.6	82.2	82.1
보건 및 사회용역 제공	81.7	80.1	80.3	79.9	79.7	79.0	79.2
기타 용역 제공	51.1	68.6	69.1	69.5	69.6	69.9	68.4

출처: *Российский статистический ежегодник 2016*, с. 111.

러시아의 전체 고용에서 여성이 차지하는 비중은 위의 표에 나타나 있는 바와 같이 대체로 49%내외로 나타나고 있다. 2015년 현재 산업부문 중 여성비율이 제일 높은 곳은 교육분야로 전체 고용의 82.1%를 차지하고 있으며 다음은 보건 및 사회용역제공분야로 79.2%를 그리고 호텔 및 레스토랑분야가 75.7%를 차지하고 있다. 그에 비하여 여성고용비율이 제일 낮은 곳은 어업분야로 12.4%를 그 다음이 건설분야로 14%를 차지하고 있다.

2) 고용 형태

러시아 노동법은 법에 정해진 예외적인 경우를 제외하고는 무기근로계약(бессрочный трудовой контракт) 과 전일제(full-time work, полное рабочее время)를 전제로 하고 있는 정규직(стандарт занятости)을 필수로 하고 있다. 그러나 러시아가 시장경제로 이행하면서 정규직과 예외 적인 경우에서 벗어나는 매우 다양한 형태의 고용이 나타나고 있다. 이러한 고용형태는 합법적인지 불법적인지 그 경계가 모호한 경우가 있으며 비정규직(нестандартными или атипичными)으로 부른다.

일반적으로 정규직은 고용주나 고용주가 지정한 관리자에 의해, 기업에서 전일제와 무기근로계약하에 있는 고용을 의미한다. 따라서 자영업(самозанятость)과 이를 제외한 모든 고용형태는 비정규직으로 간주한다.

(1) 고용 조건

① 근로계약

러시아에서 근로계약을 체결할 수 있는 나이는 16세이나 의무교육을 마친 경우는 15세에도 노동계약을 체결할 수 있다. 또한 부모나 후견인의 동의하에 학업에 방해가 되지 않는 경노동일 경우 14세인 학생도 노동계약을 체결할 수 있다. 특히 영화, 연극 그리고 써커스의 경우 부모나 후견인의 동의하에 14세 미만인 경우도 노동계약을 체결할 수 있다. 18세미만의 노동자는 중노동, 유해 위험업무, 지하노동, 일정이상의 중량을 가진 물건운반, 심신의 발달에 유해한 노동은 할 수 없다.

러시아에는 또한 노동기록부제도가 있다. 노동기록부는 사용자가 작성하며 주로 근로자에 관한 정보, 업무내용, 이직, 해고, 근로계약해지사유, 포상 등의 내용을 기록한다.

② 노동시간

노동시간: 일반적인 노동시간은 주당 40시간을 초과할 수 없다. 그러나 18세 미만자, 장애자, 그리고 유해 위험업무종사자들에게는 단축된 노동시간이 규정되어 있다. 심야노동은 오후 10시부터 익일 오전 6시까지이며 임산부, 18세미만 노동자등은 심야노동이 금지되어 있다. 초과노동은 사용자의 요청에 의하여 노동자의 서면에 의한 합의를 통해 이루어지며 경우에 따라 노동조합의 의견도 고려하여야 한다. 초과노동에 대한 임금은 최초 2시간은 1.5배 이상, 그 다음 시간부터는 2배 이상을 지불하여야 한다. 보다 구체적인 내용은 단체협약을 통하여 결정된다.

③ 여성의 근로조건

일반적으로 여성의 경우 중노동, 유해 위험업무, 지하노동, 일정이상의 중량을 운반하는 일에는 취업이 금지되어 있다. 임신 중인 여성의 경우, 평균임금을 유지하면서, 의사 소견서와 본인의 요청에 의하여 노동의 성과기준을 낮추거나 다른 직무로 보직을 변경할 수 있다. 1.5세 미만의 자녀가 있는 여성의 경우, 본인의 요청에 의하여 평균임금을 유지하면서 타 직무로 보직을 변경할 수 있다. 임신과 출산휴가는 출산 전 70일간(다태임신의 경우 86일), 그리고 출산 후 70일간(난산의 경우 86일, 다중출산 110일)이며 국가사회보험에서 수당이 지급된다. 신생아를 입양하는 노동자에 대해서도 동일한 출산휴가가 주어진다. 또한 임신 중의 여성에게는 출장 및 시간외노동등이 금지된다. 또한 사용자는 기업이 해산하는 경우를 제외하고는 임신 중 여성의 노동계약을 해제할 수 없다.

(2) 고용의 유형(Формы занятости)

생산수단의 소유형태에 따라 생산수단의 소유자와 근로자의 관계 즉 고용노동이 있으며 자영업, entrepreneurship이 있고 근로장소에 따라 기업, 재택근무, 교대제 근무(shift method)가 있으며 근로의 정기성 여부에 따라 정규직(постоянная)과 임시직(временная), 그리고 계절직(сезонная)이 있으며 때때로 고용계약없이 물질적 보상을 받기 위하여 이루어지는 다양한 종류의 단기적 일시노동인 우발적(эпизодическая) 고용도 있다. 고용의 합법성 여부에 따라 공식 고용(формальная)과 비공식 고용(неформальная)로 나누어진다.

① 근무시간에 따른 고용형태

1. 전일제 근로자(полный рабочий день(Full Time))
   일반적으로 러시아내의 직장은 대부분 일주일에 40시간 근무하는 전일제이다. 그러나 모든 임금은 시간급이 아니라 월급제이기 때문에 주어진 작업만 마무리하면 실질근무시간은 그리 중요하지 않다.
2. 근무시간단축(укороченный рабочий день(Shortened Full Time))
   16세 이하 근로자, 18세 이하 학생, 장애인, 유해환경 근로자, 임산부, 영유아 돌보미 등은 근무시간이 단축된다.
3. 시간제 근로자(неполный рабочий день(Part Time))
   만약 근로자가 본업이 있으며, 부업이 주당 20시간이내의 경우와 임산부나 장애인 등 특수한 경우 시간제로만 근무하는 근로자를 의미한다.
4. 임시근로(временная робота(Temporary Work))

근로자가 어떤 특별한 업무를 수행하기 위하여 5년 미만으로 근무하는 경우를 의미한 것으로 예를 들면, 건물을 리모델링하기 위하여 임시로 고용된 건설

근로자나 일시적인 해외업무를 담당하기 위하여 일시 고용된 근로자 등을 의미한다.

② 비정규직 형태

비정규직 형태(Основные формы нестандартной занятости)의 고용은 매우 다양한 모습을 가지고 있으나 주로 다음과 같은 것을 포함하고 있다.[3] 특히 여기서 주목하여야 할 부분은 비정규직 형태의 고용이 노동시장의 유연성을 조장할 뿐만 아니라 근로자의 지위를 약화시키는 역할을 한다는 것이다. 노동의 유연성이란 고용주가 노동의 비용을 감소하여 궁극적으로 기업의 경쟁력을 높여주는 것을 의미한다.

1. 임시직 고용(Непостоянная(временная) занятость(temporary employment)): 임시직근로자는 유기계약근로자, 계절근로자, 파견근로자, 일용근로자, 호출근로자 등을 포괄하는 개념으로 노동시장에서 빠르게 성장하고 있는 부분이다.[4]
2. 시간제고용(Неполная занятость(part-time employment))은 정규근로시간 이하로 일정시간을 정하여 고용된 형태로 малозанятыми 라고 불린다.
3. Недозанятость по времени(time-related underemployment, under-employment in time)는 휴가를 가거나 통상적인 근로시간보다 적게 근무

3) http://do.gendocs.ru/docs/index-201701.html?page=8

4) 비정규직근로자는 임금, 근로계약기간, 근로시간 등 중요 근로조건에 벗어나는 근로자로서 일반적으로 파견근로, 단시간근로, 계약직, 도급, 위탁, 특수고용계약직에 종사하는 근로자를 의미한다. 비정규직 개념에 대해 국제적으로 통일된 기준은 없으나, OECD는 임시직근로자(temporary worker)를 비정규직으로 파악하고 있으며, 임시직근로자로 유기계약근로자(worker with fixed-term contract), 파견근로자(temporary agency worker), 계절근로자(seasonal worker), 호출근로자(on-call worker) 등을 포함하고 있다.[출처] 비정규직근로자 | 두산백과

하는 경우로 여기서 중요한 점은 이러한 것들이 근로자의 요청에 의해서가 아니라 고용주에 의해서 근로자의 의사와 반하게 이루어진다는 점이다.

4. 초과근무(Сверхзанятость(overtime employment))는 규정된 근로시간 보다 더 많은 시간을 근로하는 고용형태다.
5. 자영업(Самостоятельную занятость(self employment))
6. 비공식 고용(Неформальную занятость(informal employment))는 개인기업(비법인기업), 개인에 고용된 임금근로자, 가정에 고용된 근로자, 그리고 공식부문에서 구두로 고용된 즉 등록되어 있지 않은 근로자 등을 의미한다.
7. Занятость в домашних хозяйствах населения(household employment)는 시장에서 판매를 목적으로 가정에서 상품이나 용역을 생산하는 사람들을 의미한다.
8. 무보수 가족 근로자(Неоплачиваемые семейные работники(unpaid family workers))는 친척들이 소유하고 있는 가족기업에서 보수 없이 근로하는 사람
9. 임시 농장 근로자(Занятые в личных подсобных хозяйствах(subsistence farmers))

(3) 산업별 불완전 고용 비중

산업별 불완전고용의 형태는 러시아 국가통계청의 자료에 따르면 첫째, 고용주요청의 시간제 근로자(Численность работников списочного состава, работавших неполное рабочее время поинициативеработодателя), 둘째, 고용주와 근로자 합의에 의한 시간제 근로자(Численность работников списочного состава, работавших неполное рабочее время посоглашениюмежду работникомиработодателем), 셋째 고용주의 실수 등으로 무업무 근로자(Численность работник ов списочного состава, находившихся в простое по вине работодателя и по причинам, не зависящим отработодателяиработника), 넷째 근로자 요청의 무급휴가(Численность работников списочного состава, которым были предоставлены отпуска безсохраненияззаработной платыпозаявлениюработника) 등 으로 구성되어 있다.

산업별 불완전고용 비중: %

2015	고용주요청의 시간제 근로자	고용주와 근로자 합의에 의한 시간제 근로자	고용주의 실수 등으로 무업무 근로자	근로자 요청의 무급휴가
산업전체	0.4	2.1	0.7	7.3
농림업	0.2	0.9	0.1	6.4
어업	0.3	0.7	0.1	9.0
광물채취	0.3	0.4	0.8	6.2
제조업	1.7	1.7	3.5	15.7
건설업	0.5	1.0	0.6	15.3
도 소매업, 자동차정비 및 개인용품 수선	0.1	1.4	0.1	6.5
호텔 및 식당	0.2	11.3	0.5	12.7
교통 및 통신	0.3	3.1	0.3	8.1
금융	0.0	1.3	0.2	5.9
교육	0.1	3.3	0.1	3.3
보건 등	0.0	2.1	0.0	4.5

출처: *Российский статистический ежегодник. 2016,* 132.

러시아 산업 전체로 보면 불완전고용의 비중은 2015년 전체 근로자의 10.5% 정도이며 불완전고용 형태로 보면 근로자요청의 무급휴가가 7.3%로 전체 불완전고용의 약 70%를 차지하고 있다. 산업별 불완전고용은 매우 상이하게 나타나고 있는데 보건 등 분야는 6.6%, 교육 분야는 6.8%로 비교적 낮은 수준이나 호텔 및 식당이 24.7%, 제조업이 22.6%로 매우 높게 나타나고 있다.

이와 같은 불완전고용은 러시아의 실업률이 매우 낮게 나타나는 이유를 설명하는 요인이기도 하다. 즉 고용주는 불완전고용의 형태로 근로자를 고용하면서 기업의 실질 비용을 감소할 수 있기 때문이며, 이러한 고용형태는 결국 실업률을 낮추는 효과가 있기 때문이다.[5]

① 비공식고용

비공식고용이라는 용어는 1973년 영국의 저명한 인류학자인 하트(K. Hart)가 처음 도입한 것으로 비공식고용에 대한 연구는 20세기 후반부터 시작되었다.[6] 구소련시절 노동시장은 노동시장에 대한 정부의 통제, 사유재산제도의 결여, 완전고용 등이 특징으로 비공식고용은 존재할 수 없었다. 그러나 구소련 말 고르바초프의 경제개혁으로 기존의 경제구조는 붕괴되면서 실업자가 대량으로 양산되고 경제의 전반에 걸쳐 노동력의 이동이 광범위하게 일어났다. 특히 서비스부문과 도소매업의 발전으로 인하여 비공식고용도 출현하게 되었다.

비공식고용(неформальная занятость)은 현재 러시아 노동시장에서 주목 받고 있는 분야이다. 물론 비공식고용에 대한 명확한 정의를 내리기는 매우 어렵다. 그러나 비공식고용은 지난 2008년까지 지속적으로 증가하였으며 대체로 20%에서 30% 내외로 알려지고 있다. 비공식고용의 증가는 여러 가지 이유가 있을 수 있으나 일차적으로는 일자리가 부족하기 때문이다. 비공식고용은 연방통계국의 추산에 따르면 1999년 약 12.4%에서 2011년 약 16.5%로 증가하였다고 한다. 만일 부업을 가지고 비공식적으로 일하는 사람까지 다 포함한다면 비공식고용은 2011년 18.4%까지 증가할 것이다.[7] 비공식부문의 고용은 2005년 1260만 명에서 지속적으로 증가하여 2008년 세계경제위기의 여파로 1395만 여

5) https://www.gazeta.ru/business/2016/06/03/8282609.shtml

6) K. Hart, "informal income and urban employment in Ghana," *Journal of Modern African Studies*, vol. 11, 1973, pp. 61-89.

7) http://magazine.hrm.ru/v-rossii-rastet-neformalnaja-zanjatost

명으로 최고치를 기록하였으며 이후 2009년 1349만 여명, 2010년 1180만 명 등으로 지속적으로 감소하고 있다.[8]

비공식고용은 명확하게 정의를 내리기가 매우 어렵기 때문에 이를 추산하는데도 많은 어려움이 있다. 비공식고용(неформальная занятость)[9]은 공식적으로 비등록 고용을 의미하는데 이는 고용관계에 있어 법적인 등록을 결여한 경우를 의미한다.[10] 다시 말하면 비공식고용은 법인 혹은 자연인에게 구두로 고용을 약정하거나 비등록기업에서 이루어진다. 따라서 비공식(неформальная)고용이라는 표현에 비등록(незарегистрированная) 혹은 unformed(неоформленная)노동이 동의어로 사용되기도 한다. 물론 비공식고용과 비공식경제에서의 고용(занятости в неформальной экономике)을 구별하여야 한다. 비공식고용은 고용관계에서 법적인 측면을 결여한 경우며 후자의 경우는 법인으로서 국가등록을 하지 않은 경우이다.

비공식부문은 일반적으로 소규모기업이나 가계 혹은 개인이 경제활동을 하는 경우를 의미한다. 따라서 비공식부문을 종종 지하경제(shadow economy)와 혼동하고 있다. 지하경제는 세금을 내지 않고 거래기록이 없는 경제활동으로 범죄 등도 포함하고 있으나 비공식부문은 밀수, 마약의 제조나 판매, 그리고 매춘 등의 불법활동을 하는 사람들을 포함하지 않고 있다. 러시아통계에 따르면 비공식부문은 가계기업 혹은 비법인기업을 의미한다. 비법인기업은 가계가 소유하며 판매를 목적으로 상품과 용역을 생산하나 법인으로서의 법적 지위를 갖지않는 기업을 의미한다.[11] 비공식고용에는 한편으로는 의사, 교사, 변호사 등

8) http://www.moluch.ru/archive/34/3923/

9) 국제노동기구(ILO)는 비공식고용을 "불법은 아니지만 법적 제도적 틀에 의해 등록 규정되거나 보호받지 못하는, 보수를 받는 모든 일자리를 의미한다"라고 정의하고 있으며 여기에는 퀵서비스, 간병인, 가사도우미, 건설일용직 등이 포함된다.

10) http://www.coolreferat.com/Неформальная_занятость_в_России

11) 비법인기업(unincorporated business:предприниматель без образования юридического лица(ПБ

전문가들에 의하여 개인적으로 제공되는 고도로 숙련된 서비스부문이 있으며 다른 한편으로는 생계목적으로 가계가 생산에 참여하는 경우도 있다. 또한 소규모기업이 있을 수 있는데 이 기업은 개인이 비법인기업의 성격을 가질 수 있는데 이 경우 공식부문에서 제외되기 때문이다.[12]

예를 들면 비법인기업에 고용되거나 개인자격으로 일을 하는 사람들로 노점상, 택시기사, 가전수리공 등이 있다. 농업에 종사하는 사람들은 비법인기업으로 등록한 경우도 여기에 속한다. 전문적인 업무 즉 의사, 회계사, 공증인 등은 비법인기업가로, 국가에 등록여부 상관없이 비공식고용에 속한다. 또한 가사노동에 보수를 받고 고용되어 있는 사람 즉 가사도우미, 경비원, 운전기사, 가정교사, 집사 등도 여기에 속한다. 또한 농업, 임업, 수렵, 어업 등에 종사하여 판매를 목적으로 하는 경우도 이에 해당한다.

② 공식부문과 비공식부문의 비교

비교기준	공식부문	비공식부문
진입장벽	높음	낮음
기술	자본집약적임	노동집약적임
경영	관료적	가족적
자본	충분	불충분
시간	정규적	비정규적
수입	보통	낮음
시장	면허, 쿼터 등 보호주의성격	법적 규제 없어 경쟁적
금융	은행	사금융
고객과의 관계	직접관계없음	직접접촉
광고	필수	거의 사용되지 않음
정부보조	최대	없음

OЮЛ))은 법인을 구성하지 않고서 사업을 하는 개인기업가를 의미하며 상품의 판매나 용역의 제공 등 으로 정기적인 소득이 발생할 경우에만 등록이 필요하다.

12) http://www.polit.ru/article/2003/04/07/614118/

수출시장	수출	거의 없음
자원	국내 및 수입	주로 국내
경영규모	대규모	소규모
자격	공적 인정	공식적 인정없음

3) 임금 구조

(1) 임금 구조

① 월 평균 명목 임금 구조

월 평균 명목 임금 구조 (근로자 1인당 월평균 명목임금): 단위, 루블

	2000	2010	2011	2012	2013	2014	2015
평균	2,223	20,952	23,369	26,629	29,792	32,495	34,030
농림업, 수렵	958	10,668	12,464	14,129	15,724	17,724	19,721
어업	2,846	23,782	25,940	29,201	32,437	37,062	46,676
광업	5,940	39,895	45,132	50,401	54,161	59,959	63,695
제조업	2,365	19,078	21,781	24,512	27,045	29,511	31,910
석유제품	4,916	41,563	48,463	59,195	64,760	75,517	81,605
전기, 가스, 수도	3,157	24,156	26,966	29,437	32,231	34,808	36,865
건설	2,640	21,172	23,682	25,951	27,701	29,354	29,960
도 소매업, 수선	1,585	18,406	19,613	21,634	23,168	25,601	26,947
호텔, 식당	1,640	13,466	14,693	16,631	18,304	19,759	20,626
교통, 통신	3,220	25,590	28,609	31,444	34,576	37,011	38,982
금융	5,232	50,120	55,789	58,999	63,333	68,565	70,088
부동산	2,457	25,623	28,239	30,926	33,846	37,559	39,815
행정, 국방, 치안	2,712	25,121	27,756	35,701	40,449	42,659	41,916
교육	1,240	14,075	15,809	18,995	23,458	25,862	26,928
보건, 사회복지	1,333	15,724	17,545	20,641	24,439	27,068	28,179
기타 서비스	1,548	16,371	18,200	20,985	24,740	27,876	30,072

출처: *Российский статистический ежегодник. 2016*, C 144.

러시아 산업별 명목임금이 가장 높은 곳은 석유제품 생산분야로 2015년 월평균 81,605루블이었으며 두 번째가 금융산업으로 월평균 70,088루블을 그리고 광업이 월평균 63,695루블로 이들 산업은 러시아 산업 월 평균 34,030루블 보다 2배 이상 높다.

그에 비하여 농림업 분야가 2015년 월평균 19,721루블로 가장 낮았으며 호텔 및 식당이 20,626루블로 그 다음 낮은 수준을 보이고 있다.

② 지역별 임금 구조

	2013	2014	2015
러시아 평균	29,792	32,495	34,030
중앙연방관구	36,213	39,945	41,961
모스크바시	55,485	61,208	64,310
북서연방관구	32,549	35,468	37,931
네네츠키자치구	61,765	65,816	71,230
남연방관구	22,497	24,311	25,471
끄라스노다르 변강	24,063	25,777	26,767
북코카서스 연방관구	19,359	20,930	21,720
다게스탄공화국	16,835	18,914	19,239
체첸공화국	20,865	21,452	22,304
볼가연방관구	22,481	24,601	25,632
타타르스탄 공화국	26,035	28,294	29,147
우랄연방관구	34,735	37,270	39,083
야말-네네츠 자치구	69,192	74,489	77,272
한티-만시 자치구	54,508	57,976	60,068
시베리아 연방관구	26,398	28,347	29,616
끄라스노야르스크 변강	31,623	34,178	36,071
극동연방관구	37,579	40,876	43,164
추코트 자치구	68,261	76,285	79,531
사할린주	49,007	54,896	61,311

출처: *Российский статистический ежегодник. 2016,* C 145-6.

연방관구별 평균임금과 연방주체별 평균임금은 지역에 따라 편차가 매우 크게 나타나고 있다. 연방관구중에서는 극동연방관구가 2015년 43,164루블로 제일 높으며, 중앙연방관구가 41,961루블로 2위를 차지하고 있다. 그러나 북코카서스 연방관구의 경우 21,720루블로 러시아 연방 평균 34,030 루블의 약 64%에 불과한 실정이다.

연방주체별 평균임금의 주요한 특징은 에너지자원이 풍부한 연방주체의 평균임금이 매우 높게 나타나고 있다는 것이다. 예를 들면, 2015년 천연가스와 석유가 풍부한 야말-네네츠 자치구가 77,272루블로 1위이며, 네네츠키자치구가 71,230루블로 2위, 사할린주가 61,311루블로 4위, 그리고 한티-만시 자치구가 60,066루블로 5위를 차지하고 있다. 에너지자원이 없는 모스크바시가 64,310루블로 3위를 차지한 것이 주목할 만 하다.

③ 최저임금(минимальный размер оплаты труда(МРОТ))

최저임금은 2000년 6월 "최저임금에 관하여"라는 법률에 의하여 결정되었다. 지방정부는 연방 최저임금 보다 높은 수준에서 각각 개별적으로 최저임금을 결정할 수 있다.

노동법 133조에 따르면 최저임금은 연방법률에 의하여 결정되며 러시아연방 전 영토에 적용된다. 또한 노동가능인구의 최저생계비보다 적으면 안된다. 또한 노동법 421조에 의하면 최저임금을 최저생계비 수준으로 인상하는 절차와 조건은 관련 특별법으로 결정되어야 함을 명시하고 있으나 아직 관련 법률은 제정되지 않은 상태이다.

연방 최저임금은 최저임금법이 제정된 2000년 132루블에서 2001년 7월 300루블, 2002년 5월 450루블, 2003년 10월 600루블, 2005년 9월 800루블로 그리고 2006년 5월 처음으로 1000루블을 넘어 1100루블로, 그리고 2007년9월 2300루블로 전년대비 2배 급증하였으며 2009년 1월 4330루블로 그리고 2013년 1월

5205루블, 2016년 1월부터 6204루블 그리고 2016년 7월부터 1월 대비 약 21% 상승하여 7500루블로 인상되었다. 이와 같은 인상에도 불구하고 최저생계비 대비 최저임금은 약 65%에 불과하며 메드베데프 수상은 최저임금과 최저생계비는 2020년이 되어야 같이 될 수 있을 것이라고 말하였다.[13]

2016년 1월 현재 연방최저임금이 6204루블일 때 사하공화국의 최저임금은 15390루블, 캄차트카 끄라이는 15800루블, 마가단지역은 17100루블, 사할린지역 16838루블, 모스크바시는 17300루블이었다.[14]

2016년 7월 1일 현재 최저임금은 7500루블에 불과하다. 현 노동법 133조에 따르면, 최저임금은 최저생계비미만이 되어서는 안된다. 노동법 421조에 따르면 최저임금을 노동법 제133조에 규정된 수준으로 인상하는 절차는 연방법율에 의하여 규정되기로 되어 있으나 현재까지 연방법율은 존재하고 있지 않다.

2013년 4월 푸틴은 최저임금이 최저생계비와 일치되어야 한다고 주장했음에도 불구하고 아직 최저임금은 최저생계비를 따라가고 있지 못하다.

(2) 최저생계비(ВЕЛИЧИНА ПРОЖИТОЧНОГО МИНИМУМА, 1인당 월평균)

	전체	노동가능인구	연금수령자	어린이
2000	1,210	1,320	909	1,208
2001	1,500	1,629	1,144	1,499
2002	1,808	1,968	1,379	1,799
2003	2,112	2,304	1,605	2,090
2004	2,376	2,602	1,801	2,326
2005	3,018	3,255	2,418	2,896
2006	3,422	3,695	2,731	3,279
2007	3,847	4,159	3,065	3,679

13) http://ria.ru/economy/20160609/1445035646.html (검색일: 2016년 7월 12일)

14) http://www.rosprodunion.ru/mzp/

2008	4,593	4,971	3,644	4,389
2009	5,153	5,572	4,100	4,390
2010	5,688	6,138	4,521	5,489
2011	6,369	6,878	5,032	6,157
2012	6,510	7,049	5,123	6,259
2013	7,306	7,871	5,998	7,022
2014	8,050	8,683	6,617	7,752
2015	9,701	10,455	7,965	9,472

출처: *РОССИЯ В ЦИФРАХ. 2010,* C 127-9. *РОССИЯ В ЦИФРАХ. 2012,* C 142 ; *Российский статистический ежегодник. 2016,* C 157.

최저생계비는 최저임금 및 복지수준을 결정하는 주요한 지표로, 그동안 지속적으로 상승하여 2015년의 경우 노동가능인구는 10,455루블, 연금수령자는 7,965루블, 그리고 어린이는 9,472루블로 러시아 평균은 9,701루블이었다.

최저생계비 미만의 인구

	2000	2010	2011	2012	2013	2014	2015
최저생계비미만 인구수, 백만명	42.3	17.7	17.9	15.4	15.5	16.1	19.5
인구대비 %	29.0	12.5	12.7	10.7	10.8	11.2	13.3

출처: *Российский статистический ежегодник. 2016,* C 161.

최저생계비 미만 인구비율은 1992년 33.5%를 정점으로 1997년 20.8%까지 지속적으로 감소하다가 1998년 러시아 경제위기로 인하여 1998년 23.4%, 1999년 28.45, 2000년 29.0%로 다시 증가하였다. 이후 세계 원자재가격의 상승과 러시아 경제성장으로 인하여 다시 감소하기 시작하여 2001년 27.5%, 2003년 20.3% 그리고 2004년 17.6%를 기록하여 처음으로 10%대에 진입하였으며 이후 2013년까지 지속적으로 감소하고 있다. 그러나 러시아의 크림반도 병합과 그에 따른 서방의 러시아 경제제재로 인하여 최저생계비 미만 인구비율은 다시 증가하고 있다. 2006년 15.2%, 2007년 13.3%, 2010년 12.5%, 2012년 10.7%, 2013년

10.8%, 2014년 11.2%, 2015년 13.3% 등이다.[15]

그러나 이와 같은 최저생계비 미만 인구비율은 지역별로 큰 차이를 보여주고 있다. 2015년의 경우 러시아 평균 최저생계비 미만 인구비율은 13.3%이지만 남부연방관구에 속한 칼미키야 공화국은 33.6%, 북카프카스 연방관구에 속한 잉구쉐티야 공화국은 31.9%, 시베리아 연방관구에 속한 투바공화국은 38.2% 등으로 매우 높은 편이나 타타르스탄공화국 7.2%, 야말 네네츠 자치구 7.5%, 쌍트 뻬제르부르그시 8.0% 모스크바시 8.9, 모스크바주 8.6% 등으로 평균보다 낮은 비율을 보이고 있다. 따라서 가장 낮은 타타르스탄공화국과 가장 높은 투바공화국과의 비율은 약 5배 이상 차이를 보이고 있다.[16]

4) 러시아의 실업률

실업의 분류 중 준실업의 기본유형(Основные формы квази-безработицы)[17] 첫째, 일시적 해고 근로자(Временно уволенные работники), 둘째, 비자발적 휴가(Работники, находящиеся в отпуске по инициативе работодателей), 셋째, 구직단념자(Отчаявшиеся работники)가 있다.

실업수당(пособия по безработице): 실업자가 될 경우 실업수당을 받을 수 있다. 2005년의 경우, 실직의 첫 3달 동안은 직전 월급의 75%, 다음은 60%, 그리고 마지막으로 45%까지 실업의 1년 동안 받을 수 있다. 그러나 실업수당은 최저임금보다 낮을 수는 없다. 실업수당은 고용기금(Фонд занятости)에서 지불되며, 러시아에서 고용문제를 다루는 국가기관으로는 연방고용국(Федеральная служба занятости(ФСЗ))이 있다.

---

15) http://www.gks.ru/wps/wcm/connect/rosstat_main/rosstat/ru/statistics/population/poverty/#

16) *Российский статистический ежегодник. 2016,* С 161.

17) http://www.demoscope.ru/weekly/2005/0193/analit04.php

(1) 실업자수

실업자수: 단위, 천명

	2000	2010	2011	2012	2013	2014	2015
실업자수	7700	5544	4922	4131	4137	3889	4264
남성	4057	3034	2684	2250	2242	2123	2296
여성	3643	2510	2238	1881	1896	1766	1968
국가고용국에 등록된 수	1037	1589	1286	1065	918	883	1001
남성	322	698	560	472	416	404	466
여성	715	891	726	593	502	480	535
실업수당 수령 숫자	910	1359	1069	876	767	724	848

출처: *Российский статистический ежегодник. 2016,* C 105.

(2) 러시아의 실업율

① 실업률 개황

		2000	2010	2011	2012	2013	2014	2015
실업률		10.6	7.3	6.5	5.5	5.5	5.2	5.6
등록실업률		1.4	2.1	1.7	1.4	1.2	1.2	1.3
남성	실업률	10.8	7.9	6.9	5.8	5.8	5.5	5.8
	등록실업률	0.9	1.8	1.4	1.2	1.1	1.0	1.2
여성	실업률	10.4	6.8	6.0	5.1	5.2	4.8	5.3
	등록실업률	2.1	2.4	2.0	1.6	1.4	1.3	1.4

출처: *Российский статистический ежегодник. 2016,* C 107.

러시아의 실업률은 2015년 5.6%를 나타내고 있다. 이러한 실업률은 경제가 회복기에 접어든 2000년과 비교하면 거의 절반으로 감소하였다. 이에 비하여 등록실업률은 2010년 2.1%를 최고점으로 그 이후 지속적으로 감소하여 1.2%내지 1.3% 정도를 보여주고 있다.

성별로 나타난 실업율의 특징은 남성의 실업률이 여성의 실업률보다 높게 나타나고 있으나 등록실업률은 여성실업률이 남성실업률 보다 높게 나타나고 있는 것이 주요 특징이다.

② 러시아 연방관구별 실업률

	2013	2014	2015
러시아연방	5.5	5.2	5.6
중앙연방관구	3.3	3.1	3.5
북서연방관구	4.3	4.1	4.7
남연방관구	6.5	6.2	6.6
볼가연방관구	4.9	4.5	4.8
북코카서스연방관구	13.0	11.2	11.1
우랄연방관구	5.7	5.8	6.2
시베리아연방관구	7.2	7.0	7.7
극동연방관구	6.5	6.4	6.3

모스크바주와 모스크바시가 포함되어 있는 중앙연방관구의 실업률이 3.5%로 러시아연방 평균 실업률보다 낮게 나타나고 있으나 체첸공화국과 잉구쉐티야 공화국 등이 있는 북코카서스 연방관구는 2015년 11.1%로 러시아연방 평균 실업률 보다 2배정도 높게 나타나고 있어 지역별 실업율의 편차가 매우 크다.

③북코카서스 실업률

러시아 연방주체의 실업률은 앞서 본 바와 같이 러시아연방 평균 실업률 보다 매우 높은 지역이 많이 있다. 특히 북코카서스 지방의 경우 2015년 실업률이 11.1%에 다다르며 잉구쉐티야공화국의 경우 실업률이 2013년 43.7%, 2014년 29.8%, 2015년 30.5%에 이른다. 다음 체첸공화국으로 2013년 26.9%, 2014년 21.5%, 2015년 17.1%를 기록하고 있다.

북코카서스 실업률: 단위, %

	전국 평균	북코카서스 평균	잉구쉐티야	체첸	북오세티야	다게스탄
2013	5.5	13.0	43.7	26.9	8.1	11.6
2014	5.2	11.2	29.8	21.5	8.6	10.2
2015	5.6	11.1	30.5	17.1	9.3	10.8

출처: *Российский статистический ежегодник. 2016,* C 107.

3. 소득불균등

Credit Suisse가 발표한 Global Wealth Report에 따르면 러시아는 세계에서 가장 소득불균등이 심한 국가 중의 하나이다.

1) 소득집중도의 추이

소득분배

	2000	2010	2011	2012	2013	2014	2015
전체	100	100	100	100	100	100	100
하위1분위	5.9	5.2	5.2	5.2	5.2	5.2	5.3
2분위	10.4	9.8	9.9	9.8	9.8	9.9	10.0
3분위	15.1	14.8	14.9	14.9	14.9	14.9	15.0
4분위	21.9	22.5	22.6	22.5	22.5	22.6	22.6
상위5분위	46.7	47.7	47.4	47.6	47.6	47.4	47.1
지니계수	0.395	0.421	0.417	0.420	0.419	0.416	0.413

출처: *Российский статистический ежегодник. 2016,* C 156.

5분위로 표시된 러시아 소득분포는 2010년 상위 20%의 소득이 하위 20%의 소득의 약 9.2배에서 2015년 현재 상위 20%의 소득이 하위 20%의 소득보다 약 8.8배 정도로 그동안 다소 낮아졌다고 볼 수 있다. 수치가 0에 가까울수록 균등한 소득분포를 보여주는 지니계수 역시 2010년 0.421에서 2015년 0.413으로 낮아져 이 또한 소득불균등이 다소 나아졌음을 보여주고 있다. 그러나 일반적으로 지니계수가 0.4미만이면 대체로 '안정적인 사회'로 인식된다는 점을 고려하면 러시아의 소득불균등은 다소 심각하다고 볼 수 있다.

2) 러시아의 억만장자

러시아의 빈부격차는 일부 몇몇 국가을 제외하고 세계에서 제일 높다. 포버스(Forbes)의 자료에 따르면 2013년 러시아의 억만장자숫자는 110명으로 2000년 8명에서 13배나 폭증하였다. 러시아의 상위 10%가 러시아 전체 가구 부의 약 87%를 소유하고 있는데 이는 미국의 76%, 중국의 66% 보다 매우 높은 비율이다.[18] 2013년 현재 110명의 억만장자가 러시아 전체 가구 부의 약 35%를 차지하고 있다.[19]

포버스 잡지에 따르면 러시아의 10억 달러 이상 자산가의 자산 총액은 2005년 906억 달러에서 2006년 1,721억 달러로 증가하였다. 10억 달러 이상 자산가는 모두 33명으로 이중 7명은 신규로 진입하였으며 이중 12명은 세계 100 대 부호에 포함되었다. 세계 100대 부호의 숫자는 2005년에는 5명에 불과하였다. 이러한 10억 달러 이상의 부호 숫자는 미국, 독일 다음 세계 3번째로 많은 숫자이며 뉴욕 40명 다음으로 모스크바가 25명 이었다. 2006년 세계 최대 부호는 빌 게이츠로 약 500억 달러로 연속 12년 세계 최고 부자이다.

영국 첼시 구단주인 Roman Abramovich가 러시아 최고 부자로 2005년 133억 달러에서 2006년 약 182억 달러의 자산을 가져 세계에서 11번째 부호로 꼽혔다. Lukoil 회장인 Vagit Alekperov는 2005년 43억 달러에서 2006년 110억 달러로 러시아의 두 번째 부호이자 세계 37번째 부호이다. Renova 지주회사의 회장인 Viktor Vekselberg는 100억 달러의 자산을 가져 러시아의 4번째 부호로 꼽혔으나 한때 러시아 최대의 부자로 불렸던 Mikhail Khodorovsky는 약 5억 달러의 자산을 가진 것으로 알려져 명단에서 사라졌다. 러시아의 8번째 부호로 새로이 등

---

18) Credit Suisse, *Global Wealth Report 2015*, Oct. 2015, p. 53.

19) Credit Suisse, *Global Wealth Report 2013*, Oct. 2013, p. 53.

장한 다케스탄 출신 국가 두마 의원인 Suleiman Kerimov는 극우민족주의 정당인 자유민주당원으로 Nafta-Moskva를 운영하고 있으며 가즈프롬과 Sberbank에 투자하여 부를 축적한 것으로 알려져 있다. Rustam Tariko는 보드카 거물로 Russky Standart bank의 소유자로 알려져 있으며 그의 자산은 약 19억 달러로 알려져 있다. Dmitry Rybolovlev는 우랄지역의 칼륨비료공장인 Uralkali의 이사회 의장으로 16억 달러의 자산을 가져 러시아 32번째 부호로 자리매김하였다. 이외에도 Alfa bank 회장인 Pyotr Aven은 30억 달러, 가스생산기업인 Novatek 회장인 Leonid Mikhellson은 25억 달러, 러시아 최대 제철소인 Evraz Group의 회장인 Alexander Frolov는 23억 달러, 금속왕이며 뉴욕에 기반을 가지고 있는 부동산 회사 Coalco 회장인 Vasily Anisimov가 13억 달러의 자산을 가지고 있는 것으로 보도 되었다.[20]

2016년 3월 포버스(Forbes)가 발표한 러시아 억만장자는 다음과 같다.

러시아 순위	나이	이름	주요 사업	10억 달러
1	60	미켈슨(Леонид Михельсон)	천연가스, 화학	14.4
2	52	프리드만(Михаил Фридман)	원유, 금융, 통신	13.3
3	62	우스마노프(Алишер Усманов)	제철, 통신, 투자	12.5
4	55	포타닌(Владимир Потанин)	금속	12.1
5	63	팀첸코(Геннадий Тимченко)	원유, 천연가스	11.4
6	50	모르다쇼프(Алексей Мордашов)	제철(Severstal)	10.9
7	59	벡셀버그(Виктор Вексельберг)	원유, 금속	10.5
8	60	리신(Владимир Лисин)	제철, 투자	9.3
9	65	알렉페로프(Вагит Алекперов)	루크오일(LUKoil)	8.9
10	54	한(Герман Хан)	원유, 금융, 통신	8.7
11	44	멜리첸코(Андрей Мельниченко)	석탄, 비료	8.2

20) http://www.lookingglassnews.org/viewstory.php?storyid=5379

12	49	루이볼로블레브(Дмитрий Рыболовлев)	비료	7.7
13	49	아브라모비치(Роман Абрамович)	제철, 투자	7.6
14	51	프로호로프(Михаил Прохоров)	투자	7.6
15	53	쿠즈미체프(Алексей Кузьмичев)	원유, 금융, 통신	6.7
16	58	구체리에프(Михаил Гуцериев)	원유, 부동산	5.9
17	48	세르게이 갈리츠키(СергейГалицкий)	소매유통	5.7
18	50	안드레이 스코츠(АндрейСкоч)	USM holdings	5.3
19	61	표트르 아벤(Петр Авен)	금융, 통신	4.6
20	44	쎄르게이 뽀뽀프(СергейПопов)	금융, 산업	4.5

출처: http://www.forbes.com/billionaires/list/

2016년 포브스발표에 따르면 러시아의 억만장자는 88명에서 77명으로 감소하였다. 그러나 러시아는 미국, 중국, 독일, 인도 다음으로 세계 5위의 억만장자가 있으며 이것은 일본의 64명, 영국의 50명, 이탈리아 43명, 프랑스 39명 보다 도 많은 숫자이다. Leonid Mikhelson은 Novatek 천연가스회사와 Sibur 석유화학 회사의 대주주이며 재산은 약 144억 달러로 러시아 최대 부호로 등극하였다. 두 번째는 Mikhail Fridman으로 은행과 통신사를 포함한 알파지주회사를 소유하고 있으며 133억 달러의 재산을 가지고 있다. Alisher Usmanov가 125억 달러로 3위, Vladimir Potanin이 121억 달러로 4위를 지키고 있다.

특이한 점은 현 대통령 푸틴의 사위가 새로이 포함되었다는 점이다. 푸틴의 딸인 카테리나(Katerina)의 남편인 키릴 샤말로프(Kirill Shamalov)가 34세의 나이에 러시아의 가장 젊은 억만장자에 포함되었다. 샤말로프는 시부르 석유화학 공장 대주주로 약 12억 달러의 재산으로 러시아의 64번째 부호가 되었다. 그는 니콜라이 샤말로프(Nikolai Shamalov)의 아들로 니콜라이 샤말로프는 뱅크 로시아(Bank Rossiya)의 주주로 미 재무부가 푸틴 최측근들의 "사금고"로 지목된 인물이다.

키릴 샤말로프는 푸틴의 오랜 친구인 니콜라이 샤말로프의 막내아들로 상트 페테르부르크에서 태어났다. 그는 상트 페테르부르크 국립대학에서 법학을 공부하였으며 2002년 20세에 가즈프롬의 대외경제담당 법무팀장이 되었으며 2005년 가즈프롬뱅크의 법무팀장이 되었다. 또한 그는 러시아 군수무기의 수출입을 담당하고 있는 Rosoboronexport의 지역팀의 전문가로서, 그리고 러시아 재무부의 국유자산관리의 자문역으로도 일하였다. 2008년 그의 나이 26세에 석유화학기업인 Sibur의 경영관리 부회장이 되었다. 2011년과 2013년 사이 키릴 샤말로프는 경영자 스톡옵션프로그램을 통하여 시부르 주식 4.3%를 획득하였다.

2013년 2월 그는 푸틴의 딸인 카테리나 티호노바(Katerina Tikhonova)와 결혼하였다. 결혼 1년 뒤, 그는 푸틴의 또 다른 친구인 겐나디 팀첸코(Gennady Timchenko)로부터 시부르 주식 17%를 매입하였다,. 팀첸코와 니콜라이 샤말로프는 러시아의 크림병합이후 서방의 러시아 경제제제시 포함될 정도로 푸틴과 가까운 인물들이라는 점에 우리는 주목할 필요가 있다. 주식매입이후 키릴 샤말로프는 시부르 주식 21%를 소유하게 되어 시부르의 2대 주주가 되었다. 2015년 12월 중국 국영기업 Sinopec이 시부르 주식 10%를 13억 달러에 매입한 점을 감안하면 키릴 샤말로프의 재산은 26억 달러에 달할 것이다. 2015년 3월 키릴 샤말로프는 시부르 경영에서 물러나고 이사의 지위만 현재 유지하고 있다.

세계 최고의 부자는 누구인가?[21]

최근 언론 보도에 따르면 세계 최고의 부자는 다름 아닌 러시아 대통령 블라디미르 푸틴이라고 한다. 푸틴의 재산은 지금까지 세계 최고로 알려진 부자인 마이크로 소프트 창업자 빌 게이츠(Bill Gates)와 빌 게이츠와 세계 1위 최고 부자를 다투고 있는 아마존 창업자 제프 베조스(Jeff Bezos)의 재산을 모두 합한 것보다도 많다고 알려졌다.
빌 게이츠의 재산이 약 900억 달러, 그리고 베조스의 재산이 약 850억 달러인데 비하여 푸틴의 재산은 약 2,000억 달러, 우리나라 화폐로 환산하면 약 224조원으로 추산되었다.

21) https://www.cnbc.com/2017/07/31/financier-bill-browder-says-vladimir-putin-is-worth-200-billion.

4. 러시아의 노사관계

1) 노동조합

러시아에서 노동관계는 1991년 4월 "고용법(Закон О занятости населения)이 채택되면서 시작되었다. 이 법에는 고용의 원칙이 규정되어 있을 뿐만 아니라 고용관계에 시장원칙을 도입하고 있다. 그러나 2002년 2월 1일까지는 러시아의 노사관계를 규정하는 법적 토대는 실질적으로는 구소련시대의 1971년 노동법이다.[22] 2002년 2월 1일부터 새로운 노동법이 발효되었다.

러시아에는 기본적으로 두 가지 유형의 노동조합이 존재한다. 하나는 구소련 붕괴 후 살아남은 노동조합이 있으며 또 다른 하나는 러시아의 출현과 더불어 새로이 독립적으로 나타난 노동조합이다.

소련의 붕괴와 함께 구소련 노동조합을 모태로 새로이 조직된 노동조합은 독립노동조합연맹으로 조합원은 2100만 명으로 러시아 최대 노동조합이다.

1990년대 초 러시아경제가 시장경제로 이행하면서 구소련시대에 볼 수 없었던 노동자들의 시위가 대규모로 일어났다. 이러한 대규모 노동자들의 시위에는 크게 두 종류의 노동조합이 큰 역할을 하였다. 먼저 구소련시대의 All-Union Central Council of Trade Unions of the USSR(VTsSPS)을 모태로 1990년에 만들어진 "러시아 독립노동조합연맹(Федерация Независимых Профсоюзов Росси

html

22) Lewinbuk, Katerina P., "Russia's Labor Pains: The Slow Creation of a Culture of Enforcement," *Fordham International Law Journal*, Vol. 32, Issue 3, (2008), pp. 858-859.

и: ФНПР)"에 가입되어 있는, '공식적 노조' 혹은 '전통적 노조'로 불리는 노동조합들이 있으며 둘째로 러시아 독립노동조합연맹과는 독립적인 '대안노조' 혹은 '자유 노조'라는 불리는 노동조합들이 있다.

'공식적 노조'와 '자유노조'와의 차이점은 무엇일까? '전통적 노조'는 소련시대의 유산을 상당부분 이어받아 주로 근로자와 사용자간의 공동의 이해관계를 강조하는 사회적 동반자관계를 강조한다. 그에 비하여 '자유노조'는 사용자와 근로자 사이의 공동이해관계 보다는 사용자에 대한 투쟁을 강조하고 있다. 따라서 자유노조는 전통적노조가 노동자들의 이해관계를 무시하며 오히려 사용자의 이해관계에 경도되어 있다고 비난하고 있으며 이에 비하여 전통적 노조는 자유노조가 불법적인 파업을 통하여 정치적 이익을 획책하며 노사간의 단체교섭을 무력화시킨다고 비난하고 있다.

전국적 규모를 갖춘 '자유 노조'에는 1995년에 설립된 "러시아노동연맹(Конфедерация труда России: КТР)", "All-Russia Confederation of Labor(VKT)"와 "러시아노동조합협회(Trade Union Association of Russia(SOTSPROF)"이 있다.

러시아 노동자의 54% 정도가 노동조합에 가입되어 있다. 이 중 95% 정도인 약 2200만 명이 러시아 독립노동조합연맹에 가입하고 있어 러시아 독립노동조합연맹이 러시아 노동조합에 있어 거의 독점적인 지위를 가지고 있다고 볼 수 있다.[23] 그러나 가입조합원의 숫자는 갈수록 감소하고 있다. 2006년 2780만 명에서 2010년 2420만 명 그리고 최근에는 2200만 명까지 감소하고 있는 것이다. 국제경영인협회의 자료에 따르면 전체 노동자중에서 노동조합에 가입한 노동자의 비율을 가리키는 노조조직율(trade union density)은 러시아의 경우 37%이며 VKT가 3백만 명, KTR이 120만 명, 그리고 SOTSPROF가 50만 명 정도이다.[24] 2010년 4월 23일 VKT가 KTR에 통합되었다.

23) http://www.fnpr.ru/n/252/4890.html, (검색일: 2012년 11월 5일)

24) http://www.fedee.com/labour-relations/trade-union-organisations/ (검색일: 2016년 8월 2일)

KTR에 따르면 KTR에 소속된 노동자수는 약 2백만 명이며 소속된 주요 노조로는 "러시아 선원노조 Российский профсоюз моряков(РПСМ)", "러시아 항만노조 Российский профсоюз докеров(РПД)", "러시아 항만운수노조 Российский профсоюз работников морского транспорта(РПРМТ)", "지역간 조종사노조 Межрегиональный профсоюз лоцманов(МПСЛ)", "연방항공관제사노조 Федеральный профсоюз авиационных диспетчеров(ФПАД) России", "지역간 철도노조 Межрегиональный профсоюз железнодорожников(МПЖ)", "모스크바 지하철노조 Профсоюз работников ГУП Московский метрополитен "가 있다.[25]

그러나 러시아 독립노동조합연맹은 노동자들의 이해를 대변하는 것이 아니라 집권당인 통합러시아당과 대통령 푸틴과 밀접히 연관되어 있는 실질적인 국가기관이다 라고 러시아 좌파 노동조합 지도자들은 비난하고 있다.

"러시아 노동총연맹(KTR)"은 1995년 4월에 설립되었으며 스탈린 공산당 및 사회민주주의를 표방하고 있는 정의러시아당과 밀접한 연관을 가지고 있다.

"지역간노동조합협회(MPRA)"는 원래 상트 페테르부르크에 있는 포드자동차공장의 노조에서 시작되었다. 자동차산업의 노조로 급진적인 행동으로 2006년 FNPR에서 축출된 알렉세이 에트마노프(Alexey Etmanov)가 설립하였다. 에트마노프는 정의러시아당의 레닌그라드지역 국가두마의원이며 국가기관과 비교적 밀접한 연관을 가지고 있다.

전노노동연맹은 독립광부연맹의 주도로 1995년 설립되었으며 현재 약 3백만 명의 회원이 가입되어 있으며 러시아노동연맹은 주로 해상수송분야에 활동이 활발하며 약 120만 명의 회원이 있다.[26] 그리고 러시아노동조합협회에는 약 50

---

25) http://www.ktr.su/about/org/ (검색일: 2016년 8월 2일)

26) 전노노동연맹(Всероссийская конфедерация труда:)은 1995년 예까쩨린부르그에서 노동조합 '러시아 독립광부(Независимый профсоюз горняков России(НПГР))', '노릴스크 니켈 노동조합

만 명의 회원이 가입되어 있다.[27]

2) 단체교섭과 노동조합의 역할

러시아 헌법 37조는 러시아에서 모든 사람은 직업선택의 자유가 있으며 파업을 포함한 노동쟁의를 할 권리가 있음을 명시하고 있으며 헌법 30조에는 노동조합을 결성할 권리가 있음을 명확히 하고 있다. 즉 러시아의 노동자는 노동조합을 결성하여 노동쟁의를 할 권리를 가지고 있음을 헌법이 보장하고 있는 것이다. 또한 노동법 21조는 근로자들이 자신들의 권리를 보호하기 위하여 노동조합을 조직하고 가입할 권리가 있으며, 근로자들의 대표를 통하여 단체교섭에 참여하고 단체협약을 체결할 권리가 있음을 명확히 하고 있다. 또한 노동법 및 기타 연방법률이 정한 방식에 따라 파업을 포함하여 노동쟁의를 해결할 권리가 있음도 분명히 하고 있다.

(1) 노동조합과 노동자들의 시위[28]

구소련 말 고르바초프가 페레스트로이카를 시행하면서 노동자들의 시위가 급격히 증가하였다. 특히 1989년부터 1991년 사이 광부들의 대규모 시위는 단순한 경제문제를 넘어서 정치체제의 변화까지 요구함으로써 소련붕괴와 러시아의 탄생에 매우 중요한 역할을 하였다. 그러나 1990년대 중반에는 노동자들

(профсоюз Норильского никеля) 등의 주축으로 설립되었다. 2000년 2월에 전노노동연맹과 가장 밀접한 관계에 있던 러시아노동연맹(Конфедерация труда России(КТР))과 통합논의가 시작되어 2010년 5월 러시아노동연맹에 통합되었다.

27) http://www.fedee.com/labour-relations/trade-unions-in-europe/#Russia, 검색일: 2012년 11월 5일.

28) Olimpieva, Ibid., pp. 278-279.

의 시위는 비교적 높았으나 러시아의 정치 경제에 대한 영향력은 상대적으로 감소하였다.

1997년부터 시작된 노동자들의 시위는 주로 공무원들로 시위의 70%를 차지하고 있었으며 시위의 주요 원인은 미지급임금으로 정치적 요구를 하지는 않았다. 그러나 노동자들의 시위와 요구에 대한 정치권의 대응이 미흡하자 시위는 단식, 자살, 철도 및 도로점거 등의 극단적인 형태로 변하여 갔다.

2000년 대 들어 경제사정이 호전됨에 따라 노동자들의 시위는 감소하였다. 그러나 2000년대 중엽부터 노동자들의 시위가 증가하고 있는 것으로 전문가들은 추산하고 있다. 새로운 노동법의 발효로 합법적인 노동자들의 시위는 거의 불가능하게 되었다. 따라서 공식적인 시위의 숫자 역시 감소하고 있음을 보여주고 있다. 러시아국가통계위원회 자료에 따르면 파업이 발생한 작업장은 2007년에는 8번, 2008년에는 4번, 2009년에는 1번, 그리고 2010년에는 한 번도 없음을 보여주고 있다. 또한 2011년 2군데, 2012년 6군데, 2013년 3군데, 2014년 2군데, 2015년 5곳 등이다.[29]

	파업발생 작업장 수	파업참가 노동자수	작업장당 평균 파업참가자수
2000	817	30,900	37
2001	291	13,000	45
2002	80	3,900	48
2003	67	5,700	86
2004	5,933	195,500	33
2005	2,575	84,600	33
2006	8	1,200	149
2007	7	2,900	413
2008	4	1,900	480
2009	1	10	9
2010	0	0	0

29) *Российский статистический ежегодник. 2016,* С 132-3.

2011	2	500	227
2012	6	500	84
2013	3	200	65
2014	2	500	231
2015	5	800	167

출처: *Российский статистический ежегодник. 2010,* с. 171, 2016, с. 132-3.

그러나 이러한 낮은 파업숫자는 국가통계위원회가 법적인 파업 즉 러시아 법률에 따른 단체협약이 이루어지지 않았을 때 발생하는 파업만을 포함하였기 때문이다. 실제 러시아에서 합법적인 파업을 한다는 것은 거의 불가능하다. 왜냐하면 합법적 파업을 하기 위하여서는 수많은 관련 문서, 복잡한 조정과정 등을 거쳐야 하기 때문에 대부분 파업의 경우 자발적으로 발생하며 따라서 공식적인 통계에는 잡히지 않고 있다.

노동자들의 시위를 독립적으로 모니터링하고 있는 사회-노동권리센터(Center for Social-Labor Rights)에 따르면 노동자들의 시위는 증가하고 있다. 2012년 4월에만 적어도 35명의 노동자가 시위에 참여하였으며 5월 12일부터 15일까지 옴스크 아이스크림 제조업체인 인마르코(Inmarko)에 근무하는 180명의 임시노동자들도 임금인상과 근로조건개선을 요구하는 동맹파업을 벌였다. 그들이 받는 임금은 한 달 평균 8000루블에서 11000루블 정도였다.[30]

2016년 3월 모스크바 지하철 건설 노동자들이 5개월 체불임금에 항의하여 파업에 돌입하였다. 2015년 4월 러시아 극동지방의 우주센터건설공사 근로자들 약 20여명이 수개월동안의 체불임금에 항의하여 단식투쟁에 돌입하였다. 2015년 4월 중국과 접경지역인 자바이칼지역의 교사들이 체불임금에 항의하여 파업하였다. 또한 상트 페테르부르크 인근 포드공장에서 300여명의 근로자들이 또한 체불임금에 항의하여 파업에 돌입하였다. 2015년 3월에는 우랄산맥에 있는

30) http://www.wsws.org/articles/2012/jun2012/russ-j12.shtml, 검색일: 2012년 11월 6일.

카취카나르스크(Kachkanarsk) 야금공장의 노동자들이 해고에 항의하여 준법투쟁을 하였다.

(2) 노동분쟁의 심리

① 개인적 노동분쟁의 심리: 개인적 노동분쟁은 심리기관에 제소된 노동자와 사용자간의 미해결 의견차이로 정의되며 노동분쟁위원회 및 법원에서 심리가 이루어진다. 노동분쟁위원회는 노사동수의 대표로 구성되며 비용은 사용자가 부담한다. 그리고 노동자대표는 노동자총회에서 선출되며 사용자대표는 기업의 장이 임명한다. 노동자는 그의 권리가 침해되었다는 것을 인지한 이후 3개월 이내에 노동분쟁위원회에 제소할 수 있으며 노동분쟁위원회는 제소후 10일 이내에 개인적 노동분쟁에 대한 심리를 시작하여야 한다. 노동분쟁위원회의 결정은 출석위원의 비밀투표와 단순과반수에 의하여 채택된다. 결정에 불복하는 경우 결정 통지를 수령한 날로부터 10일 이내에 법원에 제소할 수 있다.

노동분쟁위원회를 거치지 않고 노동자는 그의 권리가 침해되었다는 것을 인지한 이후 3개월(해고의 경우 1개월)이내에 법원에 제소할 수 있다. 노동자는 고용관계에 관한 분쟁인 경우 재판비용을 면제받을 수 있다.

② 집단적 노동분쟁은 노사간에 노동조건(임금 포함)의 확정, 변경 그리고 단체협약의 체결, 수정, 집행 등에 대한 미해결 분쟁으로 정의된다. 노동자측의 요구는 노동자집회 및 노동자대표자회의에서 승인되며 노동자집회는 노동자 과반수의 출석, 노동자대표자회의는 대표자 2/3이상 출석에서 법적 효력을 가진다. 집단적 노동분쟁해결은 분쟁발생부터 3일 이내에 분쟁당사자의 대표로 구성되는 중재위원회가 5일 이내에 분쟁을 심리한다.

중재가 분쟁을 해결하지 못하거나 사용자가 중재안을 거부하거나 합의를 실행하지 않는경우는 노동자는 파업을 시작할 수 있다. 그러나 전시나 비상시에는 파업을 할 수 없으며 군대, 치안, 소방부문은 파업을 할 수 없으며 또한 에너지, 상수도, 항공, 철도, 가스공급, 병원 등의 파업도 제한된다.

(3) 사회적 동반자 관계(Социальное партнёрство)

2001년에 채택된 신 노동법은 자본주의 사회에서 일반적으로 상정되고 있는 '노동투쟁' 이데올로기에서 벗어나 '사회적 동반자관계'를 기본으로 하고 있는 3자다중체제를 공고히 하였다. 3자다중체제는 3자관계가 연방수준에서 부터 개별 기업단계까지 다양한 층위에서 이루어지는 것으로 독일의 모델과 유사한 점이 있다. 그러나 '크레믈린 자본주의', 급진적 사유화, 그리고 '야만적' 자본주의자의 출현, 근로자와 사용자간의 대립 등은 러시아에서 나타나는 특이한 현상이다. 이에 더하여 아직 미발달된 제도적 기반, 미약한 노동법준수, 구소련시절의 노동문화잔재, 노동권 보호장치의 미흡 등은 사회적동반자관계모델이 러시아에 적절하지 않을 뿐만 아니라 비효과적이라는 것을 말해주고 있다.[31]

사회적동반자관계는 노동법 23조에 따르면 근로자(근로자 대표), 사용자(사용자대표) 그리고 정부기관간의 3자관계로 노사관계와 노사관계에 직접적으로 연관된 문제들에 대한 근로자와 사용자사이의 이해관계를 조정하는데 목적을 두고 있다.[32] 사회적동반자관계는 노동법 26조에 의하면 러시아연방, 연방주체, 지자체, 산업, 그리고 근로자와 사용자간의 구체적 상호 의무관계를 규정하기 위한 기업 등 5개 층위에서 이루어진다.

31) Olimpieva, Irima, "Labor Unions in Contemporary Ussia: An Assessment of Contrasting Forms of Organization and Representation," *Working USA: The Journal of Labor & Society*, Vol. 15, June 2012, p. 274.

32) http://www.ilo.org/dyn/natlex/docs/WEBTEXT/60535/65252/E01RUS01.htm

제27조는 사회적동반자관계가 실현되는 구체적 형태를 규정하고 있는데 주로 단체협약안을 준비하거나 단체협약을 체결하기 위한 단체교섭, 노사관계문제와 이와 직접 연관된 문제들에 대한 다자간 교섭, 노동쟁의의 재판전 해결에의 노동자 대표 참여 등이다.

제 35조에 따르면 사회노동관계조정위원회(노사정위원회)가 조직되며, 연방수준에서는 상설 러시아 3자협의회가 조직되는데 전러시아노동조합연합, 전러시아경영자연합 및 연방정부로 구성된다. 제29조에 따르면 노동자의 대표로는 노동조합, 노동자에 의해 선출된 사람 등이며 제33조에 따르면 사용자의 대표로는 기업의 대표, 권한을 위임받은 사람 등이다.

제7장 러시아의 대외무역

1. 수출입통계

1) 무역수지

수출입 통계: 단위 10억 $

	2010	2012	2013	2014	2015
수출	397.1	524.7	526.0	497.4	343.5
수입	228.9	317.3	315.3	287.1	182.7
무역수지	168.2	207.4	210.7	210.3	160.8

러시아의 무역은 2013년까지 지속적으로 상승하여 수출 5260억 달러, 수입 3153억 달러, 무역수지 2107억 달러의 흑자를 기록하였다. 그러나 2014년 러시아의 크림반도 병합과 이에따른 서방의 대 러시아 경제제재로 인하여 전반적인 경제성장율과 함께 대외무역 역시 감소하기 시작하였다. 2015년 수출은 2013년 대비 약 35% 감소한 3435억 달러, 수입은 42% 감소한 1827억 달러를 기록하였다.

2) 러시아의 대CIS 무역

(1) 러시아 대CIS 수출 비중

러시아 대CIS 수출 비중: 단위: %

	2000	2010	2012	2013	2014	2015
무역	100	100	100	100	100	100
CIS 국가	13.4	15.0	15.1	14.1	12.9	13.1
EAEU	7.7	7.7	8.2	7.8	7.3	8.1
벨라루시	5.4	4.6	4.8	3.9	4.0	4.5
까자흐스탄	2.2	2.7	3.0	3.4	2.9	3.1
끼르기즈스탄	0.1	0.2	0.3	0.4	0.4	0.4
따지키스탄	0.0	0.2	0.1	0.1	0.2	0.2
우즈베키스탄	0.3	0.5	0.4	0.5	0.6	0.7
우크라이나	4.9	5.8	5.2	4.5	3.4	2.7

러시아의 수출에서 CIS국가가 차지하는 비중은 2012년 15.1%를 최고로 이후 지속적으로 하락하여 2015년 13.1%를 차지하고 있다. 그 중 유라시아 경제연합(EAEU)이 8% 내외를 차지하고 있어며 국가별로는 벨라루시가 2015년 기준 4.5%로 최대, 그 다음이 까자흐스탄으로 3.1%, 세 번째로 우크라이나가 2.7%를 차지하고 있다. 그러나 다른 국가와는 달리 우크라이나로의 수출은 2010년 5.8%를 정점으로 지속적으로 하락하고 있는 점이 특징이다.

(2) 러시아 대CIS 수입 비중

러시아 대CIS 수입 국가별 구조: 단위: %

	2000	2010	2012	2013	2014	2015
무역	100	100	100	100	100	100
CIS 국가	34.3	13.9	14.2	12.4	11.6	11.5
EAEU	18.4	6.6	7.6	6.5	7.2	7.6
벨라루시	11.0	4.3	4.3	4.5	4.4	4.9
까자흐스탄	6.5	1.9	3.2	1.9	2.6	2.6
끼르기즈스탄	0.3	0.2	0.1	0.03	0.0	0.0
따지키스탄	0.7	0.1	0.0	0.01	0.0	0.0
우즈베키스탄	2.0	0.7	0.4	0.4	0.3	0.3
우크라이나	10.8	6.1	5.7	5.0	3.7	3.1

러시아의 수입에서 CIS국가들이 차지하는 비중은 지속적으로 감소하여 2015년 현재 11.5%를 차지하고 있다. 그러나 유라시아 경제연합이 차지하는 비중은 지속적으로 상승하여 2015년 현재 7.6%를 차지하고 있다. CIS국가별로 나누어 보면 러시아의 최대 수입국은 벨라루스로 4.9%, 다음이 우크라이나로 3.1% 그리고 세 번째로 까자흐스탄으로 2.6%를 차지하고 있다. 그 중 우크라이나로 부터의 수입은 수출과 함께 지속적으로 감소하고 있다는 점이 주요한 특징으로 나타나며 벨라루시, 까자흐스탄, 우크라이나 3국을 제외하면 러시아의 수입에서 차지하는 나머지 국가들의 비중은 미미하다고 볼 수 있다.

3) 러시아 대 원외국가 무역

(1) 러시아 대 원외국가 수출

러시아 대 원외국가 수출 구조: 단위: %

	2000	2010	2012	2013	2014	2015
무역	100	100	100	100	100	100
원외국가	86.6	85.0	84.9	85.9	87.1	86.9
유럽연합	35.8	53.3	52.8	53.7	52.0	48.2
독일	9.0	6.3	6.7	7.0	7.5	7.4
이탈리아	7.0	6.9	6.2	7.4	7.1	6.5
네덜란드	4.2	13.6	14.7	13.3	13.7	11.9
영국	4.5	2.9	2.9	3.1	2.3	2.2
핀란디아	3.0	3.1	2.3	2.5	2.3	2.1
프랑스	1.8	3.1	2.0	1.7	1.5	1.7
APEC	15.1	16.9	17.4	18.9	21.5	22.8
중국	5.1	5.1	6.8	6.8	7.5	8.3
미국	4.5	3.1	2.5	2.1	2.1	2.8
일본	2.7	3.2	3.0	3.7	4.0	4.2
터키	3.0	5.1	5.2	4.8	5.0	5.6

러시아의 원외국가로의 수출은 다소 증가하는 추세로 2015년 86.9%를 차지하고 있다. 원외국가를 크게 유럽연합과 APEC국가로 나누어 보면 유럽연합에 대한 러시아의 수출은 다소 감소하는 추세를 보이고 있으며 2015년의 경우 48.2%를 보이고 있으나 APEC국가들에 대한 수출은 지속적으로 증가하는 추세를 보이고 있으며 2015년의 경우 22.8%를 차지하고 있다.

2015년의 경우 러시아의 최대 수출국은 네덜란드로 11.9%, 중국이 8.3%로 2위, 독일이 7.4%로 3위, 이탈리아가 6.5%로 4위를 차지하였다.

(2) 러시아 대 원외국가 수입

러시아의 대 원외국가 수입구조: 단위 %

	2000	2010	2012	2013	2014	2015
무역	100	100	100	100	100	100
원외국가	65.7	86.1	85.8	87.6	88.4	88.5
유럽연합	32.9	41.7	41.8	42.6	41.3	38.4
독일	11.5	11.7	12.1	12.0	11.5	11.2
이탈리아	3.6	4.4	4.2	4.6	4.4	4.6
네덜란드	2.2	1.9	1.9	1.9	1.8	1.7
영국	2.5	2.0	2.6	2.6	2.7	2.0
핀란디아	2.8	2.0	1.6	1.7	1.6	1.5
프랑스	3.5	4.4	4.4	4.1	3.7	3.2
APEC	16.1	34.1	34.4	34.6	36.2	37.9
중국	2.8	17.0	16.3	16.8	17.7	19.1
미국	7.9	4.9	4.8	5.2	6.4	6.3
일본	1.7	4.5	4.9	4.3	3.8	3.7
터키	1.0	2.1	2.2	2.3	2.3	2.2

러시아의 유럽연합으로부터의 수입비중은 최근 몇 년간 지속적으로 하락하여 2015년에는 38.45를 차지하였으나 APEC지역으로부터의 수입비중은 꾸준히 상승하여 2015년 역대 최대인 37.9%를 차지하여 유럽연합과 거의 비슷한 비중을 보여주고 있다. 러시아의 수입국은 2015년 현재 중국이 19.1%로 최대이며 다음이 독일로 11.2%를 그리고 미국이 6.3%로 3위를 차지하고 있다.

4) 러시아의 상품별 무역 구조

러시아의 무역 구조를 보다 더 잘 이해하기 위하여 각 상품그룹별에 대한 정확한 이해가 필요하다. 먼저 금속 및 귀금속 그룹의 경우 다이아몬드, 금, 플라티늄, 은, 보석 등을 의미하며 광물제품의 경우 철, 구리, 니켈, 알루미늄, 납, 아연, 주석, 크롬, 텅스텐, 몰리브텐, 티타니움 등과 석탄, 원유, 가스 전력 등을 의미한다.

(1) 러시아의 수출상품구조

러시아의 수출상품구조: 단위 %

	2000	2010	2012	2013	2014	2015
	100	100	100	100	100	100
식품 및 농산물	1.6	2.2	3.2	3.1	3.8	4.7
연료 및 광물제품	53.8	68.5	71.3	71.5	70.4	63.8
화학제품	7.2	6.2	6.1	5.9	5.9	7.4
피혁 및 모피	0.3	0.1	0.1	0.1	0.1	0.1
목재 및 제지	4.3	2.4	1.9	2.1	2.3	2.9
직물, 섬유제품 및 신발	0.8	0.2	0.1	0.2	0.2	0.3
금속 및 그 제품	21.7	12.7	11.1	10.5	10.5	11.9
기계, 설비 및 운송수단	8.8	5.4	5.1	5.5	5.3	7.4
기타	1.5		1.1	1.3	1.4	1.6

러시아의 최대 수출품목은 연료 및 광물제품으로 러시아 정부의 지속적인 노력에도 불구하고 2014년까지 70% 초반까지 상승하였으나 세계 에너지가격의 하락으로 2015년에는 63.8%로 하락하였다. 다음으로 금속 및 그 제품으로 2000년 이후로 지속적으로 하락하는 경향을 보이고 있으며 2015년에는 11.9%를 차지하였다. 이러한 수출상품구조는 러시아의 자원의존형 경제구조를 잘 보여주고 있다고 할 수 있다.

① 러시아의 대 CIS국가와의 수출 상품구조: 단위 %

	2000	2010	2012	2013	2014	2015
	100	100	100	100	100	100
식품 및 농산물	5.3	4.6	5.4	6.6	8.1	9.5
연료 및 광물제품	49.1	50.7	55.8	48.0	45.1	40.8
화학제품	10.2	8.1	9.1	10.5	11.2	13.4
피혁 및 모피	0.3	0.1	0.1	0.1	0.1	0.1
목재 및 제지	3.0	3.0	3.0	3.6	4.0	3.8
직물, 섬유제품 및 신발	2.0	0.9	0.7	0.9	1.3	1.4
금속 및 그 제품	10.4	9.6	9.6	11.1	10.8	11.3
기계, 설비 및 운송수단	17.0	11.6	13.7	16.5	16.4	16.5
기타	2.7		2.6	2.7	3.0	3.2

러시아의 대 CIS국가들에 대한 수출구조는 러시아의 전체적인 수출구조와는 다소 차이가 있다. 즉 CIS국가들에 대한 수출은 2015년의 경우 연료 및 광물제품의 경우, 40.8%를 차지하여 상대적으로 연료 및 광물제품의 수출비중이 낮으나 기계, 설비 및 운송수단(16.5%). 화학제품(13.4%), 식품 및 농산물(9.5%)의 수출비중은 상대적으로 높은 편이다. 이러한 수출상품구조는 러시아와 CIS국가들과의 산업 비교우위를 비교적 잘 반영하고 있다고 볼 수 있다.

② 러시아의 대 원외국가와의 수출상품 구조: 단위 %

	2000	2010	2012	2013	2014	2015
	100	100	100	100	100	100
식품 및 농산물	1.0	1.8	2.8	2.5	3.2	4.0
연료 및 광물제품	54.5	71.6	74.0	75.3	74.2	67.3
화학제품	6.7	5.8	5.6	5.1	5.1	6.5
피혁 및 모피	0.3	0.1	0.1	0.1	0.1	0.1
목재 및 제지	4.5	2.3	1.8	1.8	2.1	2.7
직물, 섬유제품 및 신발	0.6	0.1	0.1	0.1	0.1	0.1
금속 및 그 제품	23.5	13.2	11.4	10.4	10.5	12.0
기계, 설비 및 운송수단	7.5	4.3	3.5	3.7	3.7	6.0
기타	1.4	0.8	0.8	1.0	1.2	1.4

러시아의 대 원외국가 수출상품에서 가장 큰 비중을 차지하고 있는 것은 연료 및 광물제품으로 2015년의 경우 67.3%로 전년대비 다소 낮아졌다. 그러나 연료 및 광물제품은 2013년의 경우 75% 이상 그리고 금속 및 그 제품이 10.4%를 차지하여 이들 두 상품군이 전체 수출의 85% 이상을 차지하고 있다. 이러한 것은 러시아경제가 아직 자원의존형 경제구조에서 탈피하고 있지 못한 점을 잘 보여주고 있다고 할 수 있을 것이다.

(2) 러시아의 수입상품 구조: 단위 %

	2000	2010	2012	2013	2014	2015
	100	100	100	100	100	100
식품 및 농산물	21.8	15.9	12.8	13.7	13.9	14.5
연료 및 광물제품	6.3	2.3	2.4	2.2	2.6	2.7
화학제품	18.0	16.1	15.3	15.9	16.2	18.6
피혁 및 모피	0.4	0.5	0.5	0.5	0.4	0.4
목재 및 제지	3.8	2.6	2.0	2.1	2.1	2.0
직물, 섬유제품 및 신발	5.9	6.2	5.7	5.7	5.7	5.9
금속 및 그 제품	8.3	7.3	7.3	7.2	7.1	6.7
기계, 설비 및 운송수단	31.4	44.4	49.9	48.5	47.6	44.8
기타	4.1		4.1	4.3	4.4	4.2

러시아의 주요 수입품목은 기계, 설비 및 운송수단으로 전체의 44.8%, 다음이 화학제품으로 18.6%, 세 번째로 식품 및 농산물로 14.5%를 차지하고 있다. 이러한 수입구조는 상대적으로 취약한 러시아 제조업의 현황을 잘 반영하고 있다.

① 러시아의 대 CIS국가와의 수입상품구조: 단위 %

	2000	2010	2012	2013	2014	2015
식품 및 농산물	17.9	19.4	11.6	16.3	17.6	20.8
연료 및 광물제품	15.1	10.4	10.5	11.5	15.6	16.5
화학제품	12.6	8.9	10.6	10.5	11.6	14.9
피혁 및 모피	0.4	0.1	0.4	0.1	0.1	0.1
목재 및 제지	2.5	3.2	2.8	3.8	3.3	3.3
직물, 섬유제품 및 신발	9.8	5.7	7.4	5.2	5	5.6
금속 및 그 제품	14.8	14.1	16.4	16	16	13.8
기계, 설비 및 운송수단	22.1	28.7	36.7	32	25.7	20.2
기타	4.8	0	3.8	4.6	5.1	4.8
합계	100	100	100	100	100	100

러시아의 대 CIS 국가와의 수입상품구조는 식품 및 농산물, 연료 및 광물제품, 그리고 화학제품의 수입비중이 꾸준히 확대되어 온 반면 그 동안 가장 큰 비중을 차지하였던 기계, 설비 및 운송수단의 수입비중은 지속적으로 하락하고 있다.

2015년

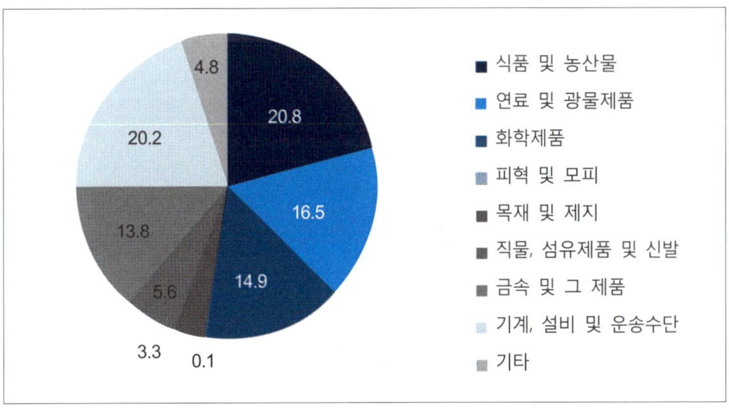

2015년의 경우 위의 그래프에서 볼 수 있는 바와 같이 가장 큰 수입은 식품 및 농산물로 20.8%를 차지하며 다음이 기계, 설비 및 운송수단으로 20.2%를 차

지하고 있다.

② 러시아의 대 원외국가 수입상품 구조: 단위 %

	2000	2010	2012	2013	2014	2015
식품 및 농산물	23.8	15.3	13.0	13.4	13.4	13.7
연료 및 광물제품	1.7	1.0	1.0	0.9	0.8	0.9
화학제품	20.7	17.3	16.1	16.6	16.8	19.1
피혁 및 모피	0.3	0.6	0.6	0.5	0.5	0.5
목재 및 제지	4.5	2.5	1.8	1.9	1.9	1.8
직물, 섬유제품 및 신발	3.9	6.3	5.4	5.8	5.8	6.0
금속 및 그 제품	5.0	6.2	5.8	6.0	6.0	5.8
기계, 설비 및 운송수단	36.3	47.0	52.1	50.8	50.5	48.0
기타	3.8	3.8	4.1	4.2	4.3	4.1

러시아의 원외국가로 부터의 수입은 주로 기계, 설비 및 운송수단으로 거의 50%를 차지하고 있다. 다음이 화학제품으로 19.1%, 그리고 식품 및 농산물이 13.7%를 차지하고 있다. 이러한 수입 형태는 2015년의 경우 CIS국가로부터 식품 및 농산물이 20.8%로 최대 수입비중을 차지하고 있는 것과 비교하면 상당한 차이가 있다.

2015년

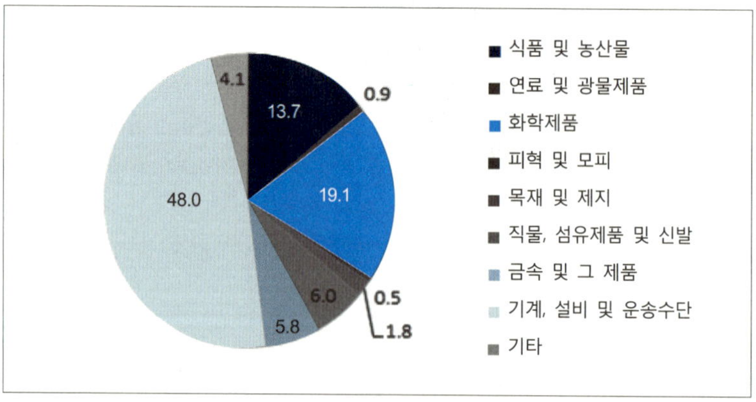

2015년의 경우 원외국가로부터의 수입은 기계, 설비 및 운송수단이 48%, 그리고 화학제품이 19.1%로 2위, 식품 및 농산물이 13.7%로 3위를 차지하고 있다.

5) 러시아와 유라시아 경제연합

유라시아 경제연합(Eurasian Economic Union: EAEU)은 러시아가 서유럽중심의 유럽연합(EU)에 대응하기 위하여 창설한 국제기구로 러시아, 까자흐스탄, 벨라루시, 아르메니아. 끼르기즈스탄이 회원국인 경제기구이다.

유라시아 경제연합과의 무역구조

러시아의 수출구조

	2010	2012	2013	2014	2015
식품 및 농산물	6.5	5.3	6.8	8.4	8.5
연료 및 광물제품	48.7	56.7	46.9	43.1	43.5
화학제품	10.0	7.9	9.3	10.0	10.6
피혁 및 모피	0.2	0.2	0.2	0.2	0.2
목재 및 제지	3.3	2.5	2.8	3.2	2.8
직물, 섬유제품 및 신발	1.5	0.9	1.3	1.8	1.8
금속 및 그 제품	14.1	10.2	13.2	12.7	12.2
기계, 설비 및 운송수단	12.6	13.8	16.4	17.1	16.1
기타	3.1	2.5	3.1	3.5	4.3

러시아의 유라시아경제연합 국가들과의 수출에서 제일 큰 비중을 차지하고 있는 것은 연료 및 광물제품으로 2015년 현재 전체 수출의 43.5%를 차지하고 있다. 다음이 기계, 설비 및 운송수단으로 16.1%를 차지하고 있다.

러시아의 수입구조

	2010	2012	2013	2014	2015
식품 및 농산물	20.9	8.8	16.8	20.2	26.0
연료 및 광물제품	15.8	13.0	17.7	20.7	19.9
화학제품	11.5	11.2	11.1	11.3	14.3
피혁 및 모피	0.2	0.7	0.1	0.1	0.2
목재 및 제지	1.7	1.7	2.6	1.5	1.7
직물, 섬유제품 및 신발	8.3	10.6	6.1	4.7	4.3
금속 및 그 제품	13.5	13.4	12.8	13.8	11.3
기계, 설비 및 운송수단	22.9	36.7	28.5	23.2	18.4
기타	5.2	3.9	4.3	4.5	3.9

러시아의 유라시아경제연합 국가들과의 수입에서 제일 큰 비중을 차지하고 있는 것은 식품 및 농산물로 2015년 현재 전체 수입의 26%를 차지하고 있다. 다음이 연료 및 광물제품으로 19.9%를 차지하고 있다.

2. 러시아로부터 중앙아시아 국가로의 송금

전세계적으로 약 2억5천만명의 외국인 노동자가 있다고 추정되며 이중 러시아에 1200만명이 거주하고 있는 것으로 이것은 미국의 4700만 명 다음의 세계 2위 규모이다. 비록 중앙아시아 국가들이 러시아에 대한 의존도를 많이 낮추었음에도 불구하고 아직 러시아는 이들 국가들의 가장 중요한 경제 파트너이다. 특히 러시아가 이들 국가들의 중요한 노동시장 역할을 하고 있으며 나아가 러시아에 거주하는 중앙아시아 국가들 출신 노동자들의 자국으로의 송금은 그들 국가들 경제에 중요한 역할을 하고 있기 때문이다.

러시아 경제가 2008년부터 2009년까지의 세계경제위기로 급격히 위축되면서 러시아의 수입 감소하고 이들 국가들에 대한 송금이 감소하면서 독립국가연합 국가들의 경제도 심각한 영향을 받았다. 뿐만 아니라 큰 폭의 루블의 평가절하는 이들 국가들의 통화 역시 큰 폭으로 평가절하를 불러와 외환사정을 악화시키게 되었다.

그러나 러시아경제가 위기를 벗어나면서 수입 및 송금이 위기 이전의 수준으로 회복되었다. 러시아시장은 특히 벨라루스, 키르기즈스탄, 우크라이나에 중요한데 러시아의 수입은 이들 국가들의 수출의 23%에서 32% 정도를 차지하고 있기 때문이다. 송금문제는 몰도바, 키르기즈스탄, 따지키스탄에 중요한데 러시아로부터의 송금은 이들 국가들의 외화수입에 아주 중요한 비중을 차지하고 있다. 국내총생산의 15%에서 40% 정도를 차지하고 있다.

러시아로부터 송금: 단위 백만 달러

	2013	2014	2015	2016
우즈베키스탄	6,689	5,653	708	2,741
따지키스탄	4,173	3,854	544	1,929
우크라이나	3,424	2,400	309	1,003
끼르기즈스탄	2,106	2,062	321	1,743
총계	21,726	19,054	2,636	10,129

2013년의 경우 러시아로부터 CIS국가로의 송금액은 약 217억 달러로 이중 우즈베키스탄으로 약 67억 달러, 따지키스탄으로 약 42억 달러, 끼르기즈스탄으로 21억 달러, 그리고 우크라이나로 34억 달러가 송금되었다.[1] 그러나 2014년부터 러시아의 경제침체와 세계 원유가격의 급락 그리고 2015년부터 시작된 러시아에 서구의 경제제재, 러시아의 보복제재, 그리고 지속되어온 낮은 원유가격 등으로 송금액이 급감하였다. 특히 미국 달러화에 대한 러시아 루블화의 폭

1) http://www.cbr.ru/eng/statistics/?PrtId=svs

락으로 달러표시 외국인노동자들의 임금 또한 폭락하였기 때문이다. 이러한 영향은 2015년의 송금규모에 잘 나타나 있는데 우즈베키스탄에 약 7억 달러, 따지키스탄에 5억4천만 달러, 끼르기즈스탄에 3억2천만 달러 등으로 2014년 대비 약 13% 수준으로 급락하였다.

3. 환율

1) 환율제도

1995년 7월 중앙은행은 환율목표대(exchange rate target band)를 도입하였다. 이에 따르면 1995년 하반기에는 1달러당 4.3-4.9루블, 1996년 상반기에는 4.55-5.15루블, 1996년 하반기에는 sliding band제를 도입하여 5.0-5.5에서 시작하여 5.6-6.1까지 변화되도록 하였으며 1997년에는 sliding band를 5.5-5.75에서 시작하여 5.75-6.35까지 변화되도록 하였으며 1998년 1월부터 8월까지 1달러 당 6.2루블에서 +/- 15%의 변화를 그리고 1998년 8월 17일부터 9월 1일까지 6.0-9.5루블의 변화폭을 용인하였다.[2]

앞서 언급하였듯이 러시아의 중앙은행은 러시아 루블 변동폭을 미국 달러와 유로로 구성된 통화 바스켓에 연계하여 상하 일정한 변동폭을 결정하고, 그 범위 내에서 환율의 변동폭을 억제하고 만약 그 폭을 초과하는 변동폭에 대하여는 러시아 중앙은행이 개입을 하는 관리변동환율제를 실시하여 왔다. 그러나 2014년 11월 10일부터 러시아는 완전한 변동환율제를 도입하여 모스크바 증권

2) S ppel, Ralph, Russia's Financial Markets Boom, Crisis and Recovery 1995-2001: Lessons for Emerging Markets Investors, *SUERF Studies: 2003/5*, 2003, p. 12.

거래소(MOEX)의 외환거래에 따라 러시아 중앙은행이 공정환율을 결정하게 되었다. 즉 2014년 8월부터 원유가격하락으로 인한 루블화 약세로 수입품의 가격상승으로 인한 국내 인플레이션의 압력이 높아지자 중앙은행은 외환대책의 일환으로 러시아 중앙은행이 정하여 놓은 변동폭의 상하에 도달할 경우 환율개입을 실시하는 것을 제도화하면서 통화바스켓제도를 폐지하여 비로소 완전한 변동환율제를 채택하게 된 것이다.

그러나 러시아 중앙은행이 완전한 변동환율제를 도입하였다고 하여 외환시장에 대한 중앙은행의 개입을 완전히 폐지한 것은 아니다. 이는 러시아 중앙은행 총재가 2014년 10월 러시아 중앙은행은 러시아 금융안정에 대한 위험이 감지되고, 필요하다고 판단될 경우, 외환시장 조작이나 기타 필요한 조치를 취한다고 천명한 데서 잘 나타나고 있다. 실제, 러시아 루블화가 급락하자 2014년 12월 15일 러시아 중앙은행은 약 20억 달러를 투입하였다. 러시아 루블화의 안정을 위하여 루블-달러 통화스왑 및 통화레포거래 등을 도입하였다.

2) 환율의 변화

환율의 변화

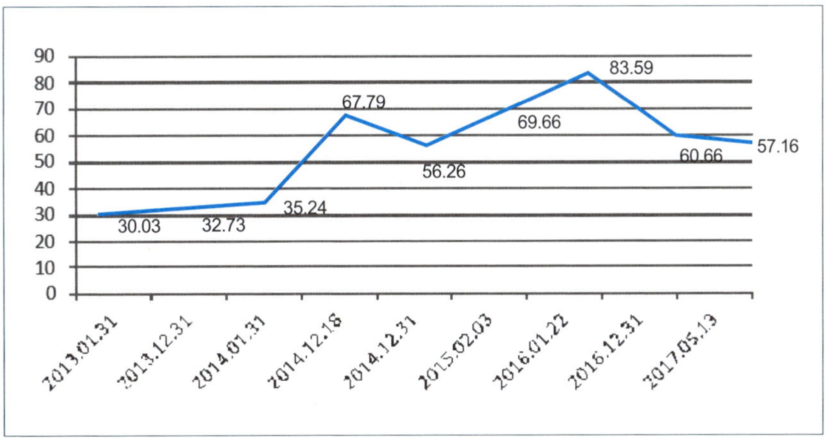

2014년 12월 루블화의 폭락은 여러 요인들이 복합적으로 작용한 결과이다.[3] 무엇보다 먼저 국제유가의 하락이다. 브렌트산 기준 48달러까지 하락하여 2014년 여름대비 약 60% 이상 폭락한 것이다. 둘째, 서구의 러시아에 대한 경제제재로 러시아의 금융기관이나 기업은 필요한 외자를 해외 자본시장에서 조달할 수 없게 된 것이다. 특히 2014년 4사분기에는 상환해야할 외채가 600억 달러 이상이었다. 셋째, 러시아 중앙은행이 지금까지의 관리변동환율제도에서 완전한 변동환율제도의 도입을 선언한 것이다. 그러나 보다 중요한 것은 러시아 중앙은행의 완전한 변동환율제도의 선언에도 불구하고 러시아 중앙은행은 외환시장에 개입함으로써 러시아 금융당국의 정책 신뢰도를 떨어뜨린 점이다. 마지막으로 루블의 폭락은 러시아가계의 달러선호를 높이게 되었다.

루블은 또한 2016년 1월 22일 1998년 러시아 금융위기 이후 최대로 달러당 83.59 루블까지 폭락하였다. 러시아 루블화는 2017년에 들어와 달러당 60루블 이하를 유지하여 2017년 5월 13일 현재 달러당 57.16루블을 유지하고 있다. 이러한 루블의 강세는 세계 유가의 회복과 이에 따른 러시아경제의 회복 그리고 미국의 트럼프 대통령이 러시아에 대한 경제제재를 폐지할 것이라는 기대감에 기인하고 있다고 볼 수 있다.

3) Aleksashenko, Sergey, “The Ruble currency storm is over, but is the Russian economy ready for the next one?,” https://www.brookings.edu/blog/up-front/2015/05/18/the-ruble-currency-storm-is-over-but-is-the-russian-economy-ready-for-the-next-one/ (검색일: 2017년 6월 21일)

4. 러시아 외환보유고

1) 외환보유고 구성

우리나라의 경우 외화전환가능 보유액, IMF 포지션, 특별인출권(SDRs), 금의 4부문으로 구성되어 있다. 외화전환가능보유액은 다시 유가증권과 예치금으로 나누어 볼 수 있는데 국외채권(국채, 정부기관채, 국제기구채) 등은 유가증권으로, 타 국가 중앙은행과 국제결제은행, 국제통화기금, 우리나라에 들어와 있는 해외 금융기관들에게 맡긴 자금은 예치금으로 분류된다. IMF 포지션은 가맹국이 IMF로부터 언제든지 조건 없이 인출할 수 있는 한도이며 SDR은 국제수지가 악화되었을 때 IMF로부터 무담보로 외화를 인출할 수 있는 권리를 의미한다. 러시아 외환보유고는 크게 4부문으로 구성되어 있다. 첫째는 금융해외자산(Financial foreign assets)으로 이는 미국 달러, 유로화 등 주요 통화로 표시된 러시아 중앙은행의 유동성이 매우 높은 자산으로 외화, 해외금융기관에 예치된 예금, 국외채권 등으로 구성되며 국내금융기관 뿐만 아니라 러시아 금융기관이 수권자본(authorized capital)의 많은 비중을 차지하고 있는 해외 금융기관들에 예치된 금융자산은 포함하지 않고 있다. 둘째는 특별인출권(SDR), 셋째는 IMF 포지션이며 기타는 비거주자와의 역Repo를 의미한다.[4] 마지막으로

4) Repo(Repurchase Agreement)란 유가증권을 매도(수)하고, 일정기간이 경과한 후에 사전에 약정한 금액으로 환매수(도)하는 거래를 말하는데, 유가증권의 매도와 환매의 두 개의 거래가 하나의 계약관계를 구성됩니다. 유가증권을 매도하고 자금을 조달하는 것을 Repo라 하고 유가증권을 매입함으로써 자금을 투자하는 거래를 역Repo(Reverse Repo)라고 한다. Repo거래는 매도자의 입장에서 보면 거래의 개시일에 유가증권을 인도하고 매매대금을 인수하며, 환매일에는 유가증권을 인수하고 최초의 매매대금에 환매이자라 부르는 소정의 이자를 가산하여 매수자에게

금은 순도 99.5%의 금괴를 의미하며 다른 귀금속은 러시아 연방의 외환보유고에 포함되지 않는다.

단위: 백만 $	외환 보유고	외환보유고 구성					
		외환보유	외환보유구성			금	
			외환보유	SDRs	IMF포지션		
2007.12.31	478,762	466,750	466,376	1	374	12,012	
2008.12.31	426,281	411,748	410,695	1	1,051	14,533	
2009.12.31	439,034	416,653	405,825	8,901	1,927	22,382	
2010.03.31	447,004	423,321	412,834	8,621	1,866	23,683	
2015.01.31	376,208	327,147	315,816	8,025	3,306	49,061	
2015.06.30	361,571	313,342	302,728	8,005	2,609	48,229	
2015.12.31	368,399	319,836	309,387	7,888	2,560	48,563	
2016.01.31	371,559	320,180	309,770	7,859	2,551	51,379	
2016.06.30	392,756	329,259	319,349	6,746	3,164	63,497	
2016.12.31	377,741	317,548	308,031	6,486	3,031	60,194	
2017.01.31	390,585	327,650	318,028	6,557	3,064	62,936	
2017.04.30	400,998	332,345	322,667	6,619	3,059	68,653	

출처: Bulletin of Banking Statistics, no. 4, (203), 2010, p. 35; no. 5 (288), 2017, p.38.

	외환 보유	구성					
		외환보유	구성		기타	구성	
			채권	현금 및 예치금		파생 상품	역 repo
2017.04.30	322,667	321,497.7	251,519.2	69,978.5	1,169.3	0.0	1,169.3

출처: Bulletin of Banking Statistics, no. 4, (203), 2010, p. 36; no. 5 (288), 2017, p.39.

지급하게 됩니다.

2) 외환보유고 운용

러시아 외환보유고 운용에 관한 법적 규정은 러시아중앙은행법 제4조 7항에 나타나 있다. "러시아 중앙은행 외환보유고 통제에 대한 주요 원칙(Main Principles of Control over the Bank of Russia's Reserves)"에 의해 규제되며 러시아 중앙은행 이사회의 승인을 받아야 한다. 외환보유고 운용의 목표는 안전성, 유동성, 그리고 수익성에 있다.

러시아의 외환보유고는 금융수단의 형태로 보아 크게 두 부문으로 나누어 볼 수 있는데 하나는 거래포트폴리오(transaction portfolio)로 예금, repo 거래, 단기 무금리(zero-coupon) 채권 등을 포함한 주로 저위험, 단기자산이다. 또 다른 하나는 투자 포트폴리오(investment portfolio)로 국제 자본시장에서 장기간의 그리고 위험도가 높지만 수익성이 높은 자산 즉 금리가 있는 장기채권(long-term coupon securities)에 투자되는 자산이다.[5] 2007년 1월 1일 현재 러시아 외환보유고 자산은 코레스 계좌(correspondent accounts)에 만기 6개월 예금과 수지가 36.5%, 만기 1개월 이내 repo 거래가 26.7%, 외국채권이 36.8%로 이 중 9.9%는 만기 1년 이내, 26.9%는 만기 1년 이상의 외국채권으로 구성되어 있다. 외국채권은 미국, 영국, 독일, 프랑스, 네덜란드, 오스트리아, 스페인, 핀란드, 벨기에 등의 국채 또는 이들 정부가 보증하는 기관들이 발행하는 채권들이다. 2009년 1월 1일 현재 러시아 중앙은행 외환보유고는 외국은행 코레스 계좌의 예금과 수지에 8.1%, repo 거래에 1.2%, 외국채권에 90.7%가 투자되어 있으며 외국채권은 주로 미국, 독일, 영국, 프랑스, 네덜란드, 벨기에, 스페인, 일본 등의 국채 77.5% 와 국제금융기관이 발행한 채권 등 즉 비국채가 13.2%를 차지하고 있

5) *The Bank of Russia Annual Report for 2008,* May 13, 2009, p. 71.

다.[6]

2016년 1월 1일 현재 금과 외화로 표시된 외환보유고는 외국국채가 66.3%, 외국은행의 코레스계좌 예금이 10.1%, 금이 13.1%, 비국채가 5.6%, 국제기구가 발행한 채권에 3.5%, 국제통화기금에 0.7%, repo거래에 0.7% 등이며 2017년 1월 1일 현재는 외국국채가 54.3%, 외국은행의 코레스계좌 예금이 17.5%, 금이 15.8%, 비국채가 8.6%, 국제기구가 발행한 채권에 2.9%, 국제통화기금에 0.5%, repo거래에 0.3% 등이다.[7]

2009년 1월 1일 현재 러시아 외환보유고의 통화별 구성은 미국 달러가 41.5%, 유로화가 47.5%, 영국 파운드가 9.7%, 그리고 일본 엔화가 1.3%를 차지하고 있다.[8] 2016년 1월 1일 현재 러시아 외환보유고는 달러표시가 43.1%, 유로 표시가 40.1%로 달러와 유로가 전체의 83.2%를 차지하며 그 이외에 영국 파운드가 10.7%, 캐나다 달러가 3.9%, 호주 달러가 1.2%, 일본 엔화가 1%를 차지하고 있다. 그러나 금을 포함할 경우, 2016년 1월 1일 현재 미국 달러표시가 37.5%, 유로표시가 34.9%, 금이 13.1%, 영국 파운드화가 9.3%, 기타 통화가 5.2%를 차지하고 있으며 2017년 1월 1일 현재는 달러표시가 37.7%, 유로표시가 33.6%, 금이 15.8%, 영국 파운드화가 8.0% 그리고 기타 통화가 4.9%로 구성되어 있다.[9]

위험분산을 위하여 외환보유고 투자 대상 기관들은 장기신용등급에 대한 수용가능한 최저등급을 유지하여야 하는데 피치신용등급 과 스탠다드 앤 푸어 신용등급의 경우 A, 무디스 신용등급의 경우 A2 이며 채권에 대한 최저등급은 피치신용등급 과 스탠다드 앤 푸어 신용등급의 경우 AA-, 무디스 신용등급의

6) Ibid., p. 72-3.

7) *годовой отчет банка россии за 2016 года*, Банк России, 2017, с. 154.

8) *The Bank of Russia Annual Report for 2008,* op. cit., p. 72.

9) *годовой отчет банка россии за 2016 года*, Указ. соч., с. 155.

경우 Aa3이다. 2016년 1월 1일 현재 신용등급에 따른 금을 포함한 외환보유자산의 분포는 AAA자산에 19.9%, AA자산에 58.5%, A자산에 4.8%, 금이 13.1%, 기타 3.8%이었다. 2017년 1월 1일 현재는 AAA자산에 23.7%, AA자산에 47.5%, A자산에 8.5%, 금이 15.8%, 기타 4.5%이다.[10]

2007년 1월 1일 현재 러시아 외환보유고의 국가별 구성은 미국이 28.1%, 독일 19.7%, 영국 16.2%, 프랑스 11%, 스위스 8.7%, 기타 16.3% 등이다. 2009년 1월 1일 현재 러시아 외환보유고의 국가별 구성은 미국이 38.3%, 독일 20.3%, 영국 9.9%, 프랑스 13.6%, 네덜란드 5.2%, 벨기에 2.9%, 스페인 2.7%, 스위스 1.7%, 핀란드 1.5%, 일본 1.3%, 오스트리아 1.3%, 국제기구 1.0%, 기타 0.5% 등이다.[11]

2016년 1월 1일 현재 금을 포함한 러시아 외환보유고의 국가별 구성은 미국이 26.0%, 독일 12.6%, 프랑스 21.5%, 러시아 중앙은행이 보유하고 있는 금이 13.1%, 영국 7.1%, 국제기구 5.4%, 네덜란드 2.4%, 일본 1.5%, 캐나다 3.1%, 덴마크 1.3%, 기타 6.0% 등이다. 2017년 1월 1일 현재는 미국 24.2%, 독일 16.4%, 프랑스 21.5%, 러시아 중앙은행 보유 금 15.8%, 영국 5.4%, 국제기구 4.5%, 네덜란드 3.6%, 일본 3.6%, 캐나다 2.4%, 덴마크 1.2% 기타 6.6% 이다.[12]

따라서 지난 10여 년간 외환보유고의 국가별 구성의 특징은 영국의 비중이 대체로 줄어들고 상대적으로 프랑스가 20% 이상 점유하여 크게 비중을 확대하였다는 점이다.

러시아의 외환보유고의 증대에 가장 크게 영향을 미치는 것은 러시아 중앙은행의 국내외환시장에서 외환매입이며 그 외 러시아 중앙은행의 자산 거래에서 발생하는 수입에 기인한다.

---

10) Там же, с. 158.

11) *The Bank of Russia Annual Report for 2008,* op. cit., p. 74.

12) *годовой отчет банка россии за 2016 года*, Указ. соч., с. 155.

5. 러시아 부채

1) 외화표시 국채 (Government Bonds Denominated in Foreign Currency)

러시아정부의 외화표시 채권에는 크게 두 종류가 있다. 첫째는 러시아 유로본드(Russian Eurobonds)로 연방예산적자를 보전하기 위하여 미국 달러, 독일 마르크, 이탈리아 리라로 러시아 재무부가 발행하는 국채로 국제자본시장에서 거래되며 만기는 5년에서 30년까지로 2010년에서 2030년까지이며 이자는 5%에서 12.75%로 현재는 7.5%내지 12.75%의 coupon income을 가지고 있다. 장외시장에서의 하루 거래금액은 2억 달러에서 3억 달러로 유로본드의 유동성은 매우 높은 것으로 나타나고 있다. 2002년 5월부터 유로본드는 MICEX에서 거래되기 시작하였다.

둘째는 OVGVZ(Bonds of the internal government foreign currency bond issue)로 러시아 재무부가 발행하는 미국 달러 표시 국채로 만기는 2011년, 3%의 coupon income을 가지고 있다. OVGVZ는 구소련 대외경제은행의 러시아 주재 법인들의 동결된 외화계좌에 대한 부채를 정리하기 위하여 발행한 국채이다.

2) 대외 채무

(1) 대외 채무 현황

일반적으로 국채는 자국통화표시 국채(government bond)는 자국통화로 정부에 의해 발행되는 국채이며 외화표시국채(sovereign bonds)는 외국통화로 정부에 의해 발행되는 국채를 의미한다. 물론 투자자는 투자수익율에 있어 예상 인플레이션을 반영할 것이며 국채는 당연히 상환될 것이라 가정한다. 정부채는 통상 무위험채권으로 간주된다. 그러나 러시아의 경우 1998년 루블화표시 국채에 대하여 지불유예를 선언한 적이 있다.

러시아 대외부채는 2008년 1월 1일 4654억 달러에서 2009년 1월 1일 4847억 달러로 증가하였다. 이중 93.2%인 4519억 달러가 민간부문 부채이며 러시아 지방정부와 연방정부 및 통화당국의 부채는 328억 달러로 6.8%를 점유하고 있다. 이는 464억 달러로 10.0%를 차지한 2008년 보다 다소 감소한 것이다. 상환기간으로 본 러시아의 대외부채는 총 대외부채의 83.5%인 4049억 달러는 장기외채, 16.5%인 798억 달러는 단기외채로 구성되어 있다. 통화구성으로 본 러시아의 대외부채는 외화표시 대외부채가 83.1%인 4028억 달러, 루블표시 대외부채가 16.9%인 819억 달러이다. 2008년 연방정부의 대외 부채 중 83.8%는 러시아의 대외 부채이며 16.2%는 구소련에서 승계된 부채이다.

러시아의 국내총생산대비 외채 비중은 2009년 1월 1일 28.9%로 2008년 1월 1일 기준의 35.9%로 다소 낮아졌다.

러시아의 대외부채는 2010년 1월 1일 4716억 달러이다. 이중 89.4%인 4216억 달러는 장기외채이며 10.6%인 500억 달러는 단기외채이다. 외화표시 대외부채는 80.9%인 3815억 달러이며 루블표시 대외부채는 19.1%인 901억 달러이다.

2010년 1월 1일 국내총생산대비 러시아의 대외부채는 38%로 국제기준에 따르면 심각한 상황은 아니다.[13]

러시아 대외부채는 2016년 1월 1일 현재 5191억 달러이며 2017년 1월 1일 현재는 5135억 달러로 전년 대비 56억 달러가 감소하였다. 이 중 90%인 4620억 달러가 민간부문의 대외 부채이며 10%인 514억 달러가 러시아정부와 러시아 중앙은행의 대외부채이다. 그러나 러시아 정부와 러시아 중앙은행이외에 러시아 정부나 러시아 중앙은행이 직접적으로나 간접적으로 50% 이상의 자본을 소유하고 있거나 혹은 다른 방법으로 통제할 수 있는 금융기관 혹은 기업들을 모두 포함하는 광의의 국가부문의 대외부채는 2548억 달러로 전체 대외부채의 49.6%를 차지하고 있다.[14]

2016년 동안 단기외채는 511억 달러로 전년 대비 소폭 상승하여 전체 외채의 9.9%, 장기외채는 4624억 달러로 전체 외채의 90.1%를 차지하고 있다. 전체 외채 중 루블 표시 외채는 1105억 달러로 전체 외채의 21.5%를 차지하여 전년의 16%에서 다소 큰 폭으로 상승하였으며 외화표시 외채는 4030억 달러로 78.5%를 차지하고 있다.[15]

2017년 6월 1일 현재 러시아 정부의 대외부채는 485억5천2백6십만 달러이다.[16] 이중 파리클럽 회원국이 아닌 국가에 대한 부채 6억2천9백3십만 달러, 이전 상호경제원조회의(CMEA)국가와의 부채 3억9천9백9십만 달러, 국제신용기구에 대한 부채 7억6천2백5십만 달러, 대외 국채 350억천6백8십만 달러, 외화표시 정부 보증 117억2천4십만 달러, 기타 2천3백7십만 달러 등이다.

---

13) *Годовой отчет Банка России за 2009 год,* Центральный банк Российской Федерации, May 2010, pp. 60-2.

14) *годовой отчет банка россии за 2016 года*, Указ. соч., с. 34.

15) Там же, с. 34.

16) https://www.minfin.ru/ru/perfomance/public_debt/external/structure/

대외 국채 350억천6백8십만 달러 중 2018년 상환액이 34억6천6백4십만 달러, 2019년 상환액이 15억 달러, 2020년 43억3천5백3십만 달러, 2022년 20억 달러, 2023년 30억 달러, 2026년 30억 달러, 2028년 24억9천9백9십만 달러, 2030년 107억천5백2십만 달러, 2042년 30억 달러, 2043년 15억 달러 등으로 러시아 정부의 무역흑자, 외환보유고 등에 비추어 보면 러시아 정부의 대외부채 상환에는 문제가 없는 것으로 보인다.

러시아 중앙은행 발표에 따른 러시아의 대외부채 현황은 아래와 같다.

러시아의 대외부채

러시아 연방의 대외부채: 단위 백만 달러	2015년 6월 30일	2015년 12월 31일	2016년 12월 31일
총액	556,016	519,101	513,478
연방정부+지방정부	36,416	30,551	39,178
연방정부	35,843	29,987	38,966
새로운 부채	34,105	28,747	37,921
다자간 채권자	1,059	999	858
IBRD	786	755	671
기타	272	244	187
기타 신용	0	0	0
외환채권	14,895	12,646	11,662
유로채권	11,262	9,679	11,034
유로채권(런던클럽채무조정)	3,632	2,967	628
루블채권	17,790	14,735	25,032
OFZ	17,667	14,691	25,017
유로채권	123	44	14
기타	362	366	369
구소련부채	1,738	1,240	1,045
구사회주의국가부채	875	414	395
기타 공적부채	842	805	629
기타	21	21	21
지방정부	573	564	212

Loans	451	445	0
루블표시 채권	122	119	212
중앙은행	10,258	11,716	12,265
대부	0	2,128	2,546
현금 및 예금	2,281	1,728	2,091
기타(SDR allocation)	7,977	7,860	7,628
은행	148,920	131,733	119,395
직접투자자 부채	4,909	5,499	5,179
대부	74	1,062	451
예금	135,476	117,415	105,302
채권	5,236	5,721	6,148
기타	3,244	2,037	2,314
기타	360,421	345,100	342,640
직접투자자 부채	132,659	134,361	136,192
대부 및 예금	208,616	195,254	189,652
채권	7,264	5,243	5,987
무역 신용	3,026	2,870	2,926
리스	3,899	5,100	4,681
기타	4,959	2,273	3,202

출처:Bank of Russia, Statistical Bulletin, no. 4, 2017, pp.18-9.

(2) 통화 및 기간별 외채 구조

	2015.06.30	2015.12.31	2016.12.31
총외채	556,016	519,101	513,478
외환	443,812	435,884	403,011
루블	112,204	83,217	110,467
러시아 정부	36,416	30,551	39,178
외환	18,504	15,697	13,934
단기	328	332	334
장기	18,177	15,365	13,600
루블	17,912	14,854	25,243
단기	0	0	0
장기	17,912	14,854	25,243
은행(직접투자제외)	144,010	126,235	114,216

외환	125,898	112,301	97,969
단기	21,252	18,865	18,384
장기	104,646	93,436	79,585
루블	18,112	13,933	16,247
단기	7,382	6,393	8,336
장기	10,730	7,540	7,912
기타(직접투자제외)	227,663	210,739	206,448
외환	181,311	179,925	168,054
단기	11,418	9,969	9,114
장기	169,893	169,956	158,940
루블	46,452	30,814	38,394
단기	6,792	3,257	4,287
장기	39,660	27,557	34,107

출처: Bank of Russia, Statistical Bulletin, no. 4, 2017, p. 20-1.

러시아의 대외부채는 2016년 12월 31일 현재 외화 채무가 전체 대외부채의 78%인 약 403억 달러이고 국내통화인 루블표시 채무가 22%인 약 110억 달러이다. 이를 부문별로 나누어 보면 러시아 정부 부채 중 외화표시 부채는 13억 9천만 달러로 약 36% 정도이며 루블표시 부채가 25억2천만 달러로 약 64%를 차지하고 있다. 외화표시 부채 중 장기부채가 약 98%를 차지하여 대부분 장기부채임을 알 수 있다.

은행 역시 외화표시 부채가 매우 높은 비중을 차지하고 있는데 약 86%를 차지하고 있다. 그 중 장기외채가 약 81%를 점유하고 있다. 기타 부문 역시 외화표시 부채가 매우 높은데 약 81%를 점유하고 있다. 이 중 약 95%가 장기외채이다.

따라서 러시아의 대외부채는 은행 및 기업부문은 외화표시 외채가 90% 이상을 차지할 정도로 높으나 대부분 장기외채로 구성되어 있으며 러시아 정부부문은 루블표시 외채의 비중이 높은 편이 주요 특징으로 나타나고 있다.

또한 러시아의 CDS(Credit Default Swap) 가산금리는 2009년 1월 말 670bp에

서 2009년 2월에는 715bp까지 상승하였다. 이는 러시아 국채 1000만 달러어치의 부도위험을 보장받기 위하여 7.15%인 71만 5000달러를 수수료로 내야 한다는 의미이다. 2009년 11월 소위 말하는 '두바이쇼크' 때 러시아의 국채CDS 프리미엄은 11월 25일 194.0이었으나 27일 214.4로 상승하였다.[17]

러시아 국채신용디폴트스와프는 2010년 2월 그리스, 스페인 등 남유럽국가들의 채무불이행 우려가 최고조에 달하였을 때 러시아 국채 CDS는 18.5bp 올라 219를 기록하였는데 이는 2009년 8월 11일 이후 가장 큰 상승폭이다.

3) 국내 채무[18]

(1) 러시아 채권의 종류

① ГКО(GKO:Государственное Краткосрочное Обязательство)는 단기 연방채권으로 러시아 정부(러시아 재무부)가 발행하는 국채로 각 채권의 액면가격은 1,000 루블로 MICEX에서 거래가 이루어지고 있다.

ГКО는 단기 무이표채 국채이며 예산적자를 보전하기 위한 비인플레이션 수단으로 1993년 5월에 도입되었다.

ГКО는 1993년 2월 8일 "ГКО 발행에 관하여"라는 No. 107에 따라 발행되었다. ГКО는 연방재정적자를 보전하고 유통중인 통화량을 조절하는 등의 목적으로 발행되었다. 액면가격은 1,000루블로 만기는 3개월, 6개월, 12개월 3종류가 있다. 이 채권은 할인채권으로 매입가격과 상환가격의 차이가 소득이 된다. 채권은 러시아 내국인, 법인이 소유할 수 있으며, 외국

17) 17) bp란 basis point로 0.01%p를 말한다.

18) https://www.minfin.ru/ru/perfomance/public_debt/internal/structure/total/

인들도 소유할 수 있다.

1998년 7월에 ГКО 발행이 중지되었다.

② ОФЗ(OFZ: Облигации Федерального Займа) 역시 ГКО와 마찬가지로 ОФЗ는 연방채권으로 러시아 정부(러시아 재무부)가 발행하는 이표채 국채이며 각 채권의 액면가격은 1,000 루블로 MICEX에서 거래가 이루어지고 있다. 그러나 ОФЗ는 ГКО와는 달리 보다 중장기적인 만기구조를 가지고 있으며 1995년 6월에 도입되었다.

ОФЗ-ПД(OFZ-PD: Облигации федерального займа с постоянным купонным доходом): 1996년 6월 28일 첫 발행되었으며 constant coupon인 중기 채권이다. 액면가격은 1,000 루블이다. 이자는 만기동안 일정한 금액으로 지불시기마다 지급된다.

ОФЗ-ФД(OFZ-FD(Federal loan bonds with fixed coupon yield)가 만기 4년과 5년, 연 이자율 10%에서 30%까지로 발행되었다. 이 채권의 특징은 만기동안 이미 공지된 이자율에 따라, 이자가 일정한 기간 동안 변할 수 있다는 점이다. 즉 발행 시점부터 첫 몇 년은 예를 들면 6%, 그 다음 몇 년은 7% 등이다.

ОФЗ-ПК(OFZ-PK: Облигации федерального займа с переменным купоном)은 중기 채권이며 첫 번째 경매는 1995년 6월 14일에 이루어졌다. 이 채권소유자는 주기적인 이자소득을 얻을 수 있으며 경우에 따라서는 할인(discount)소득을 얻을 수 도 있다. 만기동안 지불시기마다 이자율이 상이하며, 정해진 이자율에 따라 이자를 지급받는다. 정해진 이자율은 통상 1일 단기 은행간 금리인 RUONIA(ставка по однодневным межбанковски м кредитам 28 крупнейших банков)에 일정한 이자율을 합하여 결정된다.

ОФЗ-АД(OFZ-AD: Облигации с амортизацией долга): 2002년 6월부터 발행되기 시작한 장기채권으로 액면금액은 1,000 루블이다. 이자지급방식은 고정이자율이다. 가장 주요한 특징은 액면금액이 미리 정해진 기간에 따라 동일한 비율로 상환된다는 점이다.

ОФЗ-ФК(Облигаций с фиксированным купонным доходом))은 만기가 4년 혹은 5년이다. 액면금액은 1,000루블이다. 이자는 채권을 발행할 때 고정된 금액으로 지급된다. 물론 상이한 지급시기에 따라 이자 역시 달라질 수 있다.

ОФЗ-ИН(ОФЗ с индексацией номинала)는 채권의 명목가격을 인플레이션에 연동시켜 지수화하였다는 것이다. 이자지급은 6개월에 한 번씩이며 지수화는 매일 매일 이루어진다.

③ ОГСЗ(OGSZ: облигации государственного сберегательного займа): 1995년 9월에 처음으로 발행되어 1998년까지 발행되었다. 유통기간은 1-2년이며 액면가액은 100루블과 500루블이었다. 이자율은 러시아 국가통계위원회가 발표한, 채권발행시점부터 이전 6개월까지의 인플레이션에 0.2%가 가산되어 결정되었다. 따라서 최소한의 소득을 보장함과 동시에 투자손실을 방지할 수 있다. 이자는 채권에 따라 분기 혹은 반년마다 지불된다.

④ ГСО(Государственные сберегательные облигации: government saving bonds)는 러시아 재무부가 발행하는 연방채권으로 유통시장에서는 거래되지 않으며 2006년 처음으로 발행되었다. ГСО-ППС(GSO-PPS:государственные сберегательные облигации с постоянной процентной ставкой ку понного дохода)는 고정금리 연방채권이다. ГСО-ФПС(GSO-FPS: облигации с фиксированной процентной ставкой купонного дохода)는 미리 정해진 이자율에 따라 일정한 기간 즉 일 년에 한 번 또는 두 번 이자가 지급된다.

ОВГВЗ(OVGVZ: государственного внутреннего валютного облигационного займа)는 구소련 대외경제은행(Внешэкономбанк СССР)의 부채 즉 대외경제은행에 자산이 동결된 수출업자들의 자산상환을 위해 만기 1년, 3년 6년, 10년으로 1993년에 발행되었다.

(2) 채권의 이자 지급방식

① 이표채와 무이표채

이표채(coupon bonds)는 정기적으로 액면이자를 지급하고 만기일에 액면가를 지급하는 채권이다. 이자지급횟수도 1년에 한번, 두 번, 네 번 등으로 채권에 따라 다르다. 무이표채(zero-coupon bonds)는 액면이자율이 0%로 일정한 시기마다 액면이자(쿠폰이자 또는 표시이자)를 전혀 지급하지 않고 만기일에 액면가만을 지급하는 채권이다. 액면금액을 시장이자율로 할인하여 발행하기 때문에 할인채(pure discount bonds)라고도 한다.

② 고정금리채권, 변동금리채권, 역변동금리채권

고정금리채권(fixed rate bonds)은 액면이자율이 확정되어 변하지 않는 채권으로 전통적인 개념의 채권이다. 확정이자부채권(Fixed coupon bond)은 일정금액의 이자를 만기까지 받다가 만기일에 원금을 받는 채권. 변동금리채권(floating rate notes)은 액면이자율이 특정 기준금리에 연동하여 같은 방향으로 변동하는 채권이다. 예를 들면 액면이자율이 "3개월 LIBOR+200bp"라면 지급하는 액면이자는 LIBOR금리에 2%p를 더한 금액이 된다.

역변동금리채권(inverse floaters)은 액면이자율이 특정기준금리에 연동하여 반대방향으로 변동하는 채권이다. 예를 들면 액면이자율이 "15%-LIBOR"로 발행된 채권을 들 수 있다. LIBOR가 올라가면 액면이자는 줄어들고, LIBOR가 내려가면 액면이자는 늘어난다.

(3) 국내 채무

2006년 1월 1일 현재 러시아의 국내 부채는 8511억 루블에 이른다. 이러한 국내 부채는 크게 3 부분으로 구성되어 있는데 첫째는 ОФЗ-АД로 전체의 약 66.56%(6674억 루블)를 차지하며 둘째는 ОФЗ-ПД로 약 19.9%인 2001억 루블 이며 마지막으로는 ОФЗ-ФК로 약 9.4 %인 948억 루블이다. 그 외 ГСО-ФПС가 약 4 %인 400억 루블을 차지하고 있다. 2010년 1월 1일 현재 ОФЗ-АД가 46.9951%, ОФЗ-ПД가 38.4490%, ГСО-ППС가 7.3709%, ГСО-ФПС가 7.1850%이다.

국내부채는 2011년 3월 1일 현재 2조6050억 루블이다. 이것은 2011년 2월 1일 현재 부채의 2조4570억 루블에서 1478억 루블이 증가한 것으로 이는 2월 달에 ОФЗ-ПД가 1633억 루블이 증가한 것에 주로 기인한다. 따라서 ОФЗ-ПД는 모두 1조4980억루블로 총 국내부채 2조6050억 루블의 57.5%를 차지하고 있다. 동기간 ГСО-ППС와 ГСО-ФПС는 각각 1750억 루블, 1320억 루블로 변동이 없으며 전체 국내부채의 6.7%와 5.1%를 차지하고 있다. 그리고 ОФЗ-АД가 155억 루블감소하여 8000억 루블로 전체 국내부채의 30.7%를 차지하고 있다.

러시아 정부의 국내채무는 2016년 1월 1일 현재 7조3천76억천만 루블로 이중 러시아 정부 보증이 1조7천3백4십5억2천만 루블이며 2017년 1월 1일 현재는 8조34억6천만 루블로 이중 정부 보증은 1조9천31억천만 루블이다.

채권 종류별 부채[19]

주요 채권 종류별 부채 현황: 단위, 10억 루블, 매년 1월 1일 기준

	ГКО	ОФЗ-ПК	ОФЗ-ПД	ОФЗ-АД	ОФЗ-ИН	ГСО-ППС	총계
2010	-	-	706.37	863.38	-	135.42	1,837.17
2011	-	-	1,338.59	815.58	-	175.42	2,461.59
2012	-	-	1,823.70	1,079.58	-	421.15	3,546.43
2013	-	-	2,248.15	1,048.58	-	545.55	4,064.28
2014	-	-	2,688.85	1,045.98	-	475.55	4,432.38
2015	-	1,000.00	2,551.02	1,038.56	-	560.55	5,475.71
2016	-	1,347.26	2,710.34	791.17	141.77	360.55	5,573.09
2017	-	1,738.00	3,051.10	680.06	163.63	245.55	6,100.34

위의 표에 나타나 있는 바와 같이 2017년 1월 1일 현재 연방정부 채권 부채의 총액은 약 6조1000억 루블이며 이중 ОФЗ-ФД가 3조510억 루블로 약 50%를 차지하고 있으며, ОФЗ-ПК가 1조7380억 루블로 약 28%를 차지하여 이 두 채권이 전체 채권발행의 약 80%를 점하고 있다. 채권발행에서 주목할 만 점은 변동금리 채권인 ОФЗ-ПК의 발행비중이 상대적으로 많이 높아졌다는 것이다. 즉 ОФЗ-ПК는 2015년 1월 1일 18.2%에서 2017년 1월 1일 28%로 약 10% 비중이 높아졌다.

국내화폐로 발행되는 국내부채는 일반적으로 대외부채에 비하여 채무불이행의 위험이 낮은 것이 사실이다. 왜냐하면 국내화폐로 발행된 채무이기 때문에 위기시 통화발행을 통하여 국내부채를 상환할 수 있기 때문이다. 그러나 국가채권에 대한 채무상환의 신뢰가 붕괴될 경우 국내투자자들의 국내자산기피 현상 및 해외자산 도피 현상이 가속화될 수 있을 뿐만 아니라 신규 국채발행이 매우 어려워지는 심각한 상황에 직면하게 된다. 보다 심각한 문제는 국채투자

19) https://www.minfin.ru/ru/perfomance/public_debt/internal/structure/duty/

자들의 국가의 부채상환능력에 대한 의구심이 결국은 투자자들이 보유한 국채를 일시에 자본시장에서 매각을 시도함으로서 금리가 폭등하게 되고 통화가치가 폭락하게 되어 금융시장이 마비되게 되며 이는 종국적으로 국가에 대한 신뢰도의 하락으로 이어지게 된다. 따라서 일반적인 투자자들까지 투자금회수를 시도하여 결국 국가가 파산상태에 이르게 되는 것이다.

6. 한 러 관계

1) 무역수지: 단위 백만 달러

	수출	수입	수지
2010	7,760	9,899	-2,139
2011	10,305	10,852	-547
2012	11,097	11,354	-257
2013	11,149	11,495	-346
2014	10,129	15,669	-5,540
2015	4,686	11,308	-6,622
2016	4,769	8,641	-3,872

출처: 한국무역협회

우리나라의 대 러시아 무역수지는 2010년 지속적으로 적자를 보고 있다. 무역규모는 러시아의 경제위기가 심화된 2015년 이후 급감하였다. 2015년의 겨우 수출은 전년 대비 전년 대비 약 54%가 감소하였으며, 수입은 약 30% 감소하였다. 2016년 대 러시아 수출은 47억7천만 달러, 수입은 86억4천만 달러로 38억7천만 달러의 적자를 보고 있다.

2) 극동러시아와의 교역[20]

2016년 극동러시아 9개 지역의 수출액은 186억1000만 달러, 수입액은 57억 8000만 달러이며 주요 수출품은 석유·천연가스 등 에너지·연료 및 광물자원으로 극동러시아 전체 수출액의 52.1%를 차지하며 수산물이 14.2%, 목재가 4.9% 등이다.

우리나라는 극동러시아 교역액의 22.6%를 차지하여 중국(25.1%) 다음의 2위 교역 국가이다.

(1) 우리나라의 극동러시아 주요 수입품목

주요 수입품목 (단위: 천 달러, %)

수입 품목	2015	2016	증감률
연료 및 에너지 제품	4,507,911	3,426,883	−23.98
생선, 갑각 및 조개류	975,774	1,011,219	3.63
광석 등 광물	41,345	53,949	30.48
철강류	177,222	177,840	0.34
목탄 및 목재제품	54,129	40,402	−25.36
선박 및 수상구조물	130,027	90,986	−30.02
합계	5,888,423	4,803,295	−18.43

우리나라가 극동러시아로 부터 수입하는 주요 품목은 연료 및 에너지 제품으로 전체 수입의 71.3%를 차지하며, 다음이 21.1%를 차지하는 생선, 갑각 및 조개류이다.

20) 신지현, 2016년 극동러시아 교역 동향, https://news.kotra.or.kr

(2) 우리나라의 대 극동 주요 수출품목

주요 수출품목 (단위: 천 달러, %)

수출 품목	2015	2016	증감률
자동차(기차류 제외) 및 부속품	41,371	23,022	−44.35
기계 및 장비류, 부품	102,517	269,753	163.13
플라스틱류	53,553	43,068	−19.58
전자제품 및 부속품	4,357	72,378	1561.78
연료 및 에너지 제품	27,709	26,918	−2.85
가공 식료품	25,935	25,777	−0.60
항공기, 우주선 및 그 부품	14,188	14,675	3.43
주류, 음료수, 식초	9,321	13,469	44.50
철강과 철강제품	77,190	48,540	−37.11
무기화학제품	37,095	12,559	−66.14
종이, 마분지	17,754	18,448	3.90
고무, 고무제품	5,005	5,102	1.93
소금, 황, 토석류, 시멘트	8,750	3,266	−62.67
합계	426,760	578,991	35.67

우리나라의 대 극동러시아 주요 수출품목은 기계 및 장비류로 전체 수출의 46.6%를 차지하며, 전자제품 및 부속품이 12.5%를 차지하여 2위를 기록하고 있다. 특히 전자제품 및 부속품은 2016년에 전년 대비 1,500% 이상 폭발적으로 급증한 점이 특이하다고 볼 수 있다.

조원호

미국 University of Texas, Austin에서 소련경제체제에 관한 논문으로 경제학박사 학위 취득. 주요 관심 연구 영역은 러시아 및 포스트 소비에트 지역 경제, 특히 금융·재정부문으로 이와 관련 다수의 연구논문을 발표.
현 경상대학교 러시아학과 교수.

저서로는 『유라시아시대 러시아의 국가경쟁력(공저)』, 『러시아경제의 이해』가 있으며, 주요 최근 논문으로는 「우즈베키스탄 인플레이션연구: 중앙은행의 독립성을 중심으로」, 「러시아지방정부의 재정독립성 연구: 기초지방자치단체를 중심으로」 등이 있다.

현대 러시아 경제

초판 1쇄 발행 _ 2017년 9월 10일

저　　자 · 조 원 호
발 행 인 · 정 현 걸
발　　행 · 신 아 사
인　　쇄 · 토탈프로세스
출판등록 · 1956년 1월 5일 (제9-52호)
주　　소 · 서울특별시 은평구 통일로 59길 4 (2층)
전　　화 · (02)382-6411 · 팩스 (02)382-6401
홈페이지 · www.shinasa.co.kr
E-MAIL · shinasa@daum.net
ISBN: 978-89-8396-237-9 (93320)
저자와의 협의로 인지를 생략합니다.

정가 15,000원